国家自然科学基金（41161013）"绿洲灌区耕地利用生态响应机理研究课题"

开放战略与区域经济人文社科重点研究基地建设资金的支持

理论经济学西部一流学科建设资金的支持

"宁夏大学一省一校'三农'问题研究创新团队项目"

绿洲灌区耕地利用生态响应机理研究

——以宁夏为例

段瑞娟　张洁瑕　主编

中国财经出版传媒集团

经济科学出版社

Economic Science Press

图书在版编目（CIP）数据

绿洲灌区耕地利用生态响应机理研究：以宁夏为例/段瑞娟，
张洁瑕主编. —北京：经济科学出版社，2015.12
ISBN 978 - 7 -5141 -6537 -1

Ⅰ. ①绿⋯　Ⅱ. ①段⋯②张⋯　Ⅲ. ①绿洲 - 灌区 - 耕地利用 -
关系 - 区域生态环境 - 研究 - 宁夏　Ⅳ. ①F323. 211②X321. 243

中国版本图书馆 CIP 数据核字（2016）第 012245 号

责任编辑：王　娟
责任校对：刘　昕
责任印制：邱　天

绿洲灌区耕地利用生态响应机理研究
——以宁夏为例
段瑞娟　张洁瑕　主编
经济科学出版社出版、发行　新华书店经销
社址：北京市海淀区阜成路甲 28 号　邮编：100142
总编部电话：010 - 88191217　发行部电话：010 - 88191522
网址：www. esp. com. cn
电子邮件：esp@ esp. com. cn
天猫网店：经济科学出版社旗舰店
网址：http: //jjkxcbs. tmall. com
北京京鲁数码快印有限责任公司印装
710 ×1000　16 开　14.75 印张　250000 字
2016 年 12 月第 1 版　2016 年 12 月第 1 次印刷
ISBN 978 - 7 -5141 -6537 -1　定价：39.00 元
（图书出现印装问题，本社负责调换。电话：010 -88191510）
（版权所有　侵权必究　举报电话：010 - 88191586
电子邮箱：dbts@ esp. com. cn）

前　言

　　土地利用与生态环境和谐共生一直是人类追求与自然和谐共处的重要目标，但失败案例却时常充斥着人类生存与发展的历史进程。特别是 20 世纪以来，随着全球生态环境的日益恶化，土地利用与生态环境关系问题引起国际社会普遍关注。在绿洲灌区，"人多地少"的严峻现实与调控手段缺乏使这一问题尤为突出。绿洲灌区耕地利用和生态环境二者之间相互依赖、共同演化，"耕地利用"是生态、社会、经济环境良性发展关键因素。如何系统把握二者关系规律，对扭转目前严峻的环境保护形势、促进二者关系和谐具有重要理论与实践意义。

　　本书在可持续发展理论、系统理论、景观生态学理论与生态经济理论的支撑下，对土地利用、生态环境、生态安全与生态用地的概念进行界定，构建了绿洲灌区耕地利用与生态环境相互关系的基本框架。同时，对二者关系的演化进程及产生的生态环境问题进行研究，以此为基础研究二者关系的机理。此后，以探讨耕地生态环境问题发生机制为主线，从正反两个方面，对不同层面上耕地利用与生态环境的作用机理与反馈机制进行了深入探讨。

　　研究认为绿洲灌区生态系统正反馈形成的主要原因来自于生物成员间的原始合作，现状是未来发展的主要依据等。负反馈的主要成因有共同资源限制、相互干扰增强、自身维持代价变大和冗余增加等。绿洲灌区生态系统正、负反馈紧密相连，并与其他许多机制（如补偿）交织为一体，成就系统的效率和稳定。最后基于绿洲灌区耕地利用系统和生态系统相互关系特征，提出绿洲灌区耕地利用系统与生态环境问题的发生机制，整体协调与过程优化机制，熵值交换动态平衡机制以及涨落机制规范与优化机制。

　　本书成果得到国家自然科学基金项目"绿洲灌区耕地利用生态响应机理研究——以宁夏为例（41161013）"和"宁夏大学一省一校'三农'问题研究创新团队项目"给予的经费支持，在此表示诚挚感谢！本书完成过程中，赵燕妮、何彤慧、马艳艳、王琳瑛、王娟、李彤、张静、陈乔娜、孙宁波等同志均参加了本书的撰写及编辑工作。此外，在本书的书写过程中，参阅了大量的参考文献资料和许多专家的研究成果、著作，在此一并表示诚挚的感谢！

目 录

第1章

研究意义及研究目的

1.1 研究意义

宁夏绿洲灌区位于黄土高原、蒙古高原、阿拉善台地以及腾格里沙漠、毛乌素沙漠的交错地带,为地堑式断陷盆地,由黄河过境留下的淤泥填充形成。绿洲灌区沿黄河两岸地形呈"J"型带状分布,是西北最大的连片绿洲,已有两千余年的农垦历史,农业经济发达,素有"塞上江南"之美誉,是宁夏主要粮棉油产区,全国12个商品粮基地之一,我国四大古老灌区之一。

绿洲灌区作为干旱区人类活动的集中地带,生态环境脆弱,人类活动强度却较高,因此生态环境恶化现象十分严重。宁夏绿洲灌区经过两千余年的开发利用,已经对水域湿地生态系统等造成了极大威胁,受开垦草地、过度放牧、兴修工程等土地利用活动的影响,生态系统原有的水土平衡状态被打破,系统的结构和功能发生紊乱,形成一系列受损生态系统。

探索生态系统与土地利用之间的适应机理,认识生态系统受损与土地利用变化之间的相互作用,探讨反馈机制构成要件及运作模式,了解系统中的反馈机制,是对土地利用、生态保护认识的基本过程和基础,这一研究有利于科学地协调人—地关系,减少各种干扰因素对干旱区生态系统所造成的不利生态效应和生态后果。因此,应对不同区域土地利用变化和生态反馈关系进行系统研究。

从对绿洲区域的研究成果来看,目前多数研究选择的区域为新疆绿洲,对宁夏黄河绿洲灌区研究的非常少;从研究角度上看,对土地利用生态系统反馈机制进行的研究也不多见。因此,本书拟基于对干旱绿洲灌区耕地利用变化及其所产生的生态问题的系列研究,通过对土地生态系统反馈机制的构成要件及运作模式的探讨,总结绿洲灌区耕地利用生态系统反馈机制。通过本书的研究,可以推进LUCC对反馈机制的理论关注,揭示出绿洲灌区耕地利用生态反馈过程的内涵本质，为下一步的土地、生态调控提出依据，为改善绿洲灌区及黄河下游省区生态建设提供帮助。

1.2 研究目的

本书基于土地利用变化理论、生态学理论及其相应的研究方法，对绿洲灌区耕地利用系统的生态反馈机制进行研究。通过对绿洲灌区耕地利用变化及其生态系统的研究，探讨绿洲灌区耕地利用生态系统反馈机制的构成要件，找到绿洲灌区耕地利用系统的生态反馈运作机制，并提出相应的结论。从理论研究角度来看，本书研究目的在于推进 LUCC 研究中对土地利用的生态反馈机制的研究；应用目的在于为绿洲灌区下一步的土地利用调控提供有关反馈机制的理论依据。

1.3 国内外研究进展

1.3.1 土地利用变化研究进展

土地利用变化是导致全球环境变化的主要原因之一，是可持续发展的重要影响因素。自 1995 年"国际地圈—生物圈计划"和"全球环境变化人文计划"把土地利用/覆被变化研究列为全球变化研究的八大核心计划之一，LUCC 计划正式诞生。LUCC 研究计划的根本出发点为通过对人类驱动力—土地利用变化—全球变化—环境反应之间相互作用机制的认识，预测土地利用/覆盖变化，进而评估生态环境变化。自 LUCC 研究计划以来，土地利用变化问题引起国际社会关注，成为国际性前沿课题，LUCC 研究成为全球变化研究者兴趣中心所在，是当今全球变化研究中的前沿和热点课题。2005 年，国际地圈生物圈计划（IGBP）和国际全球环境变化人文因素变化（IHDP）又联合推出了全球土地计划（Global Land Project，GLP），该科学计划是全球变化与陆地生态系统（GCTE）研究计划和 LUCC 研究计划的综合，其研究目标是量测、模拟和理解人类—环境耦合的陆地生态系统，全球土地计划再次掀起 LUCC 研究热潮。总结过去 20 多年国内外对 LUCC 进行研究的焦点问题包括：（1）观测和监测全球不同时空尺度下发生的土地利用/土地覆被变化；（2）综合理解这种人类—环境复合系统的变化——原因、结果和效应；（3）空间显性模拟土地利用/土地覆被变化；（4）全面评价土地系统的功能和价值，如脆弱性、弹性和可持续性等。

从研究方法上看，由于 LUCC 问题的复杂性，区域 LUCC 研究主要使用 LUCC 模型这一研究工具，构建 LUCC 模型的主要作用和目的是对土地利用与土地覆盖变化情况进行描述、揭示、预测和制定对策。随着遥感和 GIS 技术的日益成熟，LUCC 模型和遥感、GIS 技术的结合越来越紧密。

LUCC 模型研究角度包括：（1）研究 LUCC 时空变化格局模型，定量描述研究区在某一时期土地覆盖变化速率和幅度，如单一土地利用动态度、土地利用度、土地覆被重心等；（2）模拟和预测土地覆被变化模型，一般是通过相关分析、典型相关分析、主成分分析等定量分析手段和定性的机理分析来诊断影响土地覆被变化的驱动因子，并在此基础上运用回归分析，建立各种土地利用/覆被类型和各驱动因子间的回归方程，以预测其未来变化；（3）模拟和预测土地覆被数量和空间变化模型，如系统动力学和 CLUE－S 结合的模型，神经网络和元胞自动机结合的模拟。

LUCC 模型自身的发展现状为：（1）LUCC 模型的功能和作用呈现多样化趋势；（2）模型发展正经历从单一的非空间模型向非空间模型和空间模型融合的演进过程，多数模型只重视空间变化机制研究，对时间机制考虑不足；（3）现有模型在反馈机制方面的研究尚十分薄弱；（4）未来 LUCC 模型发展趋向应为从系统观和整体观角度来综合考虑"人类—环境"相互作用机制；（5）进行多尺度、多层次的综合研究，模型空间尺度已经从早期的单一空间尺度转变到现今的多空间尺度；（6）LUCC 模型验证方法缺乏统一的标准和规范。

1.3.2　生态效应评价研究进展

区域 LUCC 生态效应的分析评价是当前 LUCC 研究的重点与热点，只是由于生态系统提供的服务绝大部分效应难以准确计量，以及缺乏有效的价值评估理论与方法，因而研究进展相对缓慢，研究领域主要包括 LUCC 对大气和气候的影响、LUCC 对土壤发育的影响、LUCC 对水文的影响、LUCC 对生物多样性的影响、不同区域土地利用变化的环境效应研究。诸多研究均表明：土地质量退化、空气污染、水质恶化等生态环境问题的出现总是与不合理的土地利用联系在一起，而土地合理利用往往会促使区域生态环境向适应人类需求的良性方向发展。

1.3.2.1　主要的研究方法

（1）生态服务价值法。戴利（Daily）1997 年第一次比较全面、系统、深入

和综合地研究了生态系统服务功能的各个方面，并将生态系统服务功能归为 15
大类。科斯坦萨等人（Costanza et al.，1997）认为生态系统和自然资源直接或间
接地为人类的福利做出贡献，并对应全球 16 个生态系统类型，将生态系统服务
功能分成了 17 个大类，同时，计算了全球生物圈目前所提供的生态系统服务功
能的价值为 16 万亿 ~54 万亿美元·yr^{-1}，平均值为 33 万亿美元·yr^{-1}，是全球
目前国民生产总值的 1.83 倍。德格鲁特等（De Groot et al.，2002）系统地归纳
和总结了近年来发表的生态服务价值核算方面的研究，提出了一个描述、分类及
估计生态服务价值的概念框架和分类体系，将生态服务功能分成四大类，并给出
了相应的估价方法。

（2）能值法。美国著名系统生态学家奥德姆（H. T. Odum）从 20 世纪 70 年
代起，对生态系统的能量学进行了系统而深入的研究，提出了一系列新概念和开
拓性的重要理论观点，其中包括 70 ~80 年代初提出的能量系统、能质、能质链、
包被能（体现能）、能量转换率及信息量等观点。第一次将能流、信息流与经济
流联系在一起，能流的特质基础是物质，这样，生态系统中的这几个功能过程不
再是孤立的了。80 年代后期和 90 年代创立了"能值"，以及太阳能值转换率等
一系列概念，发展创立了能值理论和分析方法，广泛应用于各时空尺度、各类型
的生态系统。

研究认为，某种流动或贮存的能量包含的另一种流动或贮存能量的数量，即
该种能量的能值，因各种资源、产品或劳务在形成过程中均直接或间接地起源于
太阳能，故在实际应用中多以太阳能为基准，用太阳能焦耳为单位来度量不同类
型能量的能值，即把各种形式的能量转化为统一的单位—太阳能焦耳。能值分析
通过能值转换率，即形成每单位某种能量或物质、信息所需的另一种能量（实际
应用中常用太阳能）之量，对各种生态流价值进行统一的单位转换评价，突破了
能量分析在数量研究上长期难以攻破的能质壁垒，通过能值（通常是太阳能值）
这一统一的客观标准，实现了不同能量等级上不同质能量的统一度量。对经济子
系统各生态流及自然子系统与经济子系统界面不宜用能值转换率进行转换度量的
生态流，能值分析方法采用能值/货币比率，即当年该国全年能值应用总量与当
年该国国民生产总值的比，推算出其能值后进行统一分析。同时，能值/货币比
亦被看作是衡量货币实际购买力和劳动力实际能力的标准，反之，已知能值量亦
可通过能值/货币比率计算其所相当的能值货币价值。通过这样的思路，解决了
分析评价和应用中自然环境与经济社会的对接难题。

（3）生态足迹法。生态足迹法是一种宏观的定量分析可持续发展状况的评价
方法。综合生产性土地与能源地足迹的计算，结合人口分析，可以汇总得到一个
国家或地区的人均生态足迹。通过将这个生态足迹同区域的生态承载力进行比

较，可以定量地判断一个国家或地区的生产消费活动是否出于区域持续发展的范围内。

该理论由 20 世纪 90 年代由加拿大经济学家威廉里斯（William Rees）提出，其博士生瓦克纳格尔（Wackernagel）完善。威廉里斯将生态足迹的概念形象地比喻为"一只负载着人类与人类所创造的城市、工厂的巨脚踏在地球上留下的脚印"。1996 年以后威廉里斯和瓦克纳格尔（1999）又从不同侧面对其进行了定义："一个国家范围内给定人口的消费负荷""用生产性土地面积来度量一个确定人口或经济规模的资源消费和废物吸收水平的账户工具"。目前比较普遍应用生态足迹科学严格的定义为：生态足迹是一种可以将全球关于人口、收入、资源应用和资源有效性汇总为一个简单、通用的进行国家间比较的便利手段——一种账户工具；生态足迹也称"生态占用"。生态占用是指特定数量人群按照某一种生活方式所消费的，自然生态系统提供的，各种商品和服务功能，以及在这一过程中所产生的废弃物需要环境（生态系统）吸纳，并以生物生产性土地（或水域）面积来表示的一种可操作的定量方法。

它的设计思路是：人类要生存，必须消费各种产品、资源和服务，人类的每一项最终消费的量都可以追溯到提供生产该消费所需的原始物质和能量的生态生产性土地的面积。所以，人类系统的所有消费，理论上都可以折算成相应的生态生产性土地的面积，也就是人类的生态足迹。它的应用意义是：通过生态足迹需求与自然生态系统的承载力（亦称生态足迹供给）进行比较即可以定量地判断某一国家或地区目前可持续发展的状态，以便对未来人类生存和社会经济发展做出科学规划和建议。

（4）生态效应评价的角度。采用不同生态价值核算方法对生态效应进行评价的角度主要包括：

单因素评价，从环境要素的单因素（气候、土壤、水文等）定性、定量进行研究，如 LUCC 对区域气候、水资源、土壤以及生物多样性和生物地球化学循环等影响的研究，核算方法主要有能值法、生态服务价值法、生态足迹法等。

指标体系综合定量评价，从多因素角度构建指标体系对土地利用变化的生态效应进行分析，常用的数学方法有层次分析法、主成分分析法、模糊聚类分析法。

景观格局评价，即从空间格局角度评价 LUCC 的生态效应，分析景观格局指数的生态意义，探讨景观格局与生态过程的相互作用机理。

1.3.2.2　确定生态单价的方法

（1）直接市场法，就是直接利用现实市场上产品的交易价格对可以观察和度量的生态因子变动进行测算，它将生态因子看成是一个生产要素，并根据生产率的变动情况来评价生态因子变动所产生价值。

（2）替代市场法又称揭示偏好法，是指使用替代物的市场价格来衡量没有市场价格的生态因子价值的方法。它通过考察人们与市场相关的行为，特别是在与生态环境联系紧密的市场中所支付的价格或获得的利益，间接推算出人们对某种生态因子的偏好，以此来估算生态因子的经济价值。

（3）或有估计方法也称意愿调查评估法、条件价值法或者权变评价法，它是以调查问卷为工具来评价被调查者对缺乏市场的物品或服务所赋予的价值的方法，它通过询问人们对于生态质量改善的支付意愿（WTP）或忍受生态质量损失的受偿意愿（WTA）来推导生态因子的价值。

（4）成果参照法，就是把一定范围内可信的货币价值赋予受项目影响的非市场销售的物品和服务。成果参照法实际上是一种间接的经济评价方法，它采用一种或多种基本评价方法的研究成果来估计类似生态因子影响的经济价值，并经修正、调整后移植到被评价的项目。

1.3.3 已有研究的评析及问题

综合已有相关角度研究成果，土地利用、生态价值核算、生态补偿的相关研究已经取得了比较丰富的成就，已形成了基本的理论框架，其构成的维度、影响因素及其作用机制也比较明确。但是，随着土地利用研究内涵的丰富和外延的不断扩展，现有的研究就显得不够完善，主要表现为以下几个方面。

1.3.3.1 对 LUCC 反馈机制研究较少

LUCC 反馈机制研究是 LUCC 模型研究的新焦点。目前的研究多数都是基于 LUCC 驱动因子和其影响之间是单项作用的假设，但是实际中，LUCC 影响也可能作为一种反馈因子，影响未来 LUCC 的方向和格局。举例说，某个区域不合理的土地利用会导致该区域生态环境退化，影响土地开发利用；而土地开发利用结果又会反过来影响和制约未来的土地利用变化；它们之间相互影响、相互作用。因此，生态反馈机制的研究非常重要，它是 LUCC 的又一重要特征。因此，本书拟从土地利用变化导致的生态环境变化角度入手，探讨土地利用生态系统反馈机制。

1.3.3.2 土地利用生态效应各种核算方法的对比研究较少

从现有研究成果看，对不同尺度、不同地区土地利用生态效应核算多数都是单一方法研究成果，或是使用生态服务价值法核算生态效益，判断地区土地利用变化的合理性，或是从能值角度，或是从生态足迹角度判断。对同一研究区采用不同生态价值核算方法进行生态研究，并进行对比还没有被系统进行。

1.3.3.3 生态价值单价的评定方法存在欠缺

无论采用何种生态价值核算方法，都不可避免会使用费用—效益分析法，费用—效益分析法所包含的实际市场评估技术、替代（隐含）市场评估技术、假想（模拟）市场评估技术，实质上都是直接或间接地基于对生态系统服务个人"偿付意愿"的估计方法。通过利用"偿付意愿"估算生态系统服务价值当前被认为是对非市场要素进行估价的最好方法，但是这个方法从经济学角度进行分析就存在着一定的偏差，因此本研究拟采用西方经济学的效用理论对其进行修正。

前人对土地利用变化、生态价值相关理论和方法的研究，为本书研究土地利用系统生态反馈机制提供了充足的研究思路和研究方法，因此本书拟基于前人的研究基础，对当前研究中依然存在的众多问题中有限的几个具体问题进行理论与方法上的探讨，通过理论与方法上的一些设想，对绿洲灌区耕地利用生态系统反馈及调控机制进行系统研究。从以上研究可以看出：对干旱半干旱绿洲灌区生态反馈机制进行研究是国内外 LUCC 研究的热点，所以本书的选题具有研究领域的先进性。

1.4 研究方法

1.4.1 文献研究法

本研究涉及土地利用、土地生态学与生态系统反馈控制有关的理论等领域，可供研究的资料和数据散见于诸多文献资料中。只有通过对有关土地利用生态反馈的文献资料的广泛收集和整理，并进行深入发掘和分析，才能进一步得到更有价值的研究资料和信息。因此，文献研究法是本研究主要的研究方法之一。

1.4.2 历史比较法

本书涉及绿洲灌区耕地生态系统变化发展的研究，需总结得出处于不同时间背景下，绿洲灌区的土地生态发展情况，这是研究生态反馈机制的基础。此外将国外的有关土地利用、土地生态具体情况同我国实际进行横向比较，也是研究具体内容之一，因此历史比较研究法也是本书的重要研究方法之一。

1.4.3 定性分析法

本书涉及正反馈、负反馈、正负反馈等诸多密切相关但易混淆的概念，需要借鉴有关专家学者的观点，进行定性分析与比较，给各个相似概念予以界定和区分。在文献研究的基础上，应用 LUCC 理论、生态学、经济学等知识，对土地利用变化—生态价值—反馈之间的逻辑关系进行模拟研究推演，按研究内容形成具体研究主线。

1.4.4 问卷调查法和参观访谈法

土地利用生态影响反馈因素等问题的研究，需要在搜集大量资料基础上，深入农村田间地头和农户家里，通过详细客观访谈、问询、填写调查问卷等形式，充分掌握第一手资料。

第2章

研究区概述

2.1 研究区基本情况

本研究选择的研究区为宁夏绿洲灌区。宁夏绿洲灌区是我国四大古老灌区之一，已有两千多年的灌溉历史。素有"塞上江南"之美誉，是宁夏主要粮棉油产区，也是全国12个商品粮基地之一。绿洲灌区位于黄河上游下河沿石嘴山两水文站之间，沿黄河两岸地形呈"J"型带状分布。灌区地貌类型为黄河冲积平原，地势平坦，沟渠纵横，海拔1100~1300m。

宁夏绿洲灌区以青铜峡水利枢纽为界，将其分割为上游的卫宁灌区和下游的青铜峡灌区。由于黄河河道的自然分界，卫宁灌区又划分为河北灌区和河南灌区，青铜峡灌区又划分为河东灌区和河西灌区。在自流灌区边沿，受地形影响无法自流灌溉，又陆续发展了青铜峡灌区的扁担沟、五里坡、狼皮梁、甘城子，以及卫宁灌区的碱碱湖等扬水灌区。此外，为了解决黄土丘陵和台地地区人民生活和灌溉用水，又陆续发展了南山台子、同心、固海、红寺堡、盐环定等扬水灌区。自流灌区土壤类型主要为灌淤土、盐渍土、淡灰钙土；扬黄灌区主要为灰钙土、风沙土。灌区内植被覆盖率较高，尚未开垦的荒地以草原植被为主体，积盐干旱区以旱生灌木和半灌木为主，分布稀疏，覆盖率仅为10%~40%。

卫宁灌区位于黄河沙坡头与青铜峡之间120km长的狭长地带上，原系多渠系无坝引水。沙坡头水利枢纽建成后，部分渠道改为有坝引水，土地面积686平方千米，涉及中卫、中宁两县和青铜峡市的广武乡以及国营渠口农场。卫宁灌区地面坡降为1/1000~1/2000。青铜峡灌区为有坝控制引水，位于宁夏北部，介于东经105°37′~106°39′，北纬37°49′~39°23′之间。青铜峡灌区地面坡降为1/2000~1/7500。青铜峡灌区行政区划上主要包括银川、石嘴山、吴忠三个地级市和青铜峡、利通区、灵武、永宁、银川郊区、贺兰、平罗、惠农、陶乐、盐池、同心十一个县市及十三个国营农、林、牧、渔场。

绿洲灌区地处中温带干旱区，日照充足，温差较大，热量丰富，无霜期较长。灌区年均气温 8 ~ 9℃，作物生长季节 4 ~ 9 月，≥10℃的积温为 3200 ~ 3400℃，不仅能满足小麦、糜子等作物的需要，喜温作物如水稻、棉花也能很好地生长。同时大于等于 10℃的积温的初日及终日也正好与无霜期吻合，再加上太阳辐射达 148Cal/cm^2·a，年均日照时间 2800 ~ 3100h 及无霜期长达 164d，有利于作物生长。绿洲灌区属大陆性气候，干旱少雨、蒸发强烈。灌区年均蒸发量 1100 ~ 1600mm（E601），年均降水量 180 ~ 200mm，降水年内分配不均，干、湿季节明显，7 月、8 月、9 月三个月的雨量占全年雨量的 60% ~ 70%。虽然本区降雨稀少，但有时秋雨集中，影响夏收及秋作成熟。[①]

2.2 绿洲灌区的主要特点

2.2.1 水资源相对丰富

本区虽属干旱区，但由于有黄河这样一条外流河过境，水资源并不十分贫乏。由表 2 – 1 可以看出，宁夏灌区虽然在水资源总量上无任何优势可言，但若加上黄委会分配给宁夏的 $4.0 \times 10^9 m^3$ 用水量，优势就十分明显了，使许多指标远远超过了宁夏和全国的平均数。

表 2 – 1 　　　　　　　　宁夏灌区水资源对比分析

地区 ＼ 指标	综合水资源总量 （10^{8}m^3）	水资源密度 （10^{4}m^3/km^2）	水资源丰度 （m^3/人）	单位耕地水资源量 （10^{3}m^3/ha）
宁夏灌区	1.03（41.03）	1.57（62.42）	37.79（1505.34）	0.485（19.333）
宁夏	10.50（50.50）	2.03（9.75）	218.85（1052.55）	1.319（6.345）
全国	27360	28.50	2362.23	28.603
灌区/宁夏（%）	9.80（81.24）	77（640）	17.72（143.00）	36.78（350）
灌区/全国（%）	0.0038（0.1500）	5.5（219）	1.60（63.73）	1.07（67.58）

数据来源：《宁夏平原绿洲生态经济系统的问题与调控对策》，括号内数值为加上黄河干流分配的可用水量后所得数据。

---

① 《宁夏引黄灌区调查》载《人民黄河》1999 年第 7 期。

2.2.2 光热资源丰富

本区日照充足，年日照时数 2840 ~ 3100h，日照率为 64% ~ 70%。年辐射值为 5.70×10^5 ~ $6.13 \times 10^5 J/cm^2$，$\geqslant 10℃$ 积温大多在 3200℃ 以上（仅中卫偏低，为 3178.2℃），气温日较差达 11 ~ 16℃。丰富的光热资源对作物营养物质的积累十分有利，是绿洲农业发展的有利条件。

2.2.3 土地资源丰富

由表 2-2 可见，宁夏灌区土地资源虽然在土地丰度和耕地丰度上不具备优势，但灌溉耕地丰度和粮食单产均具有明显的优势。目前本区尚有宜农荒地 $2.91 \times 10^5 ha$，且土地平整，成片分布，土层深厚，靠近水源，具有优越的开发条件。但荒地也是一个地区生态系统的组成部分，不能将所有荒地都开发利用，应经过科学研究和环境评价后，确定一个合理的开发面积。这在生态与环境脆弱的干旱区有着特殊的意义。

2.2.4 能源资源得天独厚

宁夏能源资源十分丰富，煤炭、水力尤为突出，主要分布在宁夏灌区及其边缘地区。煤炭探明储量为 $3.08 \times 10^{10} t$，居全国第 5 位，人均占有量 4541t（按 1990 年人口计算），是全国人均占有量的 5.4 倍，其中占宁夏探明储量 87.94% 的宁东煤田正处于开发初期，前景十分诱人。黄河干流可开发水力蕴藏量达 $194.7 \times 10^4 kw$，而目前的利用率仅为 13.9%，潜力巨大。另外，尚有石油、天然气、太阳能、风能等能源资源。丰富的能源资源为灌区绿洲的发展奠定了坚实的基础，开发潜力巨大。

表 2-2　　　　　　　　　宁夏灌区土地资源对比分析

指标 地区	土地丰度 （ha/人）	耕地丰度 （ha/人）	灌溉耕地丰度 （ha/人）	粮食单产 （kg/ha）
宁夏灌区	0.306	0.079	0.076	5130
宁夏	1.079	0.166	0.055	2730
全国	0.828	0.083	0.042	3870

数据来源：据《中国统计年鉴1992》和《宁夏统计年鉴1992》计算整理。

2.2.5 生态条件差

绿洲生态条件的好坏，直接影响着绿洲生态经济系统的生态平衡和产出效益状况。总体看来，平原绿洲生态条件较差，主要表现在：（1）自然灾害频繁，主要有干旱、霜害、干热风等，其中霜害的发生率竟高达 75% ；（2）土壤盐渍化严重，平原盐渍化面积达 1.36×10^5 ha，占耕地面积的 40.2% ；（3）土壤和水体受到不同程度的污染，银川、石嘴山等工矿城市的大气污染日趋严重。

2.3 绿洲灌区在宁夏经济发展中的地位

20 世纪 90 年代以来，宁夏经济取得了较快的发展，经济实力逐渐增强，国内生产总值从 1999 年的 68.59 亿元增加到 2009 年的 1353.3 亿元。与此同时，宁夏各地区经济增长速度和发展水平也出现了明显的差异。[①]

2.3.1 宁夏土地利用特点分类

依据宁夏现有行政区划，结合当地自然资源禀赋把宁夏划分为三个区，分别是：宁夏绿洲灌区、中部干旱带和南部山区。

宁夏绿洲灌区，是以黄河中上游引黄灌区为依托，以地缘相近、交通便利、经济关联度较高的沿黄河呈带状分布的大中小城市集合体。空间范围包括：青铜峡市、永宁县、银川市、贺兰县、平罗县、陶乐县、惠农县、石嘴山市及中卫县、中宁县、吴忠市、灵武市，计 12 个县（市）和 20 多个国营农、林、牧场。黄河自中卫入境，向东北斜贯于绿洲灌区，河势顺地势经石嘴山出境，该区地势从西南向东北逐渐倾斜，土层深厚，地势平坦，坡降相宜，是宁夏的主要农业基地。

宁夏中部干旱带地处西北内陆干旱中心区域，含盐池、中宁、同心、红寺堡区、海原以及灵武市东部，地势地貌多为鄂尔多斯高原的一部分，属海拔 1200 ~ 1500 米的高原台地，台面上固定和半固定沙丘较多。该地区是我国水资源最匮乏的地区之一，自然灾害频繁，干旱十分严重，产业结构单一，天然植物主要是旱生草类和低矮的灌木丛，是生态比较脆弱的天然牧场，主要靠扬黄水利工程灌

---

① 数据来源：据《中国统计年鉴 2000》和《宁夏统计年鉴 2010》计算整理。

溉，经济发展缓慢，是自治区扶贫攻坚的重点和难点地区。

宁夏南部山区是革命老区、集中连片贫困区、少数民族聚居区，回族占南部8县总人口的48.7%，占全区人口的一半。含原州区、西吉、隆德、彭阳、泾源等。宁夏南部山区为黄土高原的一部分，其上黄土覆盖，厚的地方可达100多米，大致由南向北厚度渐减，自然条件恶劣，生态环境逐年恶化，植被遭到破坏，水土严重流失，农作物产量下降。该区域经济基础薄弱，长期以来被称为"中国贫困之冠"，是我国"三西"扶贫的重点地区。这里经济自成一体，地方观念絮结难解，民族宗教十分复杂，与宁夏绿洲灌区形成了鲜明对比。

2.3.2　绿洲灌区在宁夏区域经济中的地位

2.3.2.1　绿洲灌区与宁夏其他区域经济发展差异的变化特征

以宁夏各市、县为地域单元，采用2010年《宁夏统计年鉴》2009年的统计数据，计算各区域2009年人均GDP并绘制成曲线图，可得绿洲灌区与宁夏其他区域经济发展差异的变化图（见图2-1）。

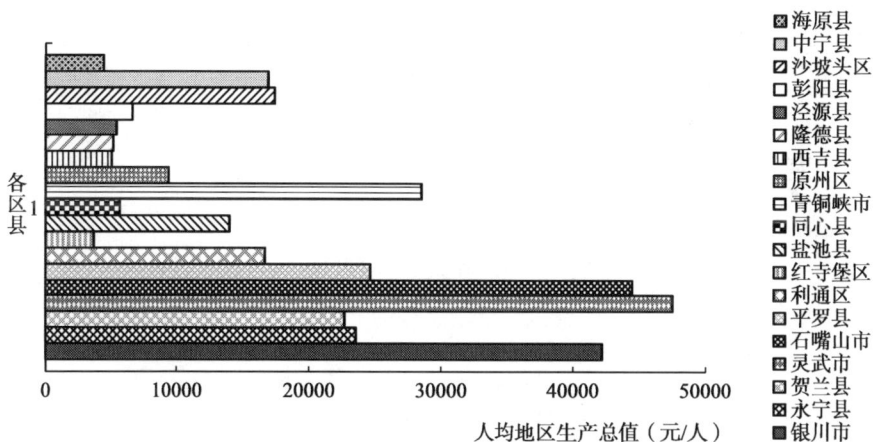

图 2-1　2009 年宁夏各区县人均地区生产总值对比

数据来源：2010 年《宁夏统计年鉴》。

从宁夏各区域人均地区生产总值对比图可以看出，绿洲灌区中的灵武市、石嘴山市、银川市、青铜峡市、贺兰县、永宁县显著高于其他地区；中部干旱带的平罗、中宁、沙坡头、盐池县、利通区处于第二类；最低的几个市县海原县、彭阳县、泾源县、隆德县、西吉县、同心县和红寺堡区，除了红寺堡区、海原属于中部干旱带外，其他均属于南部山区区域。

2.3.2.2 绿洲灌区与宁夏其他区域经济发展差异的空间变化特征

通过计算 1999～2009 年各区域 GDP 占宁夏全区 GDP 的比重的变化情况，来分析绿洲灌区与宁夏区域经济差异的空间变化特征。从行政地域单元看，银川市和石嘴山市在宁夏的经济居主导地位，两市 GDP 占宁夏全区 GDP 的比重大，且呈上升趋势，所占比重从 1999 年的 40.58% 上升到 2009 年的 47.49%，灵武市、中宁县虽然所占比重较小，但呈上升趋势。从宁夏绿洲灌区、中部干旱带和南部山区三大地域板块看，中部干旱带各区县提升明显，GDP 占宁夏全区 GDP 的比重逐渐增大，所占比重从 1999 年的 13.57% 增加到 2009 年的 15.82%；绿洲灌区各市、县经济较为发达，在宁夏经济中居优势地位，GDP 占宁夏全区 GDP 的比重不断增大，所占比重从 1999 年的 82.0% 增加到 2009 年的 83.8%；南部山区各区县经济发展较为落后，GDP 占宁夏全区 GDP 的比重逐渐减小，所占比重从 1999 年的 9.48% 减小到 2009 年的 7.97%，绿洲灌区和南部山区 GDP 占宁夏全区 GDP 比重的差距有所下降，从 1999 年的 63.44% 减少到 2009 年的 62.59%，见图 2-2。

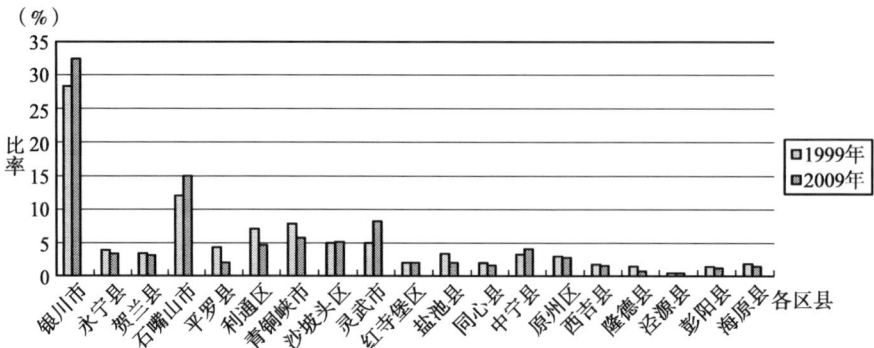

图 2-2 1999 年、2009 年各区县地区生产总值占全区的比重
数据来源：《宁夏统计年鉴 2000 年》和《宁夏统计年鉴 2010 年》。

2.3.2.3 绿洲灌区与宁夏其他各区域经济平均增长率差异分析

以各市县 GDP 的平均增长率表示经济增长速度，通过计算 1999～2009 年 11 年来的各市县 GDP 的平均增长率，可知宁夏各个区域经济增长差异的变化情况（见图 2-3）。从图 2-3 可以看出，11 年来全区经济增长速度较快，全区 GDP 的年均增长率为 18.81%。从各市、县来看，11 年来全区大多数县市的经济增长速度较快，全区 5 个县、市的年均经济增长速度快于全区年均经济增长速度（18.81%），主要为银川市、石嘴山市、沙坡头区、灵武市和中宁县；平罗县为负增长，盐池县和隆德县增长较慢分别为 10.54% 和 10.28%；其他各个区县的平均增长率也均在 15% 左右。

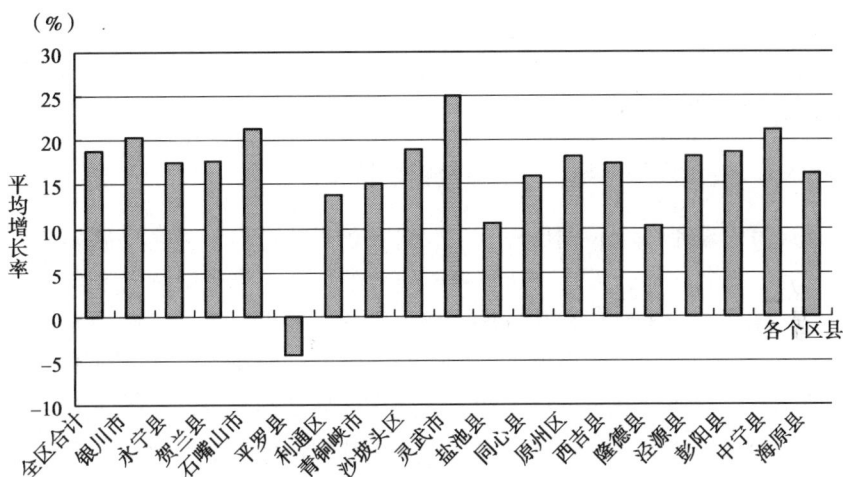

图 2 - 3　1999 ~ 2009 年宁夏各地区生产总会平均增长率

数据来源：《宁夏统计年鉴 2000 年》和《宁夏统计年鉴 2010 年》。

通过以上研究，我们认为各经济区经济发展差异明显，绿洲灌区的经济增长速度快于中部干旱带，中部干旱带的增长速度快于南部山区。

2.3.3　绿洲灌区与宁夏其他区域经济差异特点分析

区域经济差异是由区域自然、经济、社会等多因素差异综合作用和长期历史发展形成，结合绿洲灌区与宁夏区域经济差异分析以及对于区域自然、经济和社会的研究，我们认为绿洲灌区与宁夏区域经济发展差异特点主要表现为：

2.3.3.1　具有鲜明的地理环境差异特点

地理环境直接影响着区域开发的难易和成本，进而影响着投资效益的大小和区域整体开发水平的高低，造成经济发展的地域差异。借黄河之利，宁夏表现出明显的地理环境差异特点，资源优势突出的绿洲灌区、风沙较大的中部干旱带和黄土高原南部山区共同构成了宁夏的区域经济发展格局。宁夏绿洲灌区是宁夏经济发展的核心区，分布在黄河两岸，土地辽阔、地势平坦，经济发展快、水平高；宁夏中部干旱带属于中温带干旱区，土地面积占全区土地面积的55%，水资源量仅为全区的16%，干旱缺水、风沙频繁、植被稀疏、生态恶化，农业结构单一、生产条件差、经济基础十分薄弱、贫困面积大；宁夏南部山区是宁夏经济发展最落后的地区和贫困人口集中地区，以黄土丘陵及山地为主，山地、丘陵面积广阔，地形破碎复杂，气候较为干旱，生态环境脆弱，水土流失、旱涝、冰雹等自然灾害频繁，近年来人口剧增，为了维持基本的生存需要，采用"掠夺式"资源开发方式，使生态环境更加恶化，造成区域开发条件更差、难度加大，严重制约了山区经济的快速发展。

2.3.3.2 经济发展差异与经济基础密切相关

区域经济发展是一个长期历史开发、自我积累的过程，当前宁夏区域经济发展表现出与宁夏各区域开发历史进程密不可分的特点。宁夏绿洲灌区自然地理环境优越，区域开发历史悠久，基础设施较为发达，逐步形成了以银川为中心的现代化交通、通讯、教育的城市体系和以煤炭、电力、冶金、机械、化工、纺织为主的工业体系，交通、通讯、技术和人才密集优势日益突出，经济实力雄厚，为绿洲灌区所表现出的经济快速发展奠定了良好基础；宁夏中部干旱带工业基础薄弱，科技、文教事业落后，人民生活水平低下，但该区域的发展直接关系到我区整个经济、社会的全面发展水平，在自治区的发展进程中占有举足轻重的地位，因而表现出统计数据的增加；宁夏南部山区自然地理环境恶劣，开发历史较晚，交通、通讯、教育和水力等基础设施建设严重滞后，人才匮乏，生产技术落后，工农业发展缓慢，基础薄弱，南部山区经济的快速发展受到其经济基础的严重制约。

2.3.3.3 区域经济发展表现出与区域经济政策差异紧密相关的特点

长期以来宁夏区域经济发展基本采用非均衡发展战略，把区位、资源、交通运输和经济基础较好的绿洲灌区作为重点开发区域，在政策、资金、技术和人才上给予倾斜，推动了绿洲灌区经济的迅速发展，形成了以银川为中心的宁夏经济核心区。中部干旱带和南部山区经济发展条件较差，在宁夏区域经济发展战略中，属于区域经济发展的边缘区和从属区，所获得的政策、资金等扶持力度较小，经济发展速度较慢。在全部经济政策因素中，投资政策对区域经济发展作用最为显著，投资是区域经济发展的直接推动力，投资数量的区域差异直接决定着区域经济的发展速度、水平及其差异。2009年宁夏国有固定资产分地区投资总额为3197.11亿元，其中绿洲灌区投资额为1192.65亿元，占投资总额的37.30%，中部干旱带投资额为1430.30亿元，占投资总额的44.74%，南部山区为 129.24 亿元，仅占总投资额的 4.04%，投资数额相差悬殊，中部干旱带资金的大量投入推动了经济的快速发展，南部山区投资匮乏影响了其经济的发展，山区和川区经济发展差距不断扩大。

2.3.3.4　区域经济发展差异具有产业结构差异特点

区域经济是由区域内各产业相互联系和相互作用形成的经济系统，区域经济的增长和发展离不开产业结构的调整和优化，产业结构差异已成为区域经济发展差异形成的重要原因。从产业的产值结构上看，宁夏南部山区三次产业产值从 1999 年的 35.91：24.91：35.59 演变为 2009 年的 27.07：20.68：52.25，绿洲灌区从 1999 年的 14.03：57.73：49.08 演变为 2009 年的 8.41：49.61：41.98，中部干旱带从 1999 年的 31.61：45.91：22.47 演变为 2009 年的 12.20：62.38：25.42，宁夏全区同期分别为 19.88：42.52：3.76、9.40：48.94：41.66。宁夏南部山区第一产业所占的比重较大，第二产业发展长期滞后，对服务业带动作用微弱，服务业所占比重虽然较高，但多以传统的交通运输、商品流通和餐饮等传统行业部门为主，体现产业结构高级化发展方向的信息、电子等行业高新技术行业部门比重极小；宁夏绿洲灌区的产业结构调整、转换能力较强，产业结构较为合理，第一产业比重很小、下降快，第二、第三产业比重大、发展迅速，工业化和信息化进程加快，推动了区域经济的快速发展；中部干旱带作为政府重点投资领域，第二产业和服务业发展迅速。

第 3 章

绿洲灌区的耕地利用现状

3.1 耕地的概念

根据《土地利用现状分类》（GB/T21010—2007）：耕地是指种植农作物的土地，包括熟地，新开发、复垦、整理地，休闲地（含轮歇地、轮作地）；以种植农作物（含蔬菜）为主，间有零星果树，桑树或其他树木的土地；平均每年能保证收获一季的已垦滩地和海涂。耕地中包括南方宽度小于1.0m、北方宽度小于2.0m固定的沟、渠、路和地坎（埂）；二级分类为水田、水浇地、旱地。中国耕地主要分布在东部季风区的平原和盆地地区。中国西部耕地面积小，分布零星。

3.2 耕地的分类

3.2.1 根据性质不同分类

根据性质，耕地分为常用耕地和临时性耕地。

3.2.1.1 常用耕地

常用耕地指专门种植农作物并经常进行耕种、能够正常收获的土地。包括土地条件较好的基本农田和土地条件较差，但能正常收获且不破坏生态环境的可用耕地。常用耕地作为中国基本的、宝贵土地资源，受到中国《土地法》严格保护，未经批准，任何个人和单位都不得占用。

3.2.1.2　临时性耕地

又称"帮忙田"，指在常用耕地以外临时开垦种植农作物，不能正常收获的土地。根据中国《水土保持法》规定，种植农作物坡度在 25 度以上的陡坡地要逐步退耕还林还草，在其他一些地方临时开垦种植农作物，易造成水土流失及沙化的土地，也要逐步退耕。因此，我们又可称这部分临时性耕地为待退的临时性耕地。

3.2.2　根据当年利用情况分类

根据当年利用情况，耕地又可分为当年实际利用的耕地和当年闲置、弃耕的耕地。

（1）当年实际利用的耕地：指当年种植农作物的耕地。

（2）当年闲置、弃耕的耕地：指由于种种原因，当年未能种植农作物的耕地。包括轮歇地、休耕地、因干旱、洪涝及其他自然和经济原因农民未能种植农作物的耕地。

3.2.3　根据水利条件分类

根据耕地的水利条件，可分为水田和旱地。旱地又分水浇地和无水浇条件的旱地。

3.2.3.1　水田

指筑有田埂（坎），可以经常蓄水，用来种植水稻、莲藕、席草等水生作物的耕地。因天旱暂时没有蓄水而改种旱地作物的，或实行水稻和旱地作物轮种的（如水稻和小麦、油菜、蚕豆等轮种），仍计为水田。

3.2.3.2　旱地

指除水田以外的耕地，旱地包括水浇地和无水浇条件的旱地。

（1）水浇地：是指旱地中有一定水源和灌溉设施，在一般年景下能够进行正常灌溉的耕地。由于雨水充足在当年暂时没有进行灌溉的水浇地，也应包括在内。

（2）无水浇条件的旱地：是指没有固定水源和灌溉设施，不能进行正常灌溉的旱地。

3.3 宁夏灌区耕地利用基本情况介绍

引黄灌区是自治区农业的精华地带和经济发展的核心区。截至 2007 年年底，宁夏回族自治区现有耕地面积 110.63 万 hm^2，其中有效灌溉面积达到 42.62 万 hm^2，占总耕地面积的 38.5%。灌区现有耕地总面积 44.11 万 hm^2，其中，青铜峡灌区 37.67 万 hm^2，卫宁灌区 6.44 万 hm^2。引黄灌区盐渍化耕地面积为 14.79 万 hm^2，其中，青铜峡灌区 13.20 万 hm^2，卫宁灌区 1.59 万 hm^2。引黄灌区盐渍化耕地占耕地总面积的 33.54%，其中轻度盐渍化耕地（9.39 万 hm^2）占耕地总面积的 21.3%，中度盐渍化耕地（3.42 万 hm^2）占耕地总面积的 7.75%，重度盐渍化耕地（1.98 万 hm^2）占耕地总面积的 4.49%。另外，引黄灌区现有盐碱荒地 5.56 万 hm^2，其中银北盐碱荒地 5.23 万 hm^2，银南灌区盐碱荒地 0.27 万 hm^2，卫宁灌区盐碱荒地 600hm^2。[①]

---

① 数据来源：《宁夏耕地利用现状与退化形式》，载《资源与环境科学现代农业科技》2010 年第 12 期。

第 4 章

绿洲灌区耕地利用生态系统概述

4.1 生态系统

4.1.1 种群的概念与相互关系

4.1.1.1 种群的概念

种群指在一定时间内占据一定空间的同种生物的所有个体总称，具有同一稳定的形态和生理生态特征，种群是个体赖以生存的基础。种群是进化的基本单位，同一种群的所有生物共用一个基因库。种群中的个体并不是机械地集合在一起，而是彼此可以交配，并通过繁殖将各自的基因传给后代。

4.1.1.2 种群间的相互关系

种群之间的相互作用，是指生活在一个群落中的各种生物之间的相互作用或影响。一般来说，这种相互作用是指食物链网营养以外的其他多种多样的相互促进和相互抑制等关系，一般表现为 3 种类型，即正相互作用、负相互作用和中性关系。中性关系表示两个物种间彼此没有什么影响。

（1）正相互作用。正相互作用是指两种生物之间有意或无意的相互帮助、相互依存以至自始至终和谐地生活在一起彼此不能分离。正相互作用对相互作用的种群的生长、存活和其他种群特征都有益，它大体可分为互利共生、原始合作以及偏利作用。

（2）负相互作用。负相互作用是指对相互作用的种群的生长和其他特征有害或受到抑制。负相互作用包括捕食、采食、寄生、种间竞争和抗生等。

①捕食与寄生：捕食包含广义和狭义的含义。广义捕食指高一营养级动物取食或伤害低一营养级的动物和植物的种间关系。狭义捕食指肉食动物捕食草食动物。在一个正常的生态系统中，捕食者与被捕食者之间由于相互制约的结果，保持着相对平衡的状态。由于共同进化的结果，捕食者与被捕食者、寄生者与被寄生者之间的负相互作用倾向于减弱。寄生即两种生物在一起生活，一方受益，另一方受害，后者给前者提供营养物质和居住场所，这种生物的关系称为寄生。主要的寄生物有细菌、病毒、真菌和原生动物。在动物中，寄生蠕虫特别重要，而昆虫是植物的主要大寄生物。专性寄生必须以宿主为营养来源，兼性寄生也能自由活动。拟寄生物包含一大类昆虫大寄生物，它们在昆虫宿主身上或体内产卵，通常导致寄主死亡。

②种间竞争：种间竞争是指具有相似要求的物种为了争夺空间和资源（食物或营养、光、热、水、气等）而产生的直接或间接抑制对方的现象，种群之间的竞争导致生态位分离而趋于协调，可以利用这种多物种组成的群落有效利用环境资源，维持较高的生产力并且有较高的稳定性。种间竞争的结果可能出现几种情况：两物种间形成平衡调节；一个物种取代另一个物种或将后者赶到另一个空间、利用另一种食物。例如，青、草、鲢、鳙四大家鱼同养一个水域，由于其食性和生态位具有差异，所以不会发生竞争而导致减产。

（3）化感作用。化感作用是指由植物体分泌的化学物质对自身或其他种群发生影响的现象。化感作用是植物界种间竞争的一种表现形式。植物的这种分泌物叫化感作用物质。植物分泌物对种间组合的促进或抑制作用，对于作物的兼做、混作、套作和造林树种的选择与搭配都有极重要的实践意义。

4.1.2 生物群落的概念与基本特征

4.1.2.1 生物群落的概念

生物群落，指特定时间内，由分布在同一区域的许多同种生物个体自然组成的生物系统。居住在一定空间范围内的生物种群的集合，即群落，包括植物、动物和微生物等各个物种的种群，共同组成生态系统中有生命的部分。生物群落可表示为：

$$生物群落 = 植物群落 + 动物群落 + 微生物群落$$

4.1.2.2 生物群落的基本特征

在生态系统中，多种多样的植物、动物和微生物群居在一起构成群落。虽然它们在分类地位、系统发育或亲缘关系上可能相差甚远，但作为同一生境中的结构单元，一方面，表现在生物种群间的复杂关系；另一方面，不同生物又作为一个整体对周边环境产生影响，表现出与单个种群不同的基本特征。

生物种群的基本特征主要有以下几个方面：

（1）具有一定结构。生物群落是生态系统的一个结构单位，它本身除具有一定的种类组成外，还具有一系列的形态结构、生态结构与营养结构，但其结构常常是松散的，不像一个有机结构那么清晰，我们称这种结构为松散结构。

（2）具有一定外貌。群落中的生物个体，分别处于不同高度和密度，从而决定了群落的外部形态，形成自己的外貌特点。如在植物群落中，通常由其生长类型决定其高级分类单位的特征，如森林、灌丛或草丛的类型。

（3）具有一定种类组成。每个群落都是由一定的植物、动物、微生物种群组成，种类组成的不同是区别不同群落的首要特征。一个群落中种类成分的多少及每种个体的数量，是度量群落多样性的基础。我们常把群落按物种分为植物群落、动物群落和微生物群落等。

（4）具有一定动态特征。生物群落是生态系统中具有生命的部分，生命的特征是不停的运动，群落也是如此，生物群落的运动形式包括季节动态、年际动态、演替与演化。

（5）不同物种之间存在相互影响。生物群落是生物种群的集合体，一个群落必须经过生物对环境的适应和生物种群之间的相互适应、相互竞争，通过不同物种之间的相互影响，形成具有一定外貌、种类组成和结构的集合体，即群落的形成与发展必须经过生物对环境的适应和生物种群间的相互适应。

（6）形成一定群落环境。生物群落对其居住环境产生重大影响，并通过自身和环境的作用形成群落环境。例如，森林中的环境与周围裸地就有很大的差异，包括光照、温度、湿度与土壤等；即使生物非常稀疏的荒漠群落，对土壤等环境条件也有明显改变。

（7）具有一定分布环境。无论从全球范围还是从区域角度讲，不同生物群落都是按一定的规律分布的。任何一个群落只能分布在特定的地段或特定生境中，形成不同的群落生境和不同分布范围。

（8）具有特定群落边界特征。在自然条件下，有些群落具有明显边界，可以加以区分，有的则不具明显边界，而且处于连续变化中。环境梯度变化较陡，环境梯度突然中断，如地势变化较陡的山地垂直带，池塘、湖泊、岛屿等陆地环境和水生环境的交界处所形成的群落具有明显边界。但是蛙等两栖类生物因为常在水生群落与陆地群落之间活动，使原来清晰的边界变得复杂。

4.1.3 生态系统的概念及特征

4.1.3.1 生态系统的概念

生态系统是指在一定的时间和空间范围内，生物与生物之间、生物与非生物环境之间密切联系、相互作用并具有一定结构及完成一定功能的综合体，或者说是由生物群落与非生物环境相互依存所组成的一个生态学功能单位。

生态系统＝生物群体环境＋生物群体及其全部关系

生态系统是一个以特定的生物群落及其所在的环境为基础的。这样一个生态系统的各部分——生物与非生物、生物群落与生境，可以看作是处在相互作用中的因素，而在成熟的生态系统中，这些因素近于平衡状态，整个系统通过这些因素的相互作用而得以维持。

4.1.3.2 生态系统的特征

生态系统的特点可以概括为以下几个方面：

（1）生物生产。对于一个生态系统来说，千方百计地提高生物产品的数量即提高系统的生产力是人类努力奋斗的目标。生态系统的生产包括植物生产（通常又叫第一性生产或初级生产）和动物性生产（第二性生产和次级生产）两个过程。

（2）能量流动与转化。从总体看，能量在生态系统中沿食物链网的流动是单方向的，在推动生态系统的运行和转化过程中，会不断地以热能的形式释放到系统之外，直到全部散失为止。在生态系统中，由第一性生产所固定的太阳能，除去生产者自身呼吸消耗外的剩余能量有三个方向的流动：被草食动物采食后进入食物链网；作为凋零物的能量储存于枯枝落叶中；大部分能量在植物内储存使植物增重。

（3）物质传递与循环。物质的多次利用，是保持和提高生态系统生产力的重要内容。生态系统中生物生命活动所必需的各种营养元素，在各个营养级之间的传递构成物质流，最后被微生物分解与转化并返回环境，释放到环境中的物质再一次被植物吸收利用，重新进入食物链，参加再循环，这个过程就是物质循环过程。

（4）信息控制。生态系统中与物流和能流同时存在的是信息流。这些信息包括物流信息（如生物的发声、发光和有机体的颜色）、化学信息（如生物代谢物、酶、抗生素、性诱激素）、营养信息（如食物链中捕食者与猎物之间的关系）和行为信息（如同一种群中个体相遇时发出的动作和信号等）。信息流在有机体之间进行信息传递，随时对系统进行控制和调节，把各个组成成分连成一个整体。

（5）发展与进化。生态系统各组成成分随时空变化而变化，结构与功能也会随之变化，尤其是在自然生态系统中，随着演替过程的进行，结构会越来越复杂，各种功能会越来越完善，各成分之间会更加协调，从而使生态系统更加稳定。

4.2 耕地生态系统的定义与特征

4.2.1 耕地生态系统定义

耕地生态系统是指一特定空间内农业生物与其环境之间，通过互相作用联结成进行能量转换和物质生产的有机综合体，它属于农业生态系统范畴。人类生态系统的产生，第一阶段就是农业（含耕地）生态系统，远远早于城市生态系统的出现。耕地生态系统是人工、半人工生态系统，其能量及能源除来自太阳辐射外，不同程度上需消耗石油能源、依赖于工业能的投入。耕地生态系统是自然生态系统演变而来，并在人类的活动影响下形成的，它是人类驯化了的自然生态系统，它不仅受自然生态规律的支配，还受社会经济规律的调节，是一个具有一般系统特征的人工系统。它是利用农业生产与非生物环境之间以及种群之间的相互作用建立的，并按照人类需求进行物质生产的有机整体。其实质是人类利用农业生物来固定、转化太阳能，以获取一系列社会必需的生活和生产资料。

中国耕地面积约 1.33 亿 hm^2，约占全国陆地面积的 13.9%。耕地主要分布于三种地貌类型区。一是大河形成的大平原，如黄淮海平原、松嫩平原、辽河平原、长江中下游平原、渭河平原、成都平原、珠江三角洲等。二是广泛地形上有起伏但相对高度差异不大的地区，如黄土高原、南方红黄壤丘陵，耕地散布。三是受热量条件或者水分条件限制的地区，如高山、荒漠地区，耕地零星分布。按照《中国生态系统》提出的分类方法，在中国大农业格局划分基础上，中国农田生态系统按照热量状况可划分为 11 个农田生态热量带，再按照水分条件可划分为 19 个农田生态地区，再结合地貌和土壤类型可进一步划分为 48 个农田生态区。荒漠绿洲农田生态系统是中国典型的农田生态系统。中国温带荒漠生态系统主要分布于新疆、甘肃、宁夏和内蒙古西部，以干旱、风沙和盐碱为主要环境特征。荒漠绿洲农田生态系统主要分布于准噶尔盆地和塔里木盆地、河西走廊、黄河河套平原等人工引水灌溉和农耕的荒漠绿洲农区。人类活动是绿洲存在和发展的动力，没有人工灌溉就没有绿洲农业。绿洲农区盛产棉花、小麦、水稻和玉米等多种作物，且优质高产。灌溉水资源短缺、农田土壤肥力下降、土壤次生盐碱化是荒漠绿洲农田生态系统面临的主要问题。

4.2.2　绿洲灌区耕地生态系统特征

4.2.2.1　绿洲灌区耕地生态系统是人类干预下的开放动态系统

绿洲灌区耕地生态系统存在着内外物质和能量的交换。

首先，绿洲灌区耕地生态系统与人类之间进行物能交换，具有物质生产能力，属人类强烈干预下的开放系统。人类通过对土地的投入和改造利用，源源不断地获取基本生活用品，这种投入与产出的关系是一种双向的平衡交流，如果人类不遵守这种自然规则，对土地进行掠夺性经营，则土地生态系统就会退化。反之，人类也可通过生态工程设计使土地生态系统向更高效的方向发展。

其次，绿洲灌区耕地生态系统与地球外部环境的能量交换，特别是与太阳之间的关系，使之处于一种周期性的动态状态。

最后，绿洲灌区耕地生态系统内部的四大基本循环——大气循环、地质循环、水分循环和生物循环都在不同程度上决定了绿洲灌区耕地生态系统的功能差异。只要某一循环发生变化，耕地生态系统的功能就会发生改变，甚至出现退化现象。

4.2.2.2　绿洲灌区生态系统是干旱带最活跃的场所

干旱区适宜人类生存的环境较少，干旱带中的绿洲就成了人类活动的首要区域。绿洲灌区耕地生态系统由于有人类活动的参与，具有明显的经济特点，另外，绿洲灌区耕地生态系统是各种物理过程、化学过程、生物过程、物质与能量的转化与交换过程最活跃的场所，具有土地生产力，这些原因使绿洲灌区成为人类的活动基地。

4.2.2.3　绿洲灌区耕地生态系统受自然生态规律和社会经济规律的双重制约

耕地生态系统是一个开放性的人工系统，有许多能量与物质的输入与输出，因此耕地生态系统不但受自然规律的控制，也受社会经济规律制约。人类通过社会、经济、技术力量干预生产过程，包括农产品的输出和物质、能量、技术的输入，而物质、能量、技术的输入又受劳动力资源、经济条件、市场需求、农业政策、科技水平的影响，在进行物质生产的同时，也进行着经济再生产过程，不仅要有较高的物质生产量，而且也要有较高的经济效益和劳动生产率。因此，耕地生态系统实际上是一个农业生态经济系统，体现着自然再生产与经济再生产交织的特性。

4.2.2.4　系统中生物具有较高净生产力

耕地生态系统中的农业生物具有较高净生产力，较高经济价值和较低抗逆性。耕地生态系统的生物物种是人工培育与选择的结果，虽然经济价值较高，但生物物种单一，结构简化，抗逆性差，系统稳定性差，往往容易遭受自然灾害，需要通过一系列的农业管理技术的调控来维持和加强其稳定性。耕地生态系统的初级生产力一般较高，据统计农作物平均为 0.4%，高产田可达 1.2% ~ 1.5%，而自然界的绿色植物光能利用率不超过 0.1%。

4.2.2.5　系统自身的稳定性差

由于耕地生态系统中的主要物种是经过人工选育的，对自然条件与栽培、饲养管理的措施要求越来越高，同时人们为了获得高的生产率，往往抑制其他物种，使系统内的物种种类大大减少，食物链简化、层次减少，致使系统的自我稳定性明显降低，抗逆性较差，容易遭受不良因素的破坏。

4.2.3　绿洲灌区耕地生态系统的几个辩证关系

4.2.3.1　平衡与失衡

生态系统提高系统生产力与维护生态平衡是矛盾的统一体。耕地系统作为农业系统的重要组成部分，农业系统生产力的发展过程，就是不断打破旧平衡，建立新平衡的过程。从时间上看，亦即从生态系统的演替看，无论是原生演替，还是次生演替或人工演替都是从不平衡→平衡→不平衡→平衡；从空间上看，生物圈的物质循环是平衡的，即系统内存在着局部的、暂时的、表观的动态平衡，即使平衡还是存在着一定的波动；从纵的方面说，耕地生态系统是陆地生态系统的一部分，耕地生态系统的生态平衡，存在于陆地生态系统的平衡之中，只有陆地生态系统或大地段的生态平衡，才能保证耕地生态系统的平衡和稳定。

4.2.3.2　有机农业与无机农业

有机农业是传统农业的标志之一，也是生态平衡的基础，但生产力较低，不能满足人类社会的物质消费。无机农业一方面大幅度提高农产品生产量；另一方面使得生态平衡失调和环境受污染。这两对矛盾都不是绝对的，可以通过人为的调节而有所缓和，只有把有机农业和无机农业结合好，才是绿洲灌区现代化农业的出路。

4.2.3.3　生态效果与经济效果

生态效果是人们向系统输入辅助能，以充分发挥自然资源生产潜力，并保护资源，在耕地生态平衡的基础上，取得农产品的高产、稳定，并净化环境。经济效果是人们利用社会资源去发挥自然资源潜力，形成现实产量，向系统外输出大量农业产品。这两者可能是统一的，也可能是矛盾的。建立合理的、高效的耕地生态系统，必须使生态目标和经济目标统一、生态效果与经济效果协调。

4.2.3.4　大农业与小农业

小农业是指以种植业为主的农业，其中耕地利用是重要部分；而大农业是指农、林、牧、副、渔全面发展的农业生产。小农业是大农业的基础，但又依赖大农业各业的发展提供能量和物质来保证和促进自身发展。耕地生态系统作为小农业的核心与大农业相辅相成。

4.2.4　绿洲灌区耕地生态系统服务功能与价值

生态系统服务功能是指生态系统与生态过程所形成及所维持的人类赖以生存的自然环境条件与效用。它不仅包括各类生态系统为人类所提供的食物、医药及其他工农业生产原料，还包括调节气候、维持大气化学稳定、维持生物地化循环和水文循环、维护生物多样性、减缓旱涝灾害、促进土壤形成、净化自然环境等支撑与维持地球生命活动的支持系统。因此，生态系统服务功能及其价值评估研究对于促进生态系统健康发展和可持续管理具有重要作用。

4.2.4.1　耕地生态系统服务功能价值的内涵与内容

耕地生态系统服务功能是指耕地生态系统在农业生态过程中把太阳光转变成人类的幸福和健康生活的效用价值。耕地生态系统服务功能分为经济服务价值、社会服务价值和生态服务价值。

（1）经济服务价值。经济服务价值主要指人们利用耕地生态系统进行生产转化获取的经济利益。经济服务价值主要以直接产品服务为主；除了耕地生态系统产出的产品外，利用耕地生态系统开发的旅游资源等也应列入经济服务价值。

（2）社会服务价值。社会服务价值主要指耕地生态系统服务中为社会中的人所提供的艺术、人文、文化教育、科技研究等价值，主要表现为间接价值。

（3）生态服务价值。生态服务价值主要指耕地生态系统在物质、能量、信息和经济流动的生态过程中与整个生态环境互动，保持生态平衡、维护健康环境的价值，如维持土壤肥力、营养循环、净化空气等生态服务价值，该价值也主要表现为间接价值。

4.2.4.2　耕地生态系统服务功能价值评估指标与方法

耕地生态系统服务功能的价值评估是利用农业生态学基本原理，在对农业生态系统的生态过程机制充分了解的基础上，通过价值量化评估技术，用经济学的指标体系来估算耕地生态系统服务的价值。耕地生态系统服务的评估指标可分为以下三类：

（1）经济服务价值，包括耕地生态系统产品价值、旅游价值。

（2）社会服务价值，包括耕地生态系统的艺术、科研、文化教育价值。

（3）生态服务价值，包括耕地生态系统的空气净化、二氧化碳固定、氧气释放、水源涵养与保持、土壤肥力的更新与维持、促进养分循环、减少气象灾害和病虫害等价值。

耕地生态系统服务价值评估也采用替代市场评价方法和模拟市场技术法等经济学评价方法。耕地生态系统服务价值核算中目前存在的主要问题包括：耕地生态系统的依赖性、高流动性、时空限制性、脆弱性等特点，制约了其生态服务功能的量化研究，各项服务功能指标分类多样、参数取值差异较大、区域可比性不强；研究技术相对滞后，尚处于初步理论探索阶段，生态服务内涵、研究技术路线和经济核算方法等均套用了生态系统服务功能的评估方法；研究机制缺位和研究力量薄弱，对生态机制、市场机制、公众参与机制、法律机制等研究机制创新不足，研究力量十分薄弱；研究重点集中在耕地生态系统服务中的产品产出效用上，不利于农业生态系统可持续发展。

4.3　绿洲灌区耕地生态系统的组成

4.3.1　绿洲灌区耕地的人工生物系统

灌区的人工生物系统包括人类驯化栽培的一切作物、蔬菜、绿肥、牧草等生产者生物和人工喂养的家禽、家畜等消费者生物。

4.3.1.1 生产者生物

耕地生态系统中一切人工栽培的绿色植物，如作物、蔬菜、绿肥、牧草和人工林木等，都是耕地生态系统中第一性生产的主体。其作用是利用太阳辐射能和人工投入的辅助能，把水、土、气、热等资源的潜在生产力转化为粮、棉、油、瓜、果、菜等农产品，为人类生存和其他各业的发展提供物质基础和保障，也是农业经济收入的主要来源。因此，要根据灌区自然资源条件和社会经济能力，因地制宜地合理安排好生产者系统各组分间的比例关系，同时合理地安排好生产者和消费者之间的比例关系，开展多种经营，实现综合发展。

4.3.1.2 消费者生物

耕地生态系统中的消费者生物是指一切依靠其他生物产品，主要是第一性生物产品为其营养和能量来源的人工生物。消费者生物以草食性动物为主，兼有少量杂食性的动物。它们是耕地生态系统食物链的重要组成部分，对系统中的物质循环和能量转换起着非常重要的作用，同时还为耕地生态系统提供肥料和动力来源。主要包括：（1）家畜。包括役畜和非役畜。（2）家禽。包括蛋用型和肉用型以及野生驯化型。（3）昆虫类。主要有蜜蜂、桑蚕、柞蚕和金小蜂等。近些年来，病虫草害的生物防治越来越被重视，尤其是在有机农业生产中，生物防治更为重要。因此，对天敌昆虫的研究和喂（放）养，正在成为耕地生态系统消费者家族的一个重要组成部分。（4）水生动物类。各种鱼类、蛙类和贝类等，目前灌区生态农业的发展和螃蟹的养殖法关系密切。（5）食用菌类。我国食用菌栽培历史悠久，品种繁多，发展很快，从栽培方式来看，已经从菌房栽培逐步走向农田和果园，已经成为灌区一些地方生态系统中重要的生产和经济组成部分。

4.3.1.3 分解者生物

耕地生态系统中的分解者生物主要包括土壤微生物（细菌、真菌、放线菌）、原生动物、蚯蚓类和甲虫类等。它们将动植物残体等复杂有机物质分解成简单的无机物质供作物吸收和利用。正是由于它们的存在，耕地生态系统的物质循环和能量转换才得以实现。为了提高分解者的分解转化能力，增强耕地生态系统中物质循环和能量转化的速度和效率，有目的地从自然界筛选出一些有益（有效无害）微生物，直接做成生物有机肥添加到土壤中，对改良土壤的理化生物性状、减少病虫害、提高农产品产量和品质都有重要作用。

4.3.1.4 人类

人是耕地生态系统中最积极最重要的组成成分，是整个农业生产的组织者和管理者，也是最大的消费者。人类处于耕地生态系统食物链的顶端，耕地生产的全部目的就在于满足人类物质和文化生活的需要。人类在耕地生态系统中的地位和作用，是个长期以来都没能得到很好解决的重要问题，在未来的研究和讨论中，应该不断地加以反复论证，确定人类在该系统中的地位。

4.3.2 绿洲灌区生态环境系统

组成耕地生态系统的生态环境包括作用于人工生物系统的全部自然因素，归纳起来，主要有以下四个方面：

4.3.2.1 土壤环境

土壤环境包括灌区土壤生物、土壤微生物、土壤有机质、土壤矿物质、土壤水分和土壤空气。由上述这些物质共同作用形成的土壤的物理、化学和生物性状，构成了作物生长的土壤环境。绿洲灌区主要土壤类型为灌淤土、盐渍土、淡灰钙土，扬黄灌区主要为灰钙土、风沙土。表4-1反映了绿洲灌区部分土壤成分。

表4-1 绿洲灌区贺兰县洪光镇高渠村五社土样化验结果平均值（2012年）

Ph值	全盐（g/kg）	有机质（g/kg）	全氮（g/kg）	碱解氮（mg/kg）	速效磷（mg/kg）	速效钾（mg/kg）
8.44	1.37	15.88	0.90	60.98	27.98	120.28

4.3.2.2 太阳能和大气环境系统

太阳辐射能是作物生长所需能量的最主要来源，也是耕地生态系统能量的主要来源，是不可缺少的重要环境之一。宁夏绿洲灌区地处中温带干旱区，太阳辐射强，日照时间长，光能资源丰富，温差较大，热量丰富，无霜期较长，高于同纬度的华北地区，仅次于青藏高原。年太阳辐射总量为每平方米4936~6119兆焦耳，由南向北递增，夏季最多，冬季最少。年日照时数为2194.9~3082.2小时，日照百分率为50%~69%，其时空变化规律，与太阳辐射类同。灌区年均气温8~9℃，作物生长季节4~9月≥10℃的积温为3200~3400℃，不仅能满足小麦、糜子等作物的需要，喜温作物如水稻、棉花也能很好地生长。同时大于等于10℃的积温的初日及终日也正好与无霜期吻合，再加上太阳辐射达148Cal/cm² · a，年均日照时间2800～3100h及无霜期长达164d，有利于作物生长。引黄灌区属大陆性气候，干旱少雨、蒸发强烈。灌区年均蒸发量1100～1600mm（E601），年均降水量180～200mm，降水年内分配不均，干、湿季节明显，7月、8月、9月三个月的雨量占全年雨量的60%～70%。虽然本区降雨稀少，但有时秋雨集中，影响夏收及秋作成熟。[①]

4.3.2.3 生物环境

在农业生态系统中，人工生物成分以外的一切生物均可称为环境生物，视为系统的生物环境。引黄灌区现有在册耕地467.25万亩，根据水利部门按灌溉面积统计实际面积在600万亩左右，目前农作物总播种面积739万亩，耕地复种指数按实际面积计算为123.2%，其中粮食作物播种面积为525.6万亩（包括豆类），经济作物播种面积113.4万亩，饲草100万亩。根据有关研究表明近5年内，引黄灌区必须保证每年220万吨的粮食产量，才能保证全自治区粮食需求（包括口粮、饲料、种子、工业用粮等）的安全性。按目前粮食作物平均亩产391.5kg计算，每年必须保证562万亩粮食播种面积才能完成该粮食产量，按目前的农作物总播种面积，还要挤压经济作物与饲草作物播种面积才能完成这个任务，因此粮经饲争地矛盾将会越来越突出，尤其是需求量巨大的饲草类作物缺口将会越来越大。[②]

4.3.2.4 地质地理环境

宁夏引黄灌区地貌类型为黄河冲积平原，地势平坦，沟渠纵横，海拔1100～1300m。灌区地势自南向北渐趋平缓，卫宁灌区地面坡降为1/1000～1/2000，青铜峡灌区地面坡降为1/2000～1/7500。主要为灌淤土、盐渍土、淡灰钙土；扬黄灌区主要为灰钙土、风沙土。[③]

4.3.3 绿洲灌区人工控制系统

人工控制系统是人类施加给耕地生态系统的环境条件和影响的总称，是耕地

---

① 《宁夏引黄灌区水资源现状与合理利用》，载《农业科学研究》2006年第6期。
② 数据来源：《宁夏引黄灌区耕地土壤养分变化及评价》，中国农业大学论文。
③ 数据来源：《宁夏引黄灌区调查》，载《人民黄河》1992年第7期。

生态系统最重要的组成成分，也是区别于自然生态系统的根本标志。绿洲灌区人工控制系统主要由以下几部分组成：

4.3.3.1　决策指挥系统

领导者的科学决策水平、农民的技术水平和文化素质以及风俗习惯等，都构成了绿洲灌区耕地利用的决策指挥系统，会对灌区耕地农业资源的合理利用和生态系统的生产力产生决定性的影响。

4.3.3.2　技术支持系统

新成果、新技术、新方法的研究开发和引进试验示范推广，及时发现耕地利用生产出现的新问题并加以研究解决，这是绿洲灌区耕地利用的可持续发展的技术支持和保证。

4.3.3.3　工程系统

工程系统包括水利工程、防护林工程、保护地工程和农田小气候工程等，是绿洲灌区人类在长期的生产实践中，因地制宜、因时制宜地建造起来的农业环境控制系统，是灌区耕地利用的重要环境组成。截至 2007 年底，宁夏引黄灌区改建和扩建干渠 17 条，总长度 2296km，支渠 3000 多条，总长度 7000km，引水能力 750m^3/s，灌溉面积近 46 万 hm^2；有排水干沟 41 条，总长度 1074km，支沟 1564 条，长度 3170km，排水能力 915m^3/s，控制排水面积 62.8 万 hm^2，建立了比较完善的灌排系统。[①]

4.3.4　绿洲灌区耕地利用与生态环境耦合系统

从系统观点看，绿洲灌区耕地利用系统实质上是土地生态经济系统，这个系统包括土地自然生态子系统、耕地社会经济子系统和人口子系统三个部分。其中，土地自然生态系统是整体系统的基础，是绿洲灌区耕地利用系统物质与能量的来源，也是人类生态环境的空间载体，承担着维持地球生命系统的重要功能。这个土地生态经济系统在形式上，表现为气候、地貌、岩石、土壤、植被、水、基础地质等自然生态因子在一定地域空间内的不同组合，而这些不同因子组合又通过物质能量的交换耦合成具有一定结构与功能的生态系统。土地利用正是由经这一生态系统中来获取物质与能量，以支撑整个系统的运转。而生态环境作为人

---

① 数据来源：《宁夏引黄灌区调查》，载《人民黄河》1992 年第 7 期。

类赖以生存与发展的各种生态因子和系统环境的总和，也可以将其分为两个层次。微观层次上表现为气候、土壤、地形地貌与生物等因子；宏观层次上表现为由微观生态因子组成的、受景观安全格局与生态系统阈值约束的、具有一定结构与功能的系统环境。可见，作为生态环境微观要素的生态因子，是绿洲灌区耕地自然生态系统的基础要件，而具有一定结构与功能的土地自然生态系统同样也是区域生态综合系统的组成部分。二者在同一的地理空间内由经土地自然生态系统这一公共界面耦合成多层次绿洲土地利用复合系统，成为二者动态反馈关系的基础框架（见图4-1）。

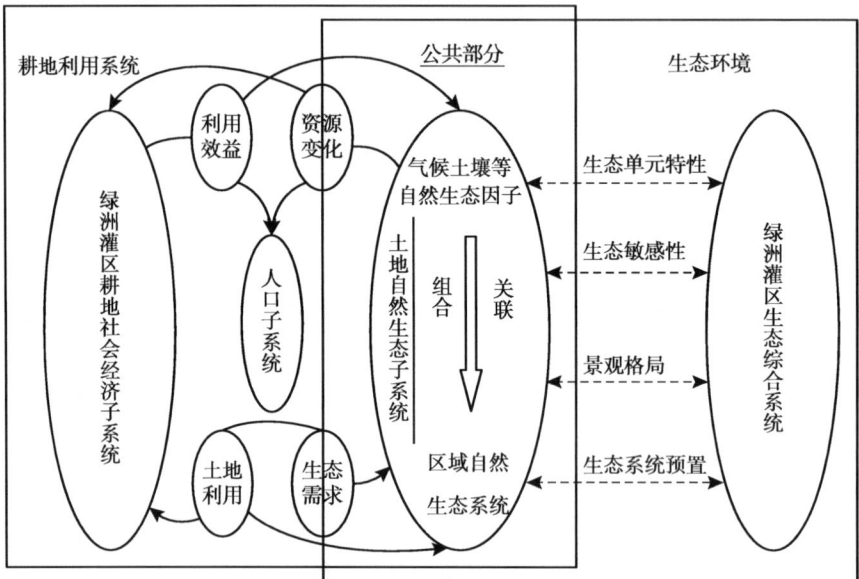

图 4-1　绿洲灌区耕地利用与生态环境耦合系统的框架

不同系统内部，生态环境微观因子的内涵也各不相同，就绿洲灌区耕地利用系统而言，生态环境因子主要是指构成自然生态系统的物质要素，偏重于地形、地貌、土壤、植被等因子的物质基础和不同组合而构成的空间实体。这些物质实体的存在，支撑了源源不断的土地利用系统生产力与强大空间载体功能。生态环境通过微观因子实体组合构成土地自然生态系统，同人类社会经济系统间进行着物质能量的交换，维持着耦合系统的平衡。在此框架基础上，绿洲灌区耕地利用与生态环境展开了复杂的影响与反馈关系。在土地单元层面上，土地利用方式与生态单元特性围绕生态适宜性展开纷争；在地段层面上，土地利用形态与生态敏感带就限制与破坏产生矛盾；在区域系统层面上，土地利用模式与结构与生态系统则围绕景观安全格局与生态系统阈值展开对弈，层层相依，环环相扣，协同驱动了二者之间的对立统一关系。

4.4　绿洲灌区耕地利用生态系统的结构

耕地利用生态系统的结构是指耕地利用生态系统组分在空间、时间上的配置及组分间能流和物流的顺序关系。耕地生态系统的结构是功能的基础，只有合理的结构才能产生高效的功能。合理优化的耕地生态系统结构应该是各种作物比例合理适当，抵御自然灾害的能力强，在保证获得较高的系统产量和优质多样的产品以满足人类需要的同时，还应保持生态系统结构的平衡和资源的永续利用。

4.4.1　耕地生态系统的产业结构

耕地生态系统的产业结构亦即作物种植结构。绿洲灌区主要特色农作物有水稻、小麦、玉米、马铃薯、酿酒葡萄、枸杞和红枣等，其中小麦、玉米、水稻和马铃薯是宁夏的四大作物，其次是枸杞、苹果和葡萄。2014 年，四大粮食作物中以小麦播种面积最大，达 210.9 万亩，其次分别是马铃薯、玉米和水稻。尽管宁夏各粮食作物总产占全国总产的比例不到 1%，但其单产水平突出，尤其是水稻单产高，可达 8563.8kg/hm²。宁夏枸杞在全国枸杞生产中占重要地位，无论是播种面积，还是单产和总产水平，都为全国之首，其总产占全国总产的 40% 左右。宁夏苹果和葡萄产业也处在不断发展阶段，目前，宁夏葡萄的栽培面积为 51 万亩，随着酿酒葡萄种植面积的不断扩大，其总产将不断增加。这些作物之间相互依存、相互制约、相互促进，构成耕地生态系统的物质循环和能量转化，以及循环网络结构的基本骨架。农、副产品的加工也是改善灌区生态系统物质循环、提高系统生产力的重要环节。农、副产品的就地加工再利用，既减少了物质、能量简单地向城市流动，又活跃了农村经济。如美国，农田收获产品的经济价值只占 30%，而加工成为食品、工业品后，其价值则达 70%。绿洲灌区耕地利用作为灌区农业生产中的重要类型，在进行物质生产的同时，还要美化环境，兼顾多种需要，提供多种类型的产品。只有多业结合才能挖掘耕地资源潜力，实现物质的循环利用和转化增值，有助于耕地生态环境的改善和耕地利用的持续发展。因此，在绿洲灌区的利用中，应实行多业结合。①

---

① 数据来源：宁夏回族自治区农牧厅数据。

4.4.2 耕地生态系统的水平结构

绿洲灌区耕地生态系统的水平结构，是指在一定的生态区域内，各种生物种群所占面积比例、镶嵌形式、聚集方式等水平分布特征，水平结构表现为种群与种群之间的镶嵌性。耕地生态系统水平结构受自然环境条件、农业区位和社会经济条件的影响，形成所谓的条带状分布、同心圆式分布或块状镶嵌分布等景观格局。在绿洲灌区表面连续不断地分布着各种子系统，如农田生态系统（含耕地生态系统）、林木生态系统、城市生态系统等，不同子系统有其独特的能量交换和系统功能，这是绿洲灌区进行土地利用系统分析和研究土地利用结构布局的基础；与气候、土壤、生物地带性分布具有相对应的景观生态结构，即绿洲灌区耕地类型宏观地带性地域分异，体现在纬向地带性分异和经向地带性分异；与地质、地貌、水文等要素相对应的区域景观结构，这是形成绿洲灌区耕地类型结构和分布模式的基础。

4.4.2.1 自然环境对水平结构的影响

自然环境引起的纬度、经度和海拔高度的差异，导致不同的农业生物分布在不同的地区。以我国为例，从南到北，不同气候类型条件下适宜种植的作物和耕作制度存在较大的差异，见表4-2所示。

表4-2　　　　　　　　　我国不同气候类型与作物布局的关系

气候类型	≥10℃的天数/d	≥10℃的积温/℃	可种植的主要作物	熟制
寒温带	<105	<1700	早熟春小麦、马铃薯等	一年一熟
中温带	106～180	1700～3500	春小麦、大豆、玉米、甜菜等	一年一熟
暖温带	181～225	3500～4500	冬小麦、棉花、玉米、水稻、花生、苹果、梨等	二年三熟或一年二熟
北亚热带	226～240	4500～5300	水稻、小麦、甘薯、玉米等	一年二熟
中亚热带	1241～285	5300～6500	双季稻、甘蔗、茶叶、柑橘等	一年二熟或一年三熟
南亚热带	286～365	6500～8200	水稻、甘薯、玉米、香蕉、龙眼、荔枝等	一年三熟
热带	365	8200～9200	橡胶、咖啡、椰子等	一年三熟或一年四熟

资料来源：朱忠义：《我国农业自然资源分区特点与种植业布局》，载《自然资源》1992年第1期，第1～4页。

引黄灌区自然结构的水平分布沿黄河水系分布，引黄灌区处于黄河上游下河沿—石嘴山两水文站之间，沿黄河两岸地形呈"J"型带状分布，见图4-2，总面积6573平方公里（包括黄河水面和青铜峡库区512平方公里），其中耕地面积332万亩，灌溉面积317万亩（包括井灌4万亩）。总人口215万人，其中农牧业人口154万人。[①]

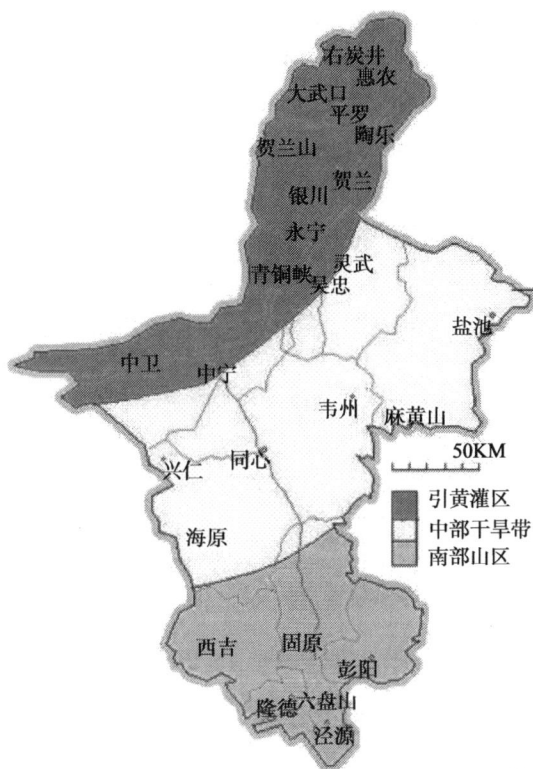

图4-2 宁夏耕地沿黄河分布的区域

4.4.2.2 社会经济条件对水平结构的影响

耕地生态系统的水平结构除了受自然条件的影响外，不同的农业区位和社会经济条件也有重要影响。如该地区的人口、交通、生产技术、资金、信息等都会明显地影响耕地生态系统的水平结构。

（1）杜能农业经济区位。德国人杜能于1826年出版了《孤立国同农业和国

---

① 数据来源：孙敬帧：《推进宁夏引黄灌区水生态文明建设的思考》，载《宁夏农林科技》2013年第8期，第96~97页。

民经济的关系》一书，奠定了农业区位理论的基础。杜能农业区位理论从孤立化研究和区位地租出发，得出了农产品种类围绕市场呈环带状分布的理论模式。杜能假设这样一个与世隔绝的孤立国：①在农业自然条件一致的平原上，农产品能够实现销售的唯一市场是中心城市；②农产品的唯一运输工具是马车；③农产品的运费与质量及运输距离成正比；④农作物的经营以获取最大利润为目的。根据这样的假设，杜能为孤立国推断出围绕中心城市的6个同心圈层，每个圈层分别有不同的最适农业生产结构，见图4-3所示。

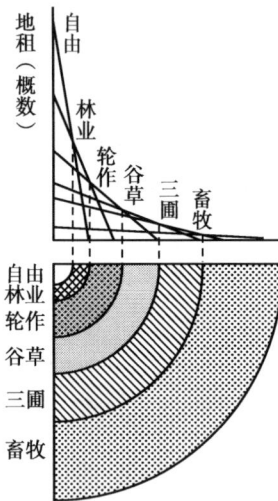

图4-3 杜能形成机制与图层结构示意图

杜能农业圈理论说明了农业布局不但取决于自然条件，而且取决于与城市的距离。据此，杜能得出两个结论：第一个结论是生产集约度理论，即越靠近中心城镇，生产集约度越高。在那个时候，劳力仍是农业的主要投入，因此，可用单位土地投入的劳动力来衡量生产的集约程度。越靠近中心城镇，单位土地投入的劳动力越多。第二个结论是生产结构理论，即易腐烂变质、不耐储存和单位价格低的农产品在靠近市的区域生产，反之亦然。因为离城市越远，不耐储藏、易腐烂和单位价格低的农产品的纯收益下降越快，在离城市不太远的地方纯收益会变为零，再远的地方就会亏本。而耐储藏和单位价格高的产品的纯收益随距离的增加下降比较慢，在离城市一定距离的区域仍然有利可图。

（2）生态经济区位。随着经济的高速发展，交通、运输、储藏、保鲜、加工能力的增强，销售网络的健全，使得运费迅速下降，自然资源条件对农业的生产结构格局影响能力上升，农业不同地块与中心城镇的相对位置对农业布局与安排来说不再是唯一的影响因素。这样，逐步在有利的自然环境条件下，按市场需求形成相应规模的专业化生产区域。此外，人口密度对耕地生态系统结构也有综合的影响。人口密度增加使人均资源量减少，劳动力资源增加，对基本农产品的需求上升，这样，必然使农业向劳动密集型转化。

（3）灌区耕地利用系统水平结构。社会经济条件对绿洲灌区水平结构的影响主要体现在沿黄城市带的发展上。黄河自西南向东北从灌区穿流而过，银川市、石嘴山市、中卫市和吴忠市的利通区、青铜峡市沿河形成了沿黄城市带。沿黄城市带农业生产和其他各种建设条件较好，经济、社会活动相对较为活跃。目前绿洲灌区以 40% 多的国土面积集中了宁夏近 60% 的人口以及城镇人口的 81.5% 和 GDP 的 90% 左右。因此，宁夏平原地区成为宁夏经济和城市发展的绝对高地，其在宁夏的地位就如同当前沿海发达地区在我国的地位，成为宁夏的"沿海地带"和发展的主体，也代表和掌控了宁夏未来经济社会发展的前景。沿黄河的各个城市的发展也各有侧重：银川市将突出"塞上湖城、回乡风西夏古都"特色，以宁东基地建设为契机，建设成西北最适宜居住，最适宜创业的现代化区域中心城市；石嘴山市的定位是，建成山水园林特色的新型工业城市和沿黄城市带北部的副中心城市；吴忠市的发展思路是，进一步挖掘民族经济和民族文化内涵，深度开发穆斯林产业，建成商贸发达，回乡风貌浓郁的滨河水韵城市；中卫市的发展思路是，突出"欢呼和古城、浪漫沙都、花儿枸杞乡"品牌，将中卫市建成特色鲜明的生态旅游文化城市和交通枢纽城市，成为沿黄城市带南部的副中心城市（见图 4 - 4）。

4.4.3　耕地生态系统的垂直结构

耕地生态系统的垂直结构又称立体结构，是指在耕地生态系统内，生物种群依环境因素在立面上的组合状况，表现为层次现象，即生物成层分布的现象。环境因子可因山地高度、土层和水层深度变化形成垂直渐变结构，不同的垂直环境分布有不同的生物类型和数量。如果环境条件好，生物种类复杂，则系统的垂直结构也复杂；反之，环境条件恶劣，生物种类简单，则垂直结构也简单。绿洲灌区耕地生态系统可以根据其剖面性质不同分成几个不同的层次：地上层——气候、小气候、植被、动物；地表层——土壤、河川径流、浅层地下水、植物和微生物；地下层——土壤层以下的岩石、深层地下水等。

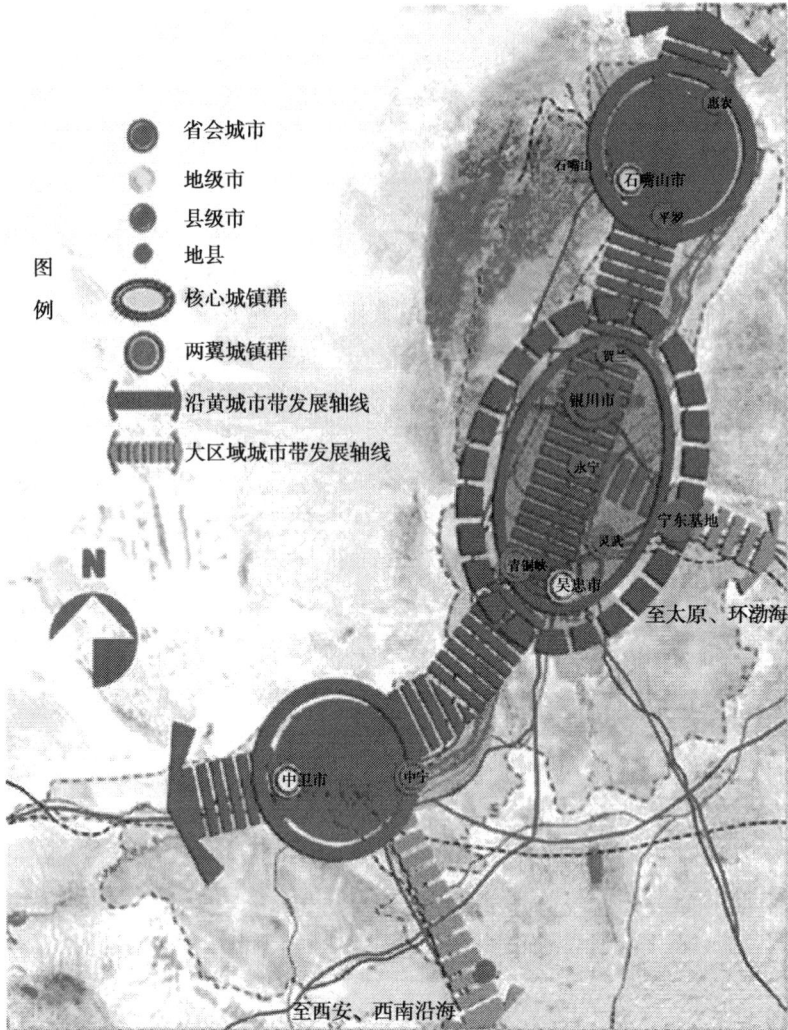

图 4-4 宁夏沿黄城市带发展战略示意图

4.4.3.1 作物间作、套作、混作

灌区作物在人为调节下，充分利用不同植物间的互利关系，组成合理的复合群体结构，增加光合叶面积，延长光能利用时间，提高群体的光合效率，提高群体的抗逆能力，以便更好地适应环境条件，充分利用光能和地力，保证稳产增收。如广泛应用于绿洲灌区的小麦、玉米间套作复种模式，其特点是利用小麦、玉米套种，提高农田种植收益。它充分利用两种作物形态及生理上的差异，合理搭配，提高了对光能、水分、土壤和空气资源的利用率。小麦、玉米间作一般可

以增产粮玉米 20% 左右。

4.4.3.2　稻田养鱼

"稻田养鱼，鱼稻共生"。鱼类在稻田中取食水中浮游生物、杂草和水稻害虫，减少病虫害，在游动中增加水体氧气，鱼类的粪便和排泄物作为水稻的肥料。在引黄灌区的稻、鸭、鱼立体种养技术模式，是以水稻种植为基础的粮、禽、鱼、水、田立体生产模式类型，其中水稻是模式的主体粮食作物。在特定条件下，该模式利用稻、鸭、鱼三种不同生物间生长特性的时空差异控制相互间的不利影响，从而建立稻、鸭、鱼农田共生系统。

4.4.4　耕地生态系统的营养结构

灌区生态系统的功能单位——生产者、消费者、分解者和环境，以营养为纽带把生物和非生物以及生物与非生物之间联系起来，进行物质循环和能量转化，这是灌区生态系统最本质的结构特征。结构不同，生态系统进行物质循环和能量转换的途径、方式及效率也不相同。

4.4.4.1　食物链的概念

生态系统内的生物群落通过吃食与被吃食关系，使食物能在不同生物种群之间流动，构成了一条有机联系的链状结构，这种结构称为食物链。食物链是生态系统营养结构的基本单元，是物质循环、能量流动和信息传递的主要渠道，如谷物→老鼠→鼬鼠→鹰。食物链是生态系统内不同生物之间类似链条式的食物依存关系。在食物链中，不同生物种群起着驱动能量流动的作用，并使能量在不同级的生物种群中滞留，生物种群在食物链中所处的位置叫作食物链的营养级。每个生物种群都处于一定的营养级，如谷物、牧草等绿色植物是第一营养级，草食动物是第二营养级，肉食动物是第三营养级，也有少数物种兼处于两个营养级，如杂食动物。

4.4.4.2　食物链的类型

食物链因食性不同，可以分为四种类型。

（1）捕食食物链。捕食食物链又称活食食物链，是生物间以捕食关系而构成的食物链。其能量流的发端从植物转化太阳能开始到草食动物、肉食动物或杂食动物。这种食物链以绿色植物为基础，以食草动物开始，能量逐级转移和耗散，最终全部散失到环境中，如小麦→麦蚜虫→肉食性瓢虫→食虫小鸟→猛禽。

（2）腐食食物链。腐食食物链又叫碎屑食物链，其能量发端于动植物的尸体或草食动物、肉食动物的排泄物和死体，主要是以死的有机体或生物排泄物为食物，将有机物分解为无机物，归还到环境中去，被生产者再利用。分解者在物质循环和能量流动中具有重要的意义，因为大约有90%的陆地初级生产量都必须经过分解者的作用而归还给大地，再经过传递作用输送给绿色植物进行光合作用，如植物残体→蚯蚓→鸡。

（3）寄生食物链。寄生食物链是指生物间以寄生物与寄主的关系而构成的食物链，或以寄生方式取食活的有机体而构成的食物链，如大豆→菟丝子。其中的有机体，是以寄主和寄生物而产生的能量关系。

（4）混合食物链。构成于食物链的各环节中，既有活食性生物成员，又有腐食性生物成员。例如，青草→牛（牛粪）→蚯蚓→鸡（鸡粪发酵）→猪（猪粪）→鱼是一条典型的混合食物链。

在实际生态系统中，食物链经常以食物网的形式存在，不同种类的生物总是相互交错并形成复杂的网状结构，成为食物网。

4.4.4.3 耕地生态系统食物链

耕地生态系统各营养级的生物种群，都在人类的意志指挥下输入各种辅助能，也输出产品来，因此耕地生态系统的营养结构不像自然生态系统那么完全。如果人们能遵循客观的生物规律，按自然规律来配置生物种群，为疏通物质流、能量流渠道创造条件，生态系统的营养结构就更科学合理，否则就将污染环境，破坏生态平衡，到头来生态系统的营养结构也遭到严重破坏。

耕地生态系统和其他陆地生态系统一样，其营养结构包括地上部分结构和地下部分结构。地上部分营养结构通过耕地利用作物和禽、畜、虫、鱼等，把无机环境的二氧化碳、水、氮、磷、钾等无机营养物质转化成为植物体和动物体等有机体。地下部分营养结构是通过土壤微生物，把动物、植物等有机体及排泄物分解成无机物，如二氧化碳、氮、磷、钾、硫等，也可以描述为无机→有机→无机化→有机化。

耕地生态系统营养结构的特点是无机物转化有机物非常充分，而有机物转化为无机物不一定在系统内进行，可能在农产品输出系统外进行微生物分解或用火焚毁或用其他措施处理，也可能在系统由分解者转化成无机营养物质，归还土壤，输出系统处理，土壤肥力就难以保持，更谈不上肥力的提高。这样耕地生态系统的营养结构就很不完全。耕地土壤养分不能平衡，依赖从系统外输入营养物质来达到平衡，有的即使输入营养物质，也不能平衡，久而久之，可更新性的土壤资源就受到破坏。

（1）食物链加环的作用。

①提高耕地生态系统的稳定性。耕地生态系统中的大多数食物链结构比较简单，生态系统中的功能效率不高，因而比较不稳定，系统对外界干扰的抵抗能力较差。如某些病虫害的发生，常常导致农作物减产，严重时甚至绝收。因此，在耕地生态系统中引入捕食性昆虫或动物这样的营养级，可抑制病虫害发生，减少损失，提高系统的稳定性。

②提高农副产品的利用率。耕地种植的农作物一般只有20%～30%的主产品可供人类直接食用，其他则为副产品。如果在其中加入新的食物链环节，如动物或菌类，则这一部分副产品也可转化成更多的次级产品供人类利用，从而提高农副产品的利用率和经济效益。

③提高能量的利用率和转化率。在灌区生态系统中，食物链中下一个营养级只能部分地利用上一个营养级所储存的有机物质和能量，而总有一部分未被利用，适当地增加新的生物组分，可提高物质和能量的利用率。

（2）食物链加环的类型。食物链加环可以分为生产环、增益环、减耗环、复合环以及加工环。严格地说，虽然产品加工环不属于食物链范畴，但与系统关系密切，对系统的功能能产生直接影响。

①生产环。在原有食物链中加入一个或几个新的环节，将非经济产品转化为经济产品，实现产业链的增值，这种新的食物链环节称为生产环。生产环可把低价值、低能量的产品或以往称为废弃物的资源转化为高价值、高能量与高效益的经济产品，如把大量的农副产品（如秸秆、秕糠、饼粕、草、粗粮等）作为家畜的饲料，生产出供人类使用的肉、奶、蛋、毛皮等生活必需品。在种植业的基础上，发展食用菌养殖业，食用菌的下脚料和产品又是种植业的肥料和养殖业的饲料；在耕地中种十字花科作物，以其花蜜养蜂得蜂蜜，通过田间养蜂可使许多农作物提高授粉率，从而增加产量。

②增益环。这种食物链本身的转化产品并不能直接为人类所需求，而是加大了生产环的效益。

③减耗环。在耕地生态系统原有的食物链中，引入某些食物链环节可以减少生产损耗；将捕食性天敌引入，可减轻害虫的危害，以控制有害昆虫对农业生物生产量的消耗。

④复合环。复合环指在原有食物链中加入具有两种以上功能的环节。复合环的加入把几个食物链串联在一起，可增加系统产出，提高系统效能。沼气为人们提供生活、生产能源，能效为秸秆直接燃烧的6倍；同时，沼液和沼渣可供多条食物链利用，如肥田，沼液种蘑菇、养蚯蚓等。沼气池复合环的加入，不仅减少了畜、禽粪便和秸秆等对环境的污染，而且为农民提供了生活能源，提高了农作

物产量和品质等。如沼气池是一个优良的复合环，是复合农业生态系统中的"纽带"，它以畜禽粪便、秸秆、杂草等为原料，利用微生物把原料中的淀粉、蛋白质等高分子有机物降解为可溶性碳、氮化合物，同时产生甲烷等可燃性气体。

⑤加工环。农产品的加工是通过在系统中加入农副产品加工，提高物质回收率，保持养分的循环平衡，提高资源利用率和经济效益。食物链加环并非越长越好，关键是要尽早从链条中获取更多的产品。十分之一法则（林德曼定律）证明，链条越长，营养级层次越多，沿食物链损耗的能量也就越多，而且太长、太复杂的食物链在实际应用中也有许多技术与经济方面的困难。加工环有 3 种类型：多次加工型，将初次加工利用后的剩余物进行二次利用、三次利用等。粮工商结合型，即把农业（农、林、牧、渔）、加工业、销售紧密结合成一体，构建农工贸产业链，增加产品的附加值，实现价值的增加，这是循环农业生态产业链重构的重要方式。传统加工型，将农副产品加工成半成品或成品出售，如利用低价值材料（竹类、麦秸、枝条、白蜡条等）编织成篮、筐、箩、席、包装箱等。食物链加环必须合理，不应该局限于某一单项效益的高低，而要讲究综合效益。在设计食物链结构、进行加环处理时，应遵循如下一些原则：一是填补生态位，增加产品产出；二是使废弃物资源化；三是减少养分和能量的无效损耗；四是增加就业，提高经济收入；五是实现环境净化和美化。

（3）食物链解链。随着工农业的发展，各种工业"三废"的排放，农业内部的化肥、农药、除草剂等的使用，使得各种有毒物质进入生态系统，被植物体吸收，并沿着食物链各营养级传递，在生物体内的残留浓度越来越高。为了减少有毒物质通过食物链进入畜禽和人体，危害动物和人类的健康，在灌区耕地利用系统中，可采用食物链"解链"的方法，即当有毒物质在食物链上富集达到一定程度时，使其与进入人类的食物链中断联系。

①处理污染土壤。在灌区受污染的土壤上种植非食用的用材林、薪炭林、花卉或生产纤维用的各种麻类作物等，使污染物离开食物链。

②污水处理。利用灌区湿地水生植物处理城市污水、生活污水和工业废水，可减轻有毒物质对人类和畜禽的危害。在污水处理中，浮萍、芦苇、宽叶香蒲、香根草等水生植物被广泛应用。污染指标有 BOD、COD、氮、磷和重金属等。

4.4.5 耕地生态系统的时间结构

根据各种资源的时间节律和农业生物的生长发育规律，从时间上合理地搭配各种类型的作物，形成耕地生态系统随着时间推移而表现出来的不同结构，形成耕地生态系统时间结构。良好的时间结构能使生物生长节律与自然资源变化规律相吻合，同时又能使外界投入物质和能量与作物的生长发育紧密协调，以充分利用资源，发挥生物的优势，提高其生产力，时间结构的类型主要有以下几种：

4.4.5.1　种群嵌合型

种群嵌合型时间结构是指根据农业资源的节律变化，将两种或两种以上农业生物种群在同一时间内按其机能节律在灌区进行科学嵌合而成的时间结构，如间作、套种和混种等。

4.4.5.2　种群密集型

种群密集型时间结构是指根据资源节律将某种农业生物以高密度的方式安排在一定环境中进行生产。如将幼龄期农业生物进行集中培养（如育秧、育雏），既能较好地满足幼年期生物生长对环境的要求，又能缩短其在生产场地的生存期，使生产场地得到合理、充分利用。

4.4.5.3　人工设施型

人工设施型时间结构是指通过人工设施改变生物生长发育的环境，延长生长季节，实行多熟种植，变更产品的产出期，赶早错晚，避开上市高峰，既能解决产品淡季供应不足的问题，又能增加经济收入。如利用温室和塑料大、中、小棚等设施栽培蔬菜、花卉、苗木及进行反季节栽培，这些都属于人工设施型时间结构。

4.5　耕地生态系统与自然生态系统的比较

耕地生态系统通常被理解为以种植业为中心的人类控制的生态系统。耕地生态系统由于人类的强烈参与，其结构、功能、生产力等方面已发生了显著变化。耕地生态系统有别于自然生态系统，二者在结构与功能上存在差别。

4.5.1　耕地生态系统生物构成不同于自然生态系统

自然生态系统的生物种类构成是在特定环境条件下，经过生物种群之间、生物与环境之间的长期相互适应形成的自然生物群落，具有特定环境下的生态优势种群和丰富的物种多样性。耕地生态系统中最重要的生物种类是经过人工驯化培育的农业生物以及与之有关的生物。人类为了自身生存的需要，有意识、有目的地控制对人类无利用价值和对农业生物有害的生物，以便减少有害或无用生物对环境资源的竞争与消耗，使耕地生态系统生物种类急剧减少，物种多样性降低。同时，耕地生物种群与群落结构通常实行人工配置，农业生物个体生长和种群增长受人类的调控，个体生长速率加快，寿命缩短，种群密度增大，繁殖系数提高，同化资源的能力显著加强，有别于自然生物种群和群落结构。此外，人类自身数量的急剧增加，成为耕地生态系统中最主要的消费成员。

4.5.2 耕地生态系统的环境条件不同于自然生态系统

人类在驯化改良自然生物成为农业生物的同时，也在对自然生态环境进行调控和改造，以便为农业生物生长发育创造更稳定和适宜的环境条件，使环境资源更加高效地转化为人类所需要的各种农副产品。例如，灌区人类通过平整农田、施用肥料、修建水库、灌溉排水、饲料加工、建造畜舍和禽舍、病虫草害防治等措施，调节农业生物生长发育的光、热、水、气、营养、有害生物等环境条件，使耕地利用生态环境显著不同于自然生态环境。

4.5.3 耕地利用生态系统运行的"目标"不同于自然生态系统

生态系统演变的最终状态若称为系统运行"目标"的话，自然生态系统运行的"目标"是自然资源的最大限度生物利用，并使生物现存量达到最大。而耕地利用生态系统的"目标"是使农业生产在有限自然与社会条件制约下，最大限度地满足人类的生存和可持续发展的需要。

4.5.4 耕地生态系统结构与功能不同于自然生态系统

耕地生态系统是在自然生态系统基础上的一种继承，从系统的结构组成上看，既包含了自然生态系统的组分，同时也包含了社会经济因素的成分。耕地生态系统的生产是物质生产的生物学过程和人类农业劳动过程的集合体。生物学过程是生物与环境之间进行物质和能量变换而完成生长发育的生态过程。人类农业劳动过程包括人类处理人与自然之间的物质能量交换过程（即技术过程）以及通过生产关系、劳动、分配等形成的人与人之间的经济过程。耕地生态系统中的生物系统是研究的主体，农业技术系统经常只作为调控因素，农业经济系统不仅是调控因素，而且经济效益是农业生态系统的重要目标。此外，耕地生态系统在自然生态系统能量流动、物质循环、信息传递三大功能基础上，添加了人类社会劳动过程中的价值转换功能，具有四大功能。

4.5.5　耕地生态系统服从的规律不同于自然生态系统

耕地生态系统的生产既是自然再生产过程，也是社会再生产过程，耕地生态系统的存在与发展同时受到自然规律和社会经济规律的支配。例如，在确定优势生物种群组成时，一方面要根据生物的生态适应性原理，做到"适者生存"；另一方面还要根据市场需求规律和经济效益规律，分析该生物种的市场前景和经济规模。同时，由于社会经济技术条件区域差异性的影响，同一自然生态类型区常形成不同发展水平的农业生态类型。例如，宁夏引黄灌区和扬黄灌区的耕地利用生态系统的差异，一方面是由于自然环境因素不同造成的，而更重要的是由于长期以来在农业技术经济水平上的差异形成的。

第5章

绿洲灌区耕地利用生态
系统的物质循环

5.1 物质循环的概述

物质是能量的形态，能量是物质的做功特征。物质循环与能量转化是紧密联系构成系统的功能单位。物质和能量同时流动，互相联系、互相影响。物质在生态系统中是以"环境—植物—动物—微生物—环境"形成反复循环的。物质在有机体和生态系统中起着双重作用：①物质是贮存化学能形式和能量的运载工具；②物质是用于维持生命活动的基础。物质循环如同纽带，把生物与生物之间、生物与环境之间连接起来，形成相互联系的系统。没有物质循环就没有生态系统。在物质循环中，每一个环节都伴随着能量流动。物质循环是循环式的，与能量流动的单方向性不同。在整个地球上，极其复杂的能量流和物质流网络系统把各种自然成分和自然地理单元联系起来，形成更大更复杂的整体——地理壳或生物圈。

5.2 物质循环的特征

5.2.1 物质循环的特征

生态系统的物质循环是指无机化合物和单质通过生态系统的循环运动。生态系统中的物质循环可以用库和流通两个概念来加以概括。物质循环在受人类干扰以前一般是处于一种稳定的平衡状态。元素和难分解的化合物常发生生物积累、生物浓缩和生物放大现象。物质循环和能量流动总是相伴发生，但生物固定的日光能量流过生态系统通常只有一次，并且逐渐以热的形式耗散，而物质在生态系统的生物成员中能被反复利用。

5.2.2　影响物质循环速率的因素

（1）元素的性质。有的元素循环的速率快，而有的则比较慢，这是元素化学特性和生物有机体利用的方式不同所决定的。如 CO_2 周转时间为 1 年左右，而大气圈中氮周转时间为 100 万年。

（2）生物的生长速率。它决定生物对该物质吸收的速率，记忆该物质在食物网中运动的速度。

（3）有机物质分解的速率。适宜的环境有利于分解者的生存，并使有机体很快分解，供生物重新利用。

（4）人类活动的影响。如开垦农田引起土壤矿物质的流失，从而影响物质循环的速率。

5.2.3　物质循环的几个基本概念

5.2.3.1　地质大循环

这是一种闭合式循环，是物质或元素经生物体吸收作用，从环境进入生物有机体内，然后生物体以死体、残体或排泄物形式将物质或元素返回环境，进入五大自然圈（气圈、水圈、岩石圈、土壤圈、生物圈）的循环的过程。生物地球化学循环：各种化学元素在不同层次、不同大小的生态系统内，乃至生物圈里，沿着特定的途径从环境到生物体，又从生物体再回归到环境，不断地进行着流动和循环的过程。

5.2.3.2　生物小循环

这是一种开放式循环。环境中元素经生物吸收，在生态系统中被相继利用，然后经过分解者的作用再为生产者吸收、利用。生态系统中各组分都是物质循环的库，如植物库、动物库、土壤库等。物质循环的库：物质在循环过程中被暂时固定、储存的场所称为库。在生物地球化学循环中，库可分为储存库（容积大，物质交换活动缓慢，一般为环境成分）和交换库（容积小，交换快，一般为生物成分）。

5.2.3.3　物质循环的流

物质在库与库之间的转移运动状态称为流。

5.2.3.4　循环效率

生态系统中某一组分的贮存物质，一部分或全部流出该组分，但未离开系统，并最终返回该组分时，系统内发生了物质循环。循环物质（FC）占总输入物质（F1）的比例，称为物质的循环效率（EC）（EC = FC/FI）。

5.2.3.5　生物积累

生态系统中生物不断进行新陈代谢的过程中，体内来自环境的元素或难分解化合物的浓缩系数不断增加的现象。

5.2.3.6　生物浓缩

又称为生物富集。生态系统同一营养级上的许多生物种群或者生物个体，从周围环境中蓄积某种元素或难分解的化合物，使生物体内该物质的浓度超过环境中的浓度的现象。

5.2.3.7　生物放大

在生态系统的食物链上，高营养级生物以低营养级生物为食，某种元素或难分解化合物在生物体中浓度随着营养级的提高而逐渐增大的现象。

5.3　物质循环的类型

全球的物质循环可分为三种类型：水循环、气体循环、沉积型循环。

5.3.1　水循环

水的主要循环路线是从地球表面通过蒸发（包括植物的蒸腾作用）进入大气圈，同时又不断地通过降水从大气圈返回到地球表面。在水循环中，物质的主要储存库是大气圈和海洋，其循环与大气圈和海洋密切相关，具有明显的全球性，循环性能最为完善。每年地球表面的蒸发量与全球降水量是相等的，因此，这两个相反的过程能够处于一种平衡状态。任何生物的生命活动都离不开水，水携带着大量的矿物质元素在全球周而复始地循环，极大地影响着各类营养元素在地球上的分布。此外，水还有调节大气温度等重要生态作用。气体型循环包括氮、碳和氧等元素的循环。

水循环是水分子从水体和陆地表面通过蒸发进入到大气，然后遇冷凝结，以雨、雪等形式又回到地球表面的运动。水循环的生态学意义在于通过它的循环为陆地生物、淡水生物和人类提供淡水来源。水还是很好的溶剂，绝大多数物质都是先溶于水，才能迁移并被生物利用。因此其他物质的循环都是与水循环结合在一起进行的。可以说，水循环是地球上太阳能所推动的各种循环中的一个中心循环，没有水循环，生命就不能维持，生态系统也无法开动起来。

5.3.2　气体循环

凡属于气体型的物质及其分子或某些化合物必以气体形式参与循环过程。属于气体循环的物质主要有 O、CO_2、N、Cl、Br 和 F 等。在气体型循环中，物质的主要贮存库是大气和海洋，循环过程与大气和海洋密切相关，具有明显的全球性，循环性能也最为完善。属于气体型循环的物质，其分子或某些化合物常以气体形式参与循环过程。

碳循环在所有养分循环中可能是最简单的一种，但它对生命的意义却是十分重要的，因为有机体干重的 49% 是由碳元素构成的。随着人类大量开采化石燃料用于燃烧，使空气中的 CO_2 浓度每年增加 2.3×10^{-6}（体积比），提高地面气温，这叫作“温室效应”。从耕地利用生态系统来说，大气中 CO_2 浓度增加，影响到天气、气候的变化。碳循环的主要形式是从大气 CO_2 库到生产者，再到消费者，再经过还原者回到大气蓄库量。氮是生物体中氨基酸、叶绿体、遗传物质DNA 和 RNA 碱基中不可缺少的元素。氮的主要贮存库是大气，大气中氮的含量为 79%，但它不能被绝大多数生物直接利用，必须通过固氮菌和蓝绿藻等生物固定，闪电和宇宙线的固氮，以及工业固氮途径，以硝酸盐或氨的化合物形态，才能被生物利用，植物从土壤中吸收的氮化合物，一部分以根或落物还给土壤，其余进入食物链为其他有机体所消耗，再度成为废物或死物归还给土壤。在还原者（微生物、细菌）的作用下还原成有效氮，再为植物所利用，如此在生态系统内周而复始进行循环。能固定空气中的氮的植物有很多种，它们对自然界氮素的平衡起着重要的作用，开发生物固氮资源，对增加农业生态系统的氮素输入，提高其生产力有重大意义。通过工业固氮方法生产氮素化肥，需要耗费大量资源，且污染环境。因此，利用生物固氮来增加农业生态系统的氮素，是既廉价又无害的好方法。

5.3.3　沉积性循环

沉积型循环的主要储存库是土壤、沉积物和岩石圈。因此，这类物质循环的全球性不如气体型循环表现得那么明显。属于沉积物循环的物质主要有 P、Ca、K、Na、Mg、Fe、Mn、I、Cu 和 Si 等。属于沉积型循环的物质，其分子或化合物绝无气体形态，这些物质主要是通过岩石风化和沉积物的分解转变为可利用的营养物质，由沉积物转化为岩石圈成分是一个极其缓慢的物质移动过程。

磷是有机体内不可缺少的重要营养元素之一。在生物体内，高能磷酸键在二磷酸腺苷（DTP）和三磷酸腺苷（ATP）之间可逆地移动着，提供细胞内一切生化作用的能量。磷是典型的沉积型循环，以地壳为贮存库，生物圈里的磷主要来自磷酸盐岩石、有机死体和废料而形成的有机磷酸盐。磷必须形成可溶性磷酸盐才能被植物吸收利用而进入循环。磷循环是一种缓慢的不完全循环。大量使用磷肥，不仅有磷资源枯竭的威胁，而且磷矿石、磷肥中含有的放射性元素会污染土壤环境；同时磷素随水土流失进入水域后，会造成水体富营养化，影响水生生物的生长，减少鱼类资源。

气体型循环和沉积型循环虽然具有不同的特点，但是，它们都受到能量的驱动，并且都依赖于水的循环。生物圈水平上的生物地化循环研究，主要是研究水、碳、氧、氮、磷等元素的全球循环过程。人类活动对生物地化循环产生的巨大影响，使这方面的研究尤为重要。与自然发生的循环过程相比，人类对生物地化循环的干扰可以说是有过之而无不及。例如，人类活动已经使大气中的二氧化碳含量明显增加；排入海洋的汞量已经增加了 1 倍；铅输入海洋的速度大约相当于自然过程的 40 倍。

5.4　耕地生态系统中的物质能量和养分循环

5.4.1　物质循环

灌区耕地利用对生态环境因子与景观格局影响的时空积累，必然带来灌区生态系统物质能量循环的变化。其中，物质循环是基础，能量流动是动力，二者相互交织、相互促进共同驱动了灌区生态系统的演化与发展。本书只对灌区生态系统碳循环进行论述。

　　绿洲灌区碳循环的影响是土地利用对物质循环影响的核心内容，也是人与生物地球化学循环相互作用的重要体现。目前地球上的碳，以 CO_2、碳酸盐和有机物的形式分布在大气、海洋和陆地表层三个碳库之中，全球碳循环也主要是指碳元素在这三个碳库之间的交换与流通。其中，陆地生态系统碳库是目前地球最复杂的碳库，包括植被碳库与土壤碳库两个部分。耕地利用作为人类改变地球形态的方式之一，其对碳循环的影响也是通过改变植被碳库、土壤碳库与大气碳库之间的交换方式与交换通量来实现的。

5.4.1.1　植被碳库

　　植被碳库是陆地生态系统碳库中最有活力的部分，大约储存了 610GtC，约相当于大气碳库存量的 81%。土地利用对植被碳库的影响，主要是通过土地利用变化引起的地表覆被变化而导致地表生态系统结构、群落组成和生物量的改变，进而影响植被碳库的平衡。现有研究表明，植被类型不同，单位面积净初级生产力不同，生物量与碳密度也相差很大（见表 5-1）。

表 5-1　　　　　　　　全球植被与地表 1m 深土壤碳积蓄及密度

生物群系	面积 （10 亿 hm²）	碳储积（GtC）				合计
		植被		土壤		
		储蓄量	平均碳密度	储蓄量	平均碳密度	
热带雨林	1.76	212	120.45	216	122.73	428
温带森林	1.04	59	56.73	100	96.15	159
北方森林	1.37	88	64.23	471	343.80	559
热带干草原	2.25	66	29.33	264	117.33	330
温带草原	1.25	9	7.20	295	236.00	304
沙漠及半沙漠	4.55	8	1.76	191	41.98	199
苔原	0.95	6	6.32	121	127.37	127
湿地	0.35	15	42.86	225	642.86	240
耕地	1.60	3	1.88	128	80.00	131
合计	15.12	466	—	2011	—	477

　　资料来源：IPCC（2000）。

　　绿洲灌区植被碳库变化符合一般情况，以下土地利用变化的类型都会对灌区植被碳储存产生影响：自然型生态或半自然生态系统向建设用地的转变；自然生态系统向永久性耕地或牧场的转换；自然生态系统的退化与缩减；弃耕或弃牧。同时，不同的耕作方式与种植结构也会对耕地植被碳储积产生影响。如提高复种指数，降低撂荒频率，可以显著增加农作物生物产量，相应增加碳储积；而经常性的耕作或过量灌溉则容易降低土地质量，导致作物减产，减少碳吸收。

5.4.1.2 土壤碳库

随着人类活动的加剧，绿洲灌区耕地利用对土壤碳库储量与通量的影响逐渐超过自然变化影响的速率与程度，成为主导因素。根据其作用的方式与机理，可将其分为直接影响与间接影响两个部分（见图5-1）。

图 5-1 绿洲灌区耕地利用对土壤碳的影响

绿洲灌区直接影响主要由耕地利用方式与管理方式变化而导致的土壤有机碳含量变化。耕地利用方式的变化是影响土壤碳库储积的关键，包括自然植被土地类型向农牧业利用转变、耕地等农用地向多年生植被和轮作转变两个方面。自然系统转换为耕作农田，其结果会导致土壤有机碳的迅速损失，表层1m土壤中大约20%~40%的碳储量会在开垦后前几年丢失，此后20~50年都在逐渐降低。退耕还林、还草效应恰巧相反，它不仅可以通过光合作用增加植被碳库，而且通过植被凋落物的分解大大增加了土壤有机碳的积蓄，培育了土壤肥力。

耕地利用管理措施的改善也在很大程度上影响了土壤有机质的输入率与分解率。根据管理目的，可将措施分为提高生产力措施、保护性耕作与稻田管理三类。提高土地生产力的措施可以使更多碳积累在作物的生物质中，并伴随更多秸秆还田，有利于土壤碳储存。相关研究表明，由改进作物或农艺带来的生物产量的提高可以增加土壤碳积累速率的范围是0.01~0.07Mg（hmz/a），平均值为0.27Mg（hmz/a）。保护性耕作则作为一种使用秸秆还田的耕作措施，不仅改善了水质，减少了侵蚀，而且也在很大程度上提高了土壤中碳的储积。同时，水稻田的管理也被认为具有改善土壤有机碳的功能，如施入稻草和粪便等。间接影响则是指由土地利用变化引起的土地覆被变化、地表性质（湿度、反射率等）变化与区域气候变化而引起的土壤有机含量变化。灌区耕地利用变化导致的地表性变化也对土壤碳库带来了重要的影响，其中由土壤侵蚀带来的土壤表层有机质含量减少最为明显。

5.4.2　养分循环

耕地利用生态系统除了具有以上所述物质循环的特点，其物质循环还有一些独有的特点：耕地生态系统是一个高度开放的系统，是一个养分大量输入、输出的系统。不同利用程度的耕地生态系统开放程度不同，在生产水平低下的自给系统中，绝大部分农产品用于维持本地居民的需要，很少输出，封闭程度高，输入的养分也少；随着农业现代化水平的提高，大量的产品流入市场，然后又从市场购入种子、农药、化肥、食物、饲料等各种生产资料和生活资料，开放程度会越来越高。所以，耕地生态系统的物质循环已经不是只发生在生物和环境系统中，而是进行于生物、环境和社会系统之中，单位面积上单位时间里的能流通量大、效率高、途径多、变化大。

耕地生态系统的物质循环由于受到人类活动的调节和控制，有很强的目的性和功利色彩，改变了物质原有的循环过程，有的物质或元素因为人为的投放而被加强，如 N，P，K 等养分元素，而有些类型的物质和元素的循环则被减弱了。由于科学技术水平的制约和人类的贪婪，在化肥、农药、兽药和添加剂等物质上的过量使用，以及秸秆燃烧、石化能源的大量应用等，已经超越了耕地生态系统的自我调节能力，从而破坏了系统物质的自然运行和平衡规律，不仅对系统本身而且对其周边水、土、气等大环境也造成了污染，成为重要的面源污染。在农业生态学中，应当加强对耕地生态系统物流的研究，尤其是要加强化肥、化学农药和兽药以及添加剂的投入量、投入效果和可能带来的环境污染的研究。要多使用农家肥、有机肥、生物有机肥，合理利用化肥，真正做到在尊重自然生态系统运行规律的前提下，努力提高科学技术水平和管理能力，既要不断提高耕地利用生态系统的生产能力，提供更多、更好的农产品，又要保持生态系统的养分平衡和稳定，实现可持续发展。

随着商品经济的发展，市场控制作用的加强，对耕地利用的实际控制权已经不是掌握在土地所有者手中，而是逐渐转移到异地的非土地所有者——市场手中。这种市场调控实际上是一种遥控，给耕地利用生态系统的产品生产和物质输入带来了很大的不稳定性和不确定性，有时甚至会阻碍养分的合理循环。这样的例子很多很普遍。如我国南方水网地区曾经闻名中外的桑基鱼塘系统，就是在市场的冲击下而销声匿迹了。因此，充分掌握市场信息并及时反馈到耕地利用生态系统中来，对调节和控制耕地利用生态系统物质生产和养分的平衡有着极为重要的意义。

第6章

绿洲灌区耕地利用生态系统的能量流动

6.1 能量流动概述

能是物理学中的一个概念，指的是物体具有做功的能力。能量流动是指生态系统中的能量输入、传递、转化和散失的过程。能量和物质通过食物链形成流动，叫作"流"。能量和物质在运动过程中被吸收后暂时固定，贮存的场所叫作"库"，从一个库流动到另一个库的过程称为"环"。在生态系统中，能主要指的是系统内以有机物形式存在的化学潜能，生态系统的能量流动与转化也主要指有机物的能量在生物系统的传递和转化情况。生命活动的各种表现都依赖于生物与环境之间的能量流动和转换。生命的本质就是生长、自我繁殖和物质分解与合成等过程的连续，但是，如果没有能量的参加，这些过程就不能进行下去，生命过程和生物生产就不可能产生，生态系统也就不可能存在。能量的单方向流动和物质周而复始的循环，是生态系统的基本功能。

生态系统中能量存在的形式，主要有以下5种：（1）化学能，化合物中储存的能量，是生命活动中基本的能量形式。（2）辐射能，来自光源的光量子以波状运动形式传播的能量，在植物光化学反应中起着重要作用。（3）电能，电子沿导体流动时产生的能量。电子运动对生命有机体的能量转化是非常重要的。（4）机械能，运动着的物质所含有的能量。动物能够独立活动就是基于其肌肉所释放的机械能。（5）生物能，凡参与生命活动的任何形式的能量均称为生物能。生态系统中这些不同形式的能量可以贮存和相互转化，如辐射能量可以转变成其他的运动形式能。以上各种形式的能，最终都要转化为热这一形式。热能是众所周知的能量形式，热能在同一温度下是不能做功的，不同温度下，由高热区向低热区流动，成为热流。

6.2 能量流动和转化的基本定律

耕地生态系统中的能量转化，就其本质来讲和自然生态系统一样，就是人类利用动植物的生物学特性，将太阳能固定转化为动植物生物化学潜能的过程。在转化过程中，能量不断地因消耗、散逸而损失，使其逐级减少，严格遵循热力学基本定律。

6.2.1 热力学定律

6.2.1.1 热力学第一定律

热力学第一定律，又称为能量守恒与转化原理，热力学第一定律指出：在自然界的一切现象中，能量既不能创造，也不会消灭，只能以严格的当量比例，由一种形式转变为另一种形式。例如，它指热（Q）与机械功（W）之间是可以转化的；即 $W = JQ$，式中：J 为热功当量 $1cal = 4.1885J$。在生态系统中，能量形式不断转换，如太阳辐射能，通过绿色植物光合作用转变为存在于有机物质化学键中的化学潜能；动物通过消耗自身体内贮存的化学潜能变成爬、跳、飞、游的机械能。在这些过程中，能量按严格的当量比例由一种形式转变为另一种形式。在灌区生态系统中，由生产者转化固定的生物化学潜能，经过自身的呼吸消耗、消费者的呼吸消耗等作用，相当一部分以热能的形式散失到宇宙空间，而只有小部分保留在各级生物体内，可用公式简单表示如下：

植物同化的日光能 = 植物组织的生物化学潜能 + 植物呼吸消耗的能

动物摄取的食物能 = 动物组织的生物化学潜能 + 动物呼吸消耗的能 + 排泄物能

因此，对于耕地利用生态系统中的能量转换和传递过程，都可以根据热力学第一定律进行定量，并列出平衡式和编制能量平衡表。

6.2.1.2 热力学第二定律

热力学第二定律——能量衰变定律。能量衰变定律是指：能量在流动和转换过程中，由一种形态转换为另一种形态时，总有一部分能量变成不可利用的热能形式散发出去，效率不可能是百分之百。在生态系统中，植物利用太阳能的效率只有千分之几，甚至万分之几，作物也不过 1% ~ 2%；动物同化植物能的效率一般为 10% ~ 20%。也就是说，能量在生态系统中的流动是单方向的，是不断损失的，而绝不能逆向进行。如果没有太阳能的不断补充，生态系统才不可能继续运转下去。

热力学第二定律，又被称为"熵增定律"，还可表达为：世界及其任一部分总是趋于最大限度的无序状态，或最大的熵。熵是对系统无序程度进行量度的热力学函数。熵变化就是热量变化（Q）和绝对温度（T）之比，在绝对温度处于零度时熵值为零。在自然过程中，一个孤立系统的总混乱度（即"熵"）不会减小。也就是说，在孤立系统内对可逆过程，系统的熵总保持不变；对不可逆过程，系统的熵总是增加的。熵的增加表示系统从几率小的状态向几率大的状态演变，也就是从比较有规则、有秩序的状态向更无规则，更无秩序的状态演变。熵体现了系统的统计性质，若用熵概念表示热力学第二定律，则：（1）在一个内能不变的封闭系统中，其熵值只朝一个方向变化，常增不减；（2）开放系统从一个平衡态的一切过程使系统熵值与环境熵值之和增加。所以说，生态系统是具有耗散结构的系统，它们不断地与周围环境进行各种形式能量的交换，通过光合同化，引入负熵；通过呼吸，把正熵值转出环境。在生态系统内，只要保持好的生物结构，不断输入能量和物质，系统才可以长期维持有序，或从无序恢复到有序。

6.2.2 生态金字塔

在食物链营养级序列上，处于上一营养级的生物体所同化的能量，总是依赖于下一营养级所能提供的能量，而且下一营养级的能量只能满足上一营养级中少数消费者的需要。因此，在生态系统或生物群落中，营养级序列自下而上的能量现存量呈阶梯状递减分布，形成一个底部宽、上部窄的尖塔形结构，称为生态金字塔。

生态金字塔是能量金字塔、数量金字塔、生物量金字塔的总称，这三者都是用来说明食物链中能量流动情况的。不同的金字塔能形象地说明营养级与能量、生物量、数量之间的关系，是定量研究生态系统的直观体现。能量金字塔是以各营养级所固定的总能量来表示的，它以热力学为基础，较好地反映了生态系统内能量流动的本质、数量金字塔过高地估计了小型生物的作用，而生物量金字塔又过于强调了大型生物的作用，只有能量金字塔所提供的情况较为客观全面。

6.2.2.1 数量金字塔

数量金字塔是以每个营养级的生物个体数量为依据所绘制的金字塔，表示食物链各营养级上生物个体数量之间的比例关系。一般来说，食物链第一营养级

（开始生物）生物个体的数量较多，沿食物链环节上的个体数逐级减少，因此，一般也呈下宽上窄的塔形。但会出现有的生物个体数量很少而每个个体的生物量很大的情况，所以也会出现倒置的现象；数量金字塔每一台阶的含义：表示每一营养级生物个体的数目。数量金字塔形状的象征含义：在捕食链中，随着营养级的升高，能量越来越少，而动物的体形一般越来越大，因而生物个体数目越来越少。

6.2.2.2　能量金字塔

能量从一个营养级向另一个营养级传递时，总是不断减少的。一般用单位时间单位面积上能流量或生产力表示的比例关系来反映能量金字塔。能量金字塔不仅表明了流经每一个营养级的总能量值，更重要的是表明了各生物种群在生态系统能量转化过程中的实际作用。能量金字塔每一台阶的含义：食物链中每一营养级生物所含能量多少。能量金字塔形状的象征含义：能量流动沿食物链流动过程具有逐级递减的特性。

能量沿食物链流动时逐级递减，营养级越多，消耗能量就越多，可以将单位时间内各个营养级的能量数值，由低到高绘制成图，形成一个正金字塔图形，来反映能量金字塔。在能量金字塔中，营养级别越低，占有的能量就越多，反之，则越少，能量金字塔绝不会倒置。从能量金字塔中可以看出：在生态系统中，营养级越多，在能量流动过程中消耗的能量就越多。呈现金字塔形的主要原因是在通常情况下，能量从上一个营养级传递到下一个营养级时，平均传递效率为10% ~20%。

6.2.2.3　生物量金字塔

表示食物链各个营养级上生物体现存量（总干重）之间的比例关系。生物量金字塔是以每个营养级的生物质量所绘制的金字塔。但某些单细胞生物的生命周期短，不积累生物量，而且在测定生物量时是以现存量为依据的，所以在海洋生态系统中会出现倒置现象，即出现浮游动物数量多于浮游植物。如海洋生态系统中，生产者浮游植物个体小、寿命短，又会不断被浮游动物吃掉，因而某一时间调查到的浮游植物的生物量可能要低于其捕食者浮游动物的生物量，但这并不是说流过生产者这一环节的能量比流过浮游动物的要少。生物量金字塔每一台阶的含义：每一营养级现存生物的质量，即有机物的总质量。生物量金字塔的一般形状：能量是以物质形式存在的，因而每一营养级的生物量（现存生物有机物的总质量）在一定程度上代表着能量值的高低，从这个意义上讲，生物量金字塔的形状一般同能量金字塔形状相似。一般来说，绿色植物的生物量要大于以它们为食的动物的生物量，而草食动物的生物量要大于以它们为食的肉食动物的生物量。因此，生物量数量之间的关系一般为下宽上窄的金字塔形。

进一步分析可以看到：数量金字塔过分强调了生物个体的数量和小生物体的重要性，容易出现塔底小、塔顶宽的倒置现象，如一棵大树上可以有成千上万只昆虫以它为食。生物量金字塔的缺点在于，同一质量的干物质，由于生物种类不同，所含能量会很悬殊，如同样1g的植物干物质和动物干物质，所含的能值却相差很大，因此，生物量金字塔也不能正确反映生态系统中营养级之间关系的规律。只有能量金字塔总是呈规律性的塔形并能正确反映各营养级之间的本质联系。

生态金字塔理论对提高生态系统的能量转化效率、调整营养结构、保持系统的稳定性具有重要的指导意义。食物链长，塔的层次多，能量消耗多、储存少，系统不稳定；食物链短，塔的层次少，能量储存多，系统稳定，但食物链太短，则能量利用率太低，浪费大。在耕地利用生态系统中，当人吃粮食时，处在金字塔的下部，与草食动物属于同一个营养级；当人吃肉时，属于肉食动物的位置，处于食物链的中上部。从这个意义上来说，人以初级生产的产物，如粮食、蔬菜、水果为食，食物链短，比较经济。所以说，人口迅速发展，就必然导致转向以素食为主的趋势。

6.2.3 林德曼效应

林德曼定律，即"十分之一定律"，又叫"百分之十定律"。指在一个生态系统中，从绿色植物开始的能量流动过程中，后一营养级获得的能量约为前一营养级能量的10%，其余90%的能量因呼吸作用或分解作用而以热能的形式散失，还有小部分未被利用。

6.3 生态系统的能流途径

照射在绿色植物上的日光能，大约有50%有可能被光合作用所利用，实际上只有1%~2%被转化为植物的生物化学潜能，其余则以热的形式离开生态系统。在生物化学潜能中，一部分用于植物自身的呼吸消耗，所释放的热量从系统中丢失，其余以生物量的形式储存在植物体中。生态系统的能流途径主要有三条：

第一条途径（主要途径）。能量沿着食物链营养级流动，每一营养级都将上一级转化而来的部分能量固定在本营养级的生物有机体内，但最终随着生物体的衰老而死亡，经过微生物的分解，将全部能量散逸归还于环境。植物有机体被一级消费者（草食性动物）取食消化吸收，称为二级生产者，二级生产者又被二级消费者（以草食性动物为食的肉食性动物）取食消化吸收，称为三级生产者，三级生产者又被三级消费者（以肉食性动物为食动物）取食消化吸收……还有四级、五级生产者等。

第二条途径。在各个营养级中，有一部分死亡的生物有机体、残体和排泄物进入到腐食食物链，经过分解者（微生物）的分解转化，使这些复杂的有机物还原成简单的无机物质，如 CO_2，H_2O 和无机营养物质。

第三条途径。生物化学潜能转化为热能，散发到非生物环境中。无论是哪一级生物有机体，在其生命代谢过程中，都要进行呼吸作用，在这个过程中，通过生物有机体中存储的生物化学潜能做功来维系生命代谢活动进行，并成为驱动生态系统中物质流动和信息传递的动力。

6.4　耕地生态系统的生产力

耕地生态系统的生产力是系统对资源的转换能力，它是系统内多种生物群体对环境资源进行一系列转换的综合反映，一般可分为两大部分：植物性生产（又称初级生产）和动物性生产（又称次级生产）。

6.4.1　生产力的概念

通常所说的生产力是指单位时间内单位面积上的产品产量。有广义和狭义之分：广义生产力是指一定时间间隔内单位面积上的生物学净生产量，通常以烘干重来表示；狭义生产力是指单位时间内单位面积上作为收获对象（如子实、果实、蔬菜、薯块等）那部分的生产量，通常用风干重来表示。生态学上的生产力（或生产率、产量）应理解为生态系统中生物群落转化日光能为有机物所含潜在能量的速率。

生态学中较重要的生产力有以下四个：

6.4.1.1　初级总生产力（GPP）

指植物进行光合作用的总速率，包括测定期间已用于生产者本身呼吸作用消耗的有机物质在内，也可理解为总光合作用或总同化作用速率。

6.4.1.2 初级净生产力（NPP）

指在测定期间除去植物呼吸利用的部分外，植物组织中实际储存的有机物速率，相当于植物生理学上的"表观光合速度"或净同化量。初级总生产力、初级净生产力和呼吸消耗效率（R）这三者之间的关系可表示为：GPP = NPP + R。

6.4.1.3 群落净生产力（NCP）

指群落中一切初级生产者合成的净生产量，扣除了该群落中异化消费者用去的部分后有机物储存的速率。对一个动物群落来说，其能量收支情况可用下式来表示：

$$SP = C - FU - R$$

式中：C 为动物从外界摄食的能量；FU 为动物排泄物（粪、尿）能量；R 为呼吸消耗的能量。

6.4.1.4 次级生产力（SP）

指在消费者层次上的能量储存速率，通常是指净生产量。因为次级生产量是靠消耗初级生产量而获得的，所以次级生产力与初级生产力有着十分密切的关系。

这四种重要的生产力之间有着密切的联系，而且对于不同类型的生态系统来说差异很大。在这四种生产力中，净生产力是最重要的概念，因为它对人和动物有着实际意义。人类使用的粮食、棉花、瓜果、蔬菜以及林业上木材的产量等都是初级净生产力的产物。人类千方百计地提高产量，就是要提高净生产力。初级净生产力占总生产力的比例，以农田生态系统最大，可高达70%；群落净生产力占总生产力的比例以农田最大，达65%。

6.4.2 耕地利用生态系统的初级生产力

6.4.2.1 耕地利用初级生产力

耕地利用生态系统的初级生产力，是系统能流和物流的基础，是系统中若干部分相互配合的结果。不同作物种群的生物学生产力取决于该种群的光合和呼吸、栽培环境和种群结构等，差异很大。如 C3 作物的光饱和点低，光呼吸约消耗掉一半的光合产物，因而初级生产力较低，每年为 21.7 ~ 22.3t/hm²；C4 作物的光饱和点高，光呼吸只占光合产物的 2% ~ 5%，因而初级生产力较高，每年为 22~53t/hm²，几种 C3 作物与 C4 作物的净光合生产力见表 6-1。

表 6-1　　　　　　　　　　几种 C3 作物与 C4 作物的净光合生产力

类型	C3 作物/（g·m⁻²·h⁻¹）				C4 作物/（g·m⁻²·h⁻¹）			
	小麦	水稻	烟草	菠菜	玉米	高粱	甘蔗	苋菜
净光合生产力	1.7~3.1	1.2~3.0	1.6~2.1	1.6	4.6~6.3	5.8	4.2~4.9	5.5

资料来源：陈阜：《农业生态学》，中国农业大学出版社 2002 年版。

　　我国农田生态系统的总初级生产力中，粮食作物约占 78%，经济作物约占 17%，其他青饲料、绿肥约占 5%。其中，26.4% 用于人的直接消费，30.2% 用于次级生产，43.4% 用于工业原料和燃料等。研究表明，耕地生态系统的总初级生产力平均比森林生态系统低，比草原生态系统高；而净生产量，高产的玉米、高粱等最高，森林和草原生态系统大致相等，一般的栽培作物较低。如果按每天的平均值来看，耕地利用生态系统的初级净生产或总生产都较高，从初级净生产占总生产的比例来看也是耕地利用生态系统为高，说明作物对资源的转化效率较高。耕地作物对资源转化速率和效率高的原因有两个：（1）作物物种是在人工长期控制和不断选育下形成的，一般生长期较短，产量高，光合速率较强；（2）由于定向选育的结果，作物的株型一般比较矮小而紧凑，非光合系统部分的生物量相对于光合系统部分的生物量的比重较小，吸收消耗的有机质也较少，故转化效率高。

6.4.2.2　生物学生产力和经济生产力之间的关系

　　耕地利用生态系统的初级生产力又可称为生物学生产力，经济生产力是指我们通常所说的农产品产量或经济产量。利用籽粒（包括利用块茎）的作物和利用茎叶的作物，其制约产量的结构是很不相同的。前者必须经历两个过程，即收获器官的形成过程和光合产物在该器官的积累过程；后者则主要是器官形成过程。因此，生物学生产力与经济产量之间的关系比较复杂，尤其是对利用籽粒的作物。如向日葵的生物学生产力比水稻大，但经济产量却远没有水稻高，这说明在不同作物种间，生物学产量和经济产量之间没有一个规律可循，即使同一作物的不同品种之间，也找不到一个规律性的必然联系。

　　在同一作物的同一个品种间，在一定范围内生物学产量和经济产量之间存在着某种相关关系，生物学产量高，经济产量一般也高，但这种关系又有所不同。以水稻为例，生物学产量和经济产量的关系大致以抽穗期为界，前后一个月很不相同。抽穗前，干物质生产的多少与受精粒数（花数）的多少密切相关，而抽穗后的干物质生产和籽粒质量之间有密切关系，即干物质生产量越高，千粒重越大。但是只要抽穗前的花数定下来了，即使抽穗后干物质生产量再高，籽粒也只能达到一定的大小；反之，即使抽穗前干物质生产量很高，花数很多，但抽穗后干物质生产不好，籽粒饱满度差，经济产量也不会高。由此可见，水稻干物质生产与制约经济产量的两个过程是有区别的单独联系，是这两个过程的综合结果。

6.4.3 耕地生态系统的次级生产力

农业生产中的畜牧水产、食用菌和养蚕等都属于次级生产的范畴。次级生产力就是指异养生物对第一性生产产品的利用和转化效率。

6.4.3.1 次级生产的能量平衡

次级生产者采食的能量中，能被消化吸收的能量只是一小部分，而大多数以粪能的形式被排出体外。采食能量中减去粪能的剩余部分叫消化能。消化能并不能完全被异养生物即次级生产者所利用，其中一部分以尿（尿素和尿酸等）的形式排出，一部分以气体（甲烷和氢气等）排出。从消化能中减去这两部分能量后叫代谢能。动物在采食过程中还要消耗一部分能量，这部分能量以热的形式排出体外，叫热增耗。从代谢能中再除去热增耗所剩下的能量叫净能。净能首先要用来满足消费者的维持需要（基础代谢和运动消耗），余下部分才能用于增加体重，生产肉、奶、蛋等，转化为次级生产产品。

6.4.3.2 次级生产的能量转化效率

初级生产的能量在次级生产的各个营养级转化的复杂过程中，总是要伴随着大量能量耗损，其效率不可能是百分之百，因次级生产者种类的不同，差异也很大。在自然生态系统中，哺乳动物和鸟类等恒温动物的生长效率较低，仅为 $1\% \sim 3\%$，而鱼类、昆虫、蜗牛、蚯蚓等变温动物的生长效率可达到百分之十几到百分之几十。它们在能量利用上差距如此之大的主要原因是，恒温动物用于维持自身体温的能量消耗太高。

由于人为培育、驯化和控制的结果，次级生产力水平要比自然生态系统高，能量利用效率要明显高于自然生态系统。随着次级生产者的种类和生态型的不同，能量转换效率也不一样。以养殖业的料肉比来说，猪约为 $4.3:1$，牛羊约为 $6:1$，禽肉约为 $3:1$，蛋类为 $2.2:1$，水产养殖业为 $1.5:1$。从对饲料能的转化效率来说，畜禽一般可以将所采食的饲料能中的 $16\% \sim 29\%$ 同化为体内生物化学潜能，33% 用于呼吸消耗能，$31\% \sim 49\%$ 随粪便排出。畜禽的种类和品种的不同、饲料的组成和品质的不同、饲养管理技术水平的不同以及喂养方式的不同等，对其能量转化效率都会带来一定的影响，甚至是很大的影响。由于鱼、虾、蟹等水生生物是变温动物，所以它们维持能耗低，繁殖能力高，生长速度快，营养价值高。因此，充分利用一切可以利用的咸、淡水资源，大力发展水产养殖业，实行农、渔结合和农、牧结合，是提高耕地利用生态系统次级生产力的有效途径。

6.4.3.3　次级生产在耕地利用生态系统中的作用

次级生产的发展，为初级生产产品开辟了广阔的市场空间，同时又为初级生产提供了大量优质的营养来源。耕地利用生态系统中的次级生产，不仅可以充分利用初级生产的产品，尤其是那些人类不能直接利用的秸秆、糠麸、糟渣等废弃物，生产出营养丰富、经济价值高的肉、奶、禽、蛋、皮、毛、骨以及食用菌等产品，提高耕地利用生态系统能量和物质的转化效率和利用率，增加农民的经济收入，而且对提高人们的生活质量、改善农村的生态环境有重要的意义。因此，次级生产在耕地利用系统中的地位和作用是不可取代的。但是超越当地的基础条件，不适当地发展养殖业，也可能带来副作用，如水域的过度养殖造成水体污染，城近郊区密集的畜禽养殖可能给城市带来污染等。因此，在绿洲灌区，一定要坚持以第一性生产（初级生产）为基础，第二性生产（次级生产）为纽带，积极发展加工制造业等，才能真正实现农、林、牧、副、渔全面发展，种养加综合经营。

6.5　绿洲灌区耕地利用生态系统的能流分析与调控

6.5.1　耕地生态系统的能量分析

6.5.1.1　能量分析的方法与步骤

耕地利用生态系统的能量分析，一般采用黑箱理论对输入耕地利用生态系统的能量及其在系统各个组成成分之间的传递、转化和散失情况进行分析。分析时常常采用以下几个步骤：（1）根据研究对象和目的来确定系统边界，包括空间和时间范围。从空间范围来说，它可以是一个农户、一个村、一个乡镇、一个农场甚至一个县或更大的区域；也可以是一块农田、一个果园、一个养殖场和一个鱼塘或更小的子系统。从时间范围来说，它可以是一个生育期阶段、一个生长季、

1 年、10 年或更长的时间。（2）确定系统的组成成分和相互间的关系，用能流分析的符号来绘制出各种关系的相互联系—能流图。（3）资料收集和整理。通过实际调查、试验分析、统计年报、遥感技术等各种有效而可靠的手段来收集各类相关资料，确定各种物质在系统内各组分间的输入量和输出量。数据的准确和可靠是能量分析成败与否的关键。（4）按照一定标准将不同质的实物流量转换成能量流量。（5）进行能流分析。包括输入能的结构分析、产出能的结构分析和能量产投比即能效益分析。在能效益分析中，还可以根据研究需要，分析出石化能量的能效益、有机能的能效益和生物能的能效益等。

6.5.1.2　能值分析

太阳能是生态系统的能量之源，任何能量都可以追溯到初期所需要的太阳能之量，因此，在实际应用中，可以统一用"太阳能值"来衡量某一能量的能值。太阳能值的单位为太阳能焦耳，某种能量的能值转换率是每焦耳该种能量相当的太阳能焦耳的能量。能值分析是将生态系统中的各种资源、商品、燃料、肥料、产品、服务等各种直接和间接的能量，按照一定的折算系数换算成同一单位（太阳能焦耳 sej）进行分析的方法。能值的转换率越高，该能量的质量越高，其能量的价值也就越大。

从生态系统的能量分析发展到能值分析，是生态系统能量分析理论和方法的一个飞跃，其意义在于，能量分析主要计算系统能量数量上的产投比，而能值分析不仅考虑能量的数量，更重视能量的"质量"，因而更能反映能量在生态系统中转换的本质；同时，通过它可以将生态系统的各种功能包括能流、物流、信息流与资金流等联系起来，不仅分析系统内各组分之间的能值流，而且分析系统内外的能值交流。

能值分析的主要方法和步骤如下：

（1）收集资料，绘制能量系统图。

（2）编制各种能值分析表，把各种能量换算成太阳能值：

能量的太阳能值 = 该能量所测定的原始数据（J）× 太阳能值转换率（sej/J）

（3）主要能值指标分析包括能值产投比（能值产投比 = 经济投入的能值/环境提供的能值）、能值投入率、能值密度、能值交换率、环境承载率、净能值产出率和能值/货币比率等。

6.5.2　耕地生态系统能流途径

人类在长期的生产实践中，不断培育出能充分利用光照条件的生物种，创造各种设施和条件以及科学的水肥管理，其目的就是最大限度地利用太阳能，生态系统中的能量90%以上来自太阳辐射，是系统能量的主要来源；其余不到10%的能量来自于风能、水能、潮汐能和地热能等自然辅助能。

由于耕地生态系统是个开放性较强的生态系统，能量流动除遵循能流的三个基本途径外，还有和自然生态系统不同的另一条途径。从能量来源来讲，除了太阳辐射能和少量的自然辅助能以外，还有大量的人工辅助能的投入。在耕地生态系统中，人工辅助能是一个非常重要的能量来源。这些辅助能的投入大大加强耕地利用生态系统抵抗自然灾害、提高对太阳能利用的能力。耕地生态系统的人工辅助能包括生物辅助能和工业辅助能两类。生物辅助能是指来源于生物有机物的能量，如人力、畜力、种子、有机肥、生物农药、生物肥料和饲料等，也称为有机能；工业辅助能是指来源于工业的能量，也称为无机能、商业能、石化能，包括石油、煤、天然气、电等含能物质对农业生态系统的直接投入，以及化肥、农药、农机具、农膜、生长调节剂和农业设施等本身不含能量，但在制造过程中消耗了大量能量的物质形式投入的间接辅助能。

人工辅助能投入到生态系统以后，不能直接转化为作物的生物化学潜能，只能通过做功的方式为作物生长提供良好的环境和条件，增强农业生态系统能流和物流的速率和转化效率，间接地促进耕地利用生态系统的能量流动和转化。从能量的输出来看，随着人类从耕地利用生态系统中取走大量的农牧产品，大量的能量和物质被移出生态系统，形成了一个强大的输出能流，这是耕地利用生态系统区别于自然生态系统的一条能流途径——对人类来说非常重要的能流途径，也可以称为耕地利用生态系统能量流动的第四条途径。

第7章

绿洲灌区耕地利用系统与生态环境的关系

7.1　耕地利用与生态环境作用的基本原理

7.1.1　耕地利用与生态环境基本关系

耕地利用与生态环境的相互关系可看作：一方面，耕地利用作为生态环境变化的首要驱动力因子，通过改变地表物理特征（粗糙度、反射率、土壤含水量等），影响生态环境因子变化和区域物理与化学过程，以驱动生态环境演变；另一方面，生态环境则以耕地自然生态系统为依托，在为耕地利用提供物质与能量的同时，也通过环境容量、生态系统阈值等自身特征约束土地利用强度，制约耕地利用方向。同时，双向关系相互依赖、相互影响，协同驱动二者演化。耕地利用与生态环境二者关系在土地利用强度的驱动下表现出明显的"V"型演化轨迹。20 世纪 70 年代末，美国城市地理学家诺瑟姆（Ray M. Northaln）在研究世界各国城市化进程后，将其共同规律概括为生长理论曲线——即著名的逻辑斯谛曲线（Logistics Curve）。绿洲灌区耕地利用与生态环境关系之间的关系也符合这条曲线，在以农业为主的传统社会，生产力水平低下，耕地利用强度较低，对生态环境影响也十分有限，二者关系也较为和谐；进入工业社会以后，区域经济高速增长，耕地利用强度与深度也随之扩大，生态环境容量约束日趋显现，二者关系也开始恶化。后期，难免导致生态环境容量与土地利用强度的急剧下降，轨迹见图 7-1 中曲线 B 所示。此后，随着工业化与城市化程度的增高，区域经济增长趋于稳定，人们也开始意识到生态环境的重要性，并开始有意调控耕地利用方式以改善生态环境，进而使二者关系趋于协调。

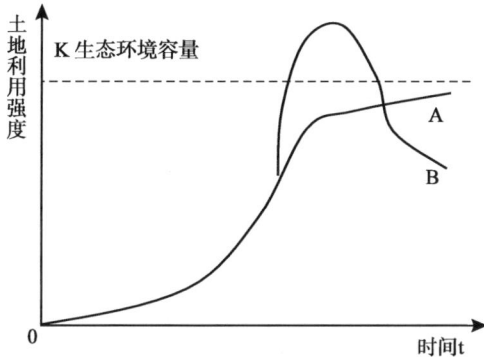

图 7-1 绿洲灌区耕地生态环境约束下土地利用强度演化轨迹

7.1.2 耕地利用影响生态环境的基本原理

　　生态环境演变是一个具有多因素相互作用，多尺度时空分异，多幅度韵律变化和突变共存的复杂过程，其驱动因素也包括自然与人为因素两个方面。但在近些年来，人类活动越来越强烈地影响着周围生态环境的演变，并在某种程度上改变了其演变的正常轨道，影响演变的模式，成为全球与区域生态环境变化最活跃的应力。耕地利用作为主要的作用方式，反映了人与自然相互影响与交叉作用最直接与最亲密的关系，日益成为影响生态环境和谐的重要因素，尤其是水资源紧缺、耕地资源珍贵的绿洲灌区。绿洲灌区耕地利用作为一个动态开放系统，其演变的过程是相对稳定性与绝对变动性相互交织的过程，根据绿洲灌区耕地利用与生态环境的层次结构构建基本原理（见图 7-2），在此基础上展开绿洲灌区耕地利用和生态环境关系的分析。

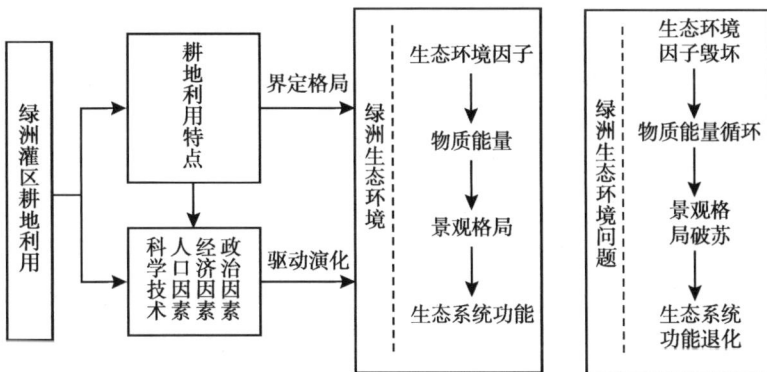

图 7-2 绿洲灌区耕地利用对生态环境影响的基本原理

7.1.2.1　耕地利用特点决定了生态环境的影响程度

绿洲灌区耕地利用方式通过与土地单元叠加生成耕地利用的不同利用系统，这些不同的耕地利用方式确定了不同土地单元中各生态环境因子被人类利用的方式与物质能量交换的特点，进一步决定了耕地利用类型对生态环境影响的程度。

由于科学技术、人口因素、经济因素和政治因素驱动了不同的耕地利用方式，不同耕地利用方式对生态环境因子的物理化学性状与养分循环影响程度相差很大。耕地用地虽然有效地增加了植被覆盖率，减缓了地表径流量，促进了养分循环，但也因不合理耕地利用方式的存在一定程度上又增加了土壤侵蚀、养分流失、面源污染的风险。此外，在耕地利用系统的内部，不同耕地利用方式对土壤团粒、水分分布、微生物数量、重金属积累等物理化学性状及物质能量循环的影响也存在重大差异，种植水稻和玉米对土壤属性的影响完全不同。

不同的耕地利用方式影响了绿洲灌区耕地利用结构，进而影响了灌区景观类型的比例与空间格局，决定了灌区生态环境物理化学循环模式，进而影响灌区生态系统阈值与服务功能输出类型。就沿黄城市带而言，各种耕地利用方式与形态各异的土地单元相互耦合形成不同的耕地利用类型，而这些耕地利用类型在空间上又以斑块、廊道、基质的形式相互镶嵌，形成景观格局，景观格局凭借其类型比例与空间配置方式又对灌区生态过程及整体功能起到决定作用。

7.1.2.2　耕地利用变化与生态环境效应

耕地利用是人类通过与土地结合获得物质产品和服务的经济活动过程，这一过程是人类与土地进行的物质、能量和价值、信息的交流、转换过程。就绿洲灌区所含子系统而言，其运动状态可能发生变化，但这种变化不是凭空而来的，其规律为从低能量的运动状态进入高能量的运动状态，灌区其他子系统必须对该子系统传递能量，反之亦然。该子系统的能量变化大小正好等于其他子系统传递的能量，遵从质量守恒定律。

绿洲灌区耕地利用是灌区生态变化的重要动力。耕地利用对生态环境变化的影响主要包括两个方面：一是不断改变地表的下垫面，从而影响太阳辐射的吸收和反射。如退耕还林，人们把田野变为林地，把林地变为耕地、园地，或把耕地、园地变为水产养殖用地，这些在土地利用活动中无不改变着地球下垫面对太阳辐射的吸收和反射能力。二是影响大气中的恒量元素，尤其是温室气体的排放和吸收。

绿洲灌区耕地利用方式转变引起的生态因子毁坏与物质能量输出方式的

变化是其最根本的因子。在耕地利用由一种方式向另外一种方式转变时，因其利用目的与管理方式千差万别，必然带来生态环境影响程度的差异，其中最为显著的过程就是退耕还林。耕地转为林地后，不仅原有耕地的生态半自然生态系统功能完全消失，而且会出现水土涵养等一些生态环境改善的情况。同时，耕地利用方式的时空积累必然带来耕地利用结构的演变，而耕地利用结构的演变又对灌区景观格局与生态过程产生影响进而导致生态系统服务功能的变化。

灌区土地利用结构演变对景观结构的影响主要表现在灌区景观整体异质性的增加、人为景观优势度的增强、自然及半自然景观数量的减少与破碎度的加大、景观格局区域趋于不稳定性等方面。而景观格局的演变，必然影响到灌区生态过程，温室气体排放的增多、土壤养分含量的流失少，土地退化的加剧以及水环境质量的下降都是这一影响最直接的体现，最终导致了耕地利用生态系统服务功能的变化。

土地利用是生态环境变化的动力，生态环境变化又是土地利用结果的累积。这种累积具体表现为时间维度的累积和空间维度的累积两个部分。如水土流失就是过去人类刀耕火种，对土地资源进行掠夺式利用的后果累积。绿洲灌区耕地利用作为人类活动的主要方式，在影响生态环境的同时也受到生态化境的约束。从耕地利用的对象来看，耕地本身就是生态环境的重要组成部分，其特性势必约束耕地利用的方式与程度。就目的而言，耕地利用是人类通过与土地结合获得物质产品和服务的经济活动过程，其物质能量来源难以脱离生态环境这一基础的支撑。因而，生态环境对耕地利用的限制作用也是二者关系规律的重要方面，二者共同构成耕地利用与生态环境之间的双向反馈关系。

7.1.3 生态环境约束耕地利用的基本原理

由于生态环境因素在演变过程中，具有不同的物理与化学性质，因而对耕地利用具有引导与限制作用。绿洲灌区生态环境对灌区土地利用的限制是一个多维度、各种因素交互作用的复杂体系：土壤条件好的地区适宜各种农作物的耕种；地形特殊又兼具山水之美的地区作为人类休闲游憩之地；土壤肥沃且排水条件较好的地区可用于高效的农业生产；相反，在地质脆弱带任何有强度的土地开挖行为，都会造成地面的塌陷或滑坡；河流上游的土地开发，会带来严重的水土流失等。对绿洲灌区而言，生态环境对灌区土地利用限制作用可分直接限制与间接限制两个部分（见图 7-3）。

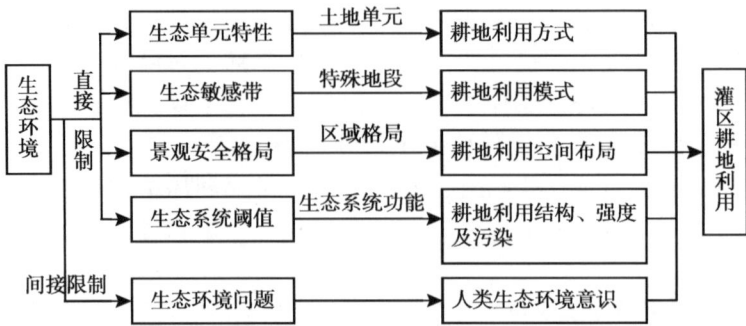

图 7 - 3　绿洲灌区生态环境对耕地利用约束原理

7.1.3.1　直接限制

直接限制是整个作用的基础，也是绿洲灌区生态环境对灌区土地利用限制作用的核心部分，可称之为"硬约束"。在绿洲灌区对水资源的需求使绝大部分农用地与建设用地沿河分布，这不仅是特定的生态环境因素对土地利用方式约束的被动体现，也是当地人们主动适应环境约束进行创造性土地利用的主动响应。对绿洲灌区而言，任何高强度、高污染利用都会造成水环境致命的伤害等等。就绿洲灌区整体格局而言，景观安全格局成为绿洲灌区耕地利用的空间布局重要的约束力量。根据景观生态学，景观中存在着某种潜在的空间格局，它们由一些关键性的局部、点及位置关系所构成，这些局部、点及空间关系对控制区域景观水平生态过程起着关键性的作用。任何导致生态安全格局部分或全部破坏的景观改变，都会导致区域生态过程的急剧恶化，因此必须加以避免。土地利用作为区域景观变迁的首要驱动力，也必须以此为基本原则，在此格局容许范围内寻求最佳的空间布局模式。就绿洲灌区生态系统整体功能而言，生态系统阈值则成为灌区土地利用结构、强度及污染程度的最后约束。对绿洲灌区耕地利用而言，它表现为自然生态环境对土地利用行为的最大承受力，包括耕地利用规模阈值和耕地利用结构阈值两个方面。耕地利用规模阈值是灌区生态环境对耕地利用强度最大容受力；耕地利用结构阈值是灌区生态环境对耕地利用类型间配比关系变化的容忍程度。人们要想实现灌区耕地利用的生态安全，必须以此为原则。

7.1.3.2　间接约束

间接限制是整个作用的重要组成部分，它是生态环境通过人口子系统，借助人类生态环境意识的改变，实现对绿洲灌区耕地利用强度与方式进行约束的具体体现，可称之为"软约束"。"软约束"效力的大小与社会文明程度的高低、政治体制的架构及人们思想意识的水平等众多因素相关，作用机理也相当复杂。随着绿洲灌区生态环境问题的加剧和人类社会文明程度的提高，这一约束效应日益显现，具体表现为人类为消除生态环境问题而付出的持续努力。这虽是人类在承受生态环境惩罚后追求自身生存的被动响应，但其必将成为人与自然和谐共生的孕育体。目前，绿洲灌区耕地利用的失控使生态环境问题日益加剧的同时，人们在切实感受到问题显现带来种种灾难与毁灭性破坏之后，开始认识到生态环境的重要性，并有意识思考问题产生的原因及防治的对策，同时制定各种政策与措施来约束自身的土地利用行为，以求使人类的土地利用活动限制在"硬约束"的框架之内。随着时间的推移和持续的努力，这种约束逐渐显示出巨大的效力，并最终引导了耕地利用与生态环境关系的改善。

7.2　耕地利用生物的生态效应

7.2.1　生物因素作用的一般特征

生态系统中生物与生物间的相互关系，既存在于种内个体之间，也存在于不同的种间。生物由生物因素构成，生物因素主要包含捕食者、被捕食者、寄生物和各种病原微生物，与非生物因素相比，生物因素对生物的影响有以下几点特征：

（1）生物因素的影响程度与种群密度有关。在一个地区内，寄主的密度越大，寄生物越容易得到食物，食物愈丰富，生物间的竞争就愈小。如细菌在昆虫中大爆发的情况下，传染性细菌就会很快地从一个昆虫传向另一个昆虫。

（2）生物因素的影响只涉及种群内某些个体。某个物种的全部个体由于种种原因而全部死亡的情况是较少发生的，只有在特别情况下，才会出现一个地区种群全部个体被某种生物取食一空的现象。非生物因素对于整个种群的作用是相同的，一次寒流对每个有机体的作用都是相等的。由个体所处位置不同也能够造成某些个体生境的较大差异。

（3）生物因素影响的对象一般涉及 2 个物种或与其邻近密切相关的物种。一般情况下，生物因素与其直接相关物种或与其邻近物种之间的关系密切。然而，非生物因素对该地区整个生物群落中的所有物种发生作用，涉及的生物种类较多、数量较大、范围较广。

（4）生物因素影响的结果是协同进化。例如，有些植物花的形态、色泽、香味和花蜜是植物对传粉昆虫的适应，而传粉昆虫的形态、口器、携粉足和全身密被的毛等，则是昆虫对花的适应。二者之间这种关系是经过千百万年历史协同进化的结果。虽然生物有机体对非生物环境某些因素能作出适应，但是远不能与协同进化的关系相比。

7.2.2 灌区耕地生物的生态效应

灌区耕地生物大概包括两个方面的生物，一是直接由人工种植或放养的生物，主要包括粮食作物、经济作物、多种养地作物和人工放养的鱼类、蛙类及天敌昆虫等。二是指多种自然界的昆虫、病原菌、土壤微生物、兽类等。耕地所有生物组成一个复杂的耕地利用生物系统，对无机环境产生影响。

7.2.2.1 耕地利用系统生物对土壤肥力有主要影响

耕地利用系统生物是土壤有机质和养分的主要来源，又是土壤肥力的主要调节者。耕地利用中种植养地作物、利用不同作物的特性实行水旱轮作或分区轮作以及大量施用有机肥等均具有富集养分和调节土壤肥力的作用。农作物的秸秆和加工后的各种籽饼经用作饲料、沼气原料和食用菌培养料后还田，是很好的有机肥料，多种豆科绿肥以及红萍等也是很好的有机肥料。这些产自农田的有机肥料归还给农田，可以显著提高农田土壤肥力。据自治区的研究报道，玉米与水稻连作，收水稻后土壤中速效氮比玉米田增加18.07%，速效磷增加4.6倍，速效钾增加2.9倍，同时能有效地改善土壤通透性，减轻病虫害，促进玉米增产。

绿洲灌区耕地利用生物能够影响土壤理化性质、养分循环、生态过程及土壤有机碳储量，进而驱动土壤质量的演化过程。绿洲灌区生物类型的不同引起土壤理化性质变化是耕地利用对土壤影响最明显的特征，也是引起土壤侵蚀、土壤沙化或板结的主要原因。从影响介质来看，主要表现在土壤团粒性质、土壤空隙度、土壤容重、土壤湿度及酸碱度等几个方面。绿洲灌区随着耕地利用程度，土壤容重明显增加，土壤湿度与土壤团聚体含量显著降低，土壤侵蚀强度也相应加大；且随着农业化肥的施用与机械化程度的提高，土壤酸性日趋增强，土壤沙化与板结现象日益严重。如果从耕地转变为建设用地，土壤压实效应明显，具体表现为结构破坏严重，容重和硬度增大、孔隙度和渗透性降低，从而对土壤水分、养分循环等产生了更加深远的影响。

由于不同耕地生物对土壤营养成分的转化与滞留有不同的作用，绿洲灌区耕地利用类型之间的转化必然对养分循环产生重要影响。毁林耕种会带来氮、磷、钾养分的损失，建设占用耕地会完全破坏原有土壤的养分循环模式，并带来土壤的重金属污染；而退耕还林、还草则对土壤起到良好的保肥效果。此外，由这种转变时空积累而形成的耕地利用结构则在灌区层面上对土壤养分循环的质量起到决定作用。

　　绿洲灌区耕地生物对土壤有关生态过程的影响则是由利用方式变化导致的土壤理化性质、土壤养分循环以及景观格局变化的综合反映，主要表现在能量交换与生物循环两个方面。不同的耕地利用类型及覆被类型能量交换的主导方式与类型不同，因而耕地利用变化必然带来能量交换模式的变化。耕地利用对土壤有机碳库的影响也是耕地利用土壤环境效应的重要方面。土壤碳库是陆地碳库的主要组成部分，在陆地碳循环中有着重要的作用。土地利用与土地覆盖变化，特别是耕地利用为主的农业活动使固定在土壤中的碳素大量遗失。

7.2.2.2　耕地利用系统生物对气候具有调节作用

　　作物及其种植方式对农田小气候有很大影响，保持合理密度，可显著改善农田小气候。水稻和旱作物轮作，有利于改善作物群体内特别是根际小气候环境。绿洲灌区耕地利用生物系统对气候因子的影响主要有两条途径（见图 7-4）。(1) 灌区耕地利用不同生物群体的变化导致了大气候的变化，如稻田蟹等有机农业用地的增加等，这些变化直接或间接地带来了温室气体（CO_2，CH_4 等）排放的变化，改变了大气成分，随着时空积累最终导致全球气候变化，进而又对区域气候产生了影响。(2) 灌区耕地利用方式变化导致了土地下垫面性质的改变，水稻田和旱田生物群体的不同会导致地表反射率、粗糙度、植被覆盖比例等因素的变化，进而引起区域温度、湿度、风速以及降水等发生变化，最终驱动农田小气候的改变。

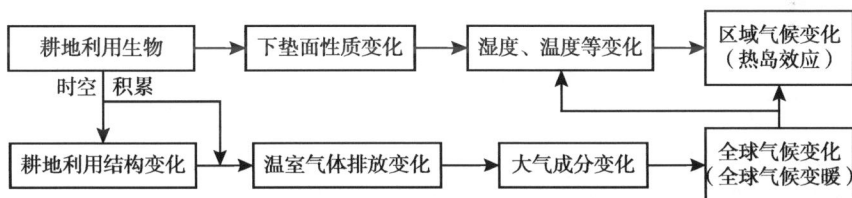

图 7-4　绿洲灌区耕地利用对气候因子的影响

7.2.2.3　耕地利用系统生物具有净化环境的作用

　　污水经预处理（沉淀和过滤）后，用于灌溉农田，其中很多毒物都可被土壤吸收并被微生物分解。$1hm^2$ 干燥土壤中微生物的分解净化能力，相当于一个 $400m^3$ 的活性炭净化站的处理水平。酚、氰和对硫磷等在土壤中只要几天就可以完全分解净化，失去毒性。据研究，土壤中有 35 种细菌和放线菌、26 种嫌气微生物能分解六六六的各种异构体。宁夏引黄灌区历史上就有引水灌溉的灌溉方法，在水田淹灌条件下，嫌气细菌活动旺盛，对六六六和滴滴涕的分解比旱地快得多。

7.3 耕地利用系统环境因子的生态作用

7.3.1 环境因子生态作用的一般特征

环境是指作用于生物个体或群体的外界条件的总和，包括生物生存的空间以及维持其生命活动所必需的物质与能量，即环境包括自然环境和社会环境。环境因子可分为生态因子和生存因子。一切影响生物生命活动的因子叫生态因子；生物生存不可缺少的因子叫生存因子。各类生态因子都自成系统，具有各自的生态作用，同时又相互影响和相互制约。生态因子作用的一般特征包括：

7.3.1.1 生态因子作用的同等重要性和不可替代性

每个因子对生物的作用都是同等重要、缺一不可的，作用于生物体的生态因子，具有各自的特殊功能与作用。例如，温热条件给生物提供生存所需要的热量环境，使生物体的酶具有一定的活性，保证生物代谢反应的进行，而水分是提供生物体生化反应的媒介。温热和水的功能各不相同，只有相互配合才能保证生物体内生化反应的完成。说明温热及水分对生物的生存是综合作用的，而且各因子之间是不可替代的。

7.3.1.2 生态因子作用的主导性

组成环境的生态因子都是生物所必需的，但在一定条件下，必有一两个因素起主导作用，起主导作用的因子称为主导因子。对环境来说，主导因子可使生物生长发育产生明显变化。主导因子涵盖的内容主要包含两个角度的认识：（1）就生态因子本身来说，当所有的因子在质和量相等时，其中某一个因子的变化，能引起生物的全部生态关系发生变化，如空气因子由静风转变为暴风时所起的作用。（2）对生物而言，由于某一因子的存在与否及数量的变化，使生物生长发育发生明显变化，如植物春化阶段的低温因子，光周期现象中的日照长度等。

7.3.1.3 生态因子作用的综合性

生态环境是由许多生态因子组合而成的综合体，组成生态环境的生态因子不是单独地发挥作用，某一生态因子的改变必将引起其他因子相应的变化，它们之间相互联系、相互制约、相互配合。例如，在水生环境中，温度的变化对水中溶解氧的含量将产生巨大的影响。在陆地上，大气中氧的含量为 21% 左右，一般情况下不会有缺氧的感觉；但是在水中溶解的氧的含量会随温度的上升而不断减少。

7.3.1.4　生态因子作用的阶段性

在自然界，各生态因子组合随时间的推移而发生阶段性变化，并对生物种群和群落产生不同的生态效应。在生物发育和群落的演替阶段，对外界生态条件的要求也存在阶段性变化。例如，小麦的春化阶段要求有相应的低温作保证，而一旦通过春化阶段，低温对小麦的生长发育就显得不是很重要，有时低温还会对小麦产生有害的影响。

7.3.1.5　生态因子作用的直接性和间接性

生态因子对生物的作用有的是直接的，有的是间接的。了解直接因子和间接因子之间的关系，有利于通过对间接因子的改造而影响直接因子，从而创造良好的生态环境。直接影响或直接参与生物体新陈代谢的生态因子为直接因子，如光、温、水、气、土壤等。不直接影响生物，而是通过影响直接因子而影响生物的生态因子为间接因子，如地形、地势、海拔高度等。间接因子对生物的作用虽然是间接的，但往往是非常重要的，它一般支配着直接因子，而且作用范围广，作用强度大，有时甚至构成地区性影响及小气候环境的差异。

7.3.2　水文的生态影响

水资源作为万物生长不可缺少的资源，可为人类提供饮用、农业灌溉、工业用水与养殖业发展等众多用途，也是人类进行土地利用的主要支撑。但其资源的有限性与地理空间分布上的差异性，难免对灌区耕地利用的方式与强度产生重要约束作用，具体表现在水量与分布两方面。区域水资源总量指区域水循环过程中可更新恢复的地表水与地下水资源总量，扣除重复计算的部分。对绿洲灌区而言，可更新恢复的水资源总量虽然受自然变化和人类活动的影响而不断变化，但从长期来看，一定的技术、经济条件和生态环境容量所支撑的区域可用水资源总量却是比较稳定的，因而其承载的最大社会经济发展总规模和土地利用强度也是固定的。这不可避免地给持续增长的社会经济发展规模与土地利用强度设定了上限约束。当然，这一约束对微观的生态单元也是十分适用的。

水文因子是影响绿洲灌区耕地利用与生态环境的最重要的因子，直接决定着灌区生态环境的质量。绿洲灌区耕地利用变化对水质和水量的强烈干扰，是目前耕地利用水文效应最明显的特征。研究证明来自农田的氮、磷对黄河水污染有较大影响，特别是沿黄城市带的建设和建设用地面积的增大，使水质污染越发严重。灌区耕地利用变化对水量的影响也是被普遍关注的焦点。随着农业的扩张与工业的发展，绿洲灌区水资源需求量急剧增加，造成了灌区地下水超采、水资源供求紧张等问题。黄河主流流量减少，湖泊水位下降、湖面收缩等现象，也间接地影响了灌区水资源总量。此外，20 世纪 90 年代以来，黄河的年年断流等都留有绿洲灌区耕地利用变化影响的痕迹。耕地利用对水质和水量的变化直接导致了对水循环的影响。

7.3.3　气候的生态影响

在每一气候带内，辐射、温度、蒸发、降水、气压和风等都表现出基本的特征一致性，气候带间却表现出明显的地带性差异。而这些差异恰巧就是形成目前土地利用模式地带性格局的关键因素，也是阻碍土地利用方式变革的重要绳索。对耕地利用而言，不同气候对植物光合作用的机理与程度影响很大。大陆性气候昼夜温差较大，有利于植物的生产，也有利于植物糖分与蛋白质的积累；温和湿润的海洋性气候，虽给人们以舒适的感觉，但不利于植物生长。如宁夏绿洲灌区以水果、蔬菜品质好著称，而大连、青岛等沿海城市却以休闲、避暑胜地闻名。

气候因子通过变化，影响其他生态环境因子物理与化学过程，进而约束了区域土地利用。所谓气候变化，从气象学角度看是指一个特定地点、区域或全球长时间的气候转换或改变，是以某些或所有的与平均天气状况有关的特征，如温度、风场和降水量等要素的变化来度量的。气候的变化首先表现为热量、水分、光照等农业生产条件的变化，这些变化必然对植物生长过程产生影响，最终导致农业生产区域的变迁，如中国北方农牧过渡带迁移。从机理来看，气候变化所导致的农业气候资源条件的变化是导致农牧过渡带迁移的根本原因，土地利用方式的转变是人类响应温度降低、干旱化增强的气候变化的表现。其次，气候变化的效应还表现出对其他生态环境因子的驱动作用，对水文因子的影响导致河流水量的时期差异与河道变迁，影响区域农业灌溉的模式和城市用水的供应，最终推动了区域社会经济的兴衰，目前绿洲灌区产生的生态环境问题也多与此有关；对土壤因子的影响，不仅表现在对土壤有机碳储蓄的影响，而且还表现在对土地生产潜力的影响等等。

7.3.4　地形因子的生态影响

地形作为耕地利用的下垫面与物质基础，在很大程度上影响了耕地利用的形态与空间布局。地势起伏对土地利用方式的约束，一般体现在宏观层面上。如坡度平缓、坡向向阳的区域，除了日照充足，气候适宜外，还富有丰富的植被与水文条件，兼具良好的景观视野，因而成为居住区位选择的首要条件；坡度较大、冲刷严重的区域不仅不适于居住，而且任何有强度的农业耕种都会带来严重的水土流失。地形除直接影响土地使用形态外，还会通过影响其他因子来影响土地利用。如灌区的盆地平原由于坡度平缓，土壤多由冲积而成，土质肥沃，河川汇集，因此大多从事农业土地利用，继而发展为人口集中、资本密集的城镇或都市。

7.3.5　土壤的生态影响

土壤作为陆地生态环境的主要因子之一，它在为地球生物提供养料来源与生活场所的同时，也对人类生产活动与进一步的土地利用产生了约束。从约束的内容来看，主要发生在农业用地领域，对于耕地利用的影响也较大。就其产生的过程而言，首先是地球表面岩石层在气候、生物、地形等多种因素作用下，经过漫长的历史过程，逐渐形成不同的土壤类型及空间布局；这些不同土壤类型在质地、含水量、有机质含量及阴离子交换能力等方面存在差异，因而形成了不同的土壤质量，进而影响了土地利用形态。

7.4　耕地利用系统生物的生态适应性

7.4.1　生态适应性基本原理

7.4.1.1　最小因子定律

最小因子定律也称李比希定律。李比希认为，植物的生长取决于那些处于最少量状态的营养成分。每种植物需要一定种类和一定数量的营养物质，如果环境中缺乏其中一种，植物就会发育不良，甚至死亡。如果这种营养物质处于少量状态，植物的生长量就最小。后来人们把这种思想称为"李比希的最小因子定律"。美国科学家奥德姆认为，李比希定律还存在两个不足：（1）李比希定律只有在严格的稳定状态条件下，即物质和能量的输入与输出处于平衡状态时才适用，如果稳定状态受到破坏，这时就没有最小成分可言。（2）生态因子间具有替代作用，即当一个特定因子处于最小量状态时，其他处于高质量分数或过量状态下的物质，可能具有替代作用，以替代这一特定因子的不足，至少是化学性质上接近的元素能替代一部分。

7.4.1.2　耐受性定律

美国生态学家谢尔福德认为，一种生物的生存与繁殖，要依赖一种综合环境全部因子的存在，只要其中一种因子的量或质不足或过多，超过了该种生物的耐性限度，则该物种就不能存在，甚至灭绝。这一概念被后人称之为谢氏耐受性定律。在这一定律中，把最低和最大因子合并，把任何接近或超过耐受性下限或上限的因子都称为限制因子。耐受下限和上限之间的范围，称之为生态幅。

耐受性定律和最小因子定律的关系可从以下三个方面进行理解：

（1）最小因子定律只考虑了因子量的过少，而耐受性定律既考虑了因子量的过少，也考虑了因子量的过多。

（2）耐受性定律考虑到了生态因子之间的相互作用，如因子替代作用和因子补偿作用。

（3）耐受性定律不仅估计了限制因子量的变化，而且估计了生物本身的耐受性问题，生物耐受性不仅随生物种类不同而异，且同一物种内，耐受性也因年龄、季节、栖息地区等的不同而有差异。

在谢尔福德的基础上，1973 年，奥德姆对耐受定律又做了以下五个方面的补充：

（1）生物可能对某一个生态因子的耐受性范围很宽，而对另一个生态因子的耐受性范围又很窄。

（2）当某种生物对于某一个生态因子不是处于最适状态下时，对其他生态因子的耐受性限度可能随之下降。

（3）对很多生态因子耐受性范围都很宽的生物，其分布一般很广。

（4）繁殖期往往是一个临界期，环境因子最有可能在繁殖期中起作用，因为在繁殖期中，个体的耐受性一般较低。

（5）在自然界中，生物并不在对某一特定生态因子最适合的地方生活，而往往生活在很不适合的地方。在这种情况下，可能有其他更重要的生态因子起决定作用。

生物对某生态因子耐受幅度很窄，而且在环境中又不稳定的因子，常常成为限制因子；反之，生物对某生态因子耐受幅度很宽，在环境中又很稳定的因子，一定不会成为限制因子。

7.4.2　生物的生态适应性

生物的生态适应性是生物在生存竞争中为适合环境而形成的特定性状的一种表现。生物对环境中各生态因子的综合作用，最终表现出趋同和趋异的生态适应。趋同适应是指亲缘关系相当疏远的生物，由于长期生活在相同的环境之中，通过变异、选择和适应，在器官形态等方面出现很相似的现象，结果是不同种的生物在形态、生理和发育上表现出很强的一致性或相似性。趋异适应是指同种生物的不同个体群，由于分布地区的差异，长期接受不同环境条件的综合影响，不同个体群之间在形态、生理等方面产生相应的生态变异。

7.4.2.1　生态型

同种生物的不同个体群，长期生存在不同的生态环境和人工培育条件下，发生趋异适应，并经自然和人工选择而分化形成的生态、形态和生理特性不同的基因型类群，称为生态型。生态型是分类学上种以下的分类单位。早在 20 世纪 20 年代，生物的生态变异和分化现象就引起了生物学家的注意。1921 年，瑞典的遗传生态学家杜尔松认为，生态型是生物与特定生态环境相协调的基因型集群，是种内适应于不同生态条件的遗传现象。一般而言，分布区域和分布季节越广泛的生物种，其生态型越多；生态型越单一的生物种，适应性越窄。随后，美国的专家又进行了大量的生态试验，并分别从分布广泛的生物、在形态学上或生理学上的特性表现出空间差异的生物以及变异、分化与特定环境的关系三个方面完善了生态型的内容。生态型的划分是根据形成生态型的主导因子进行的。就植物而言，其生态型包括土壤生态型、生物生态型、气候生态型三种类型。

（1）土壤生态型。在不同土壤水分、温度和土壤肥力等自然和栽培条件下，形成不同的生态型。例如，水稻和陆稻主要是由于土壤水分条件不同而分化形成的土壤生态型；作物的耐肥品种或耐瘠品种是与一定的土壤肥力相适应的土壤生态型。

（2）生物生态型。同种生物的不同个体群，长期生活在不同的生物条件下也会分化形成不同的生态型。例如，作物对病、虫具有不同抗性的品种，可看作不同的生态型。

（3）气候生态型。气候生态型是依据植物对光周期、气温和降水等气候因子的不同适应而形成的。例如，水稻品种中的不同光温生态型以及对耐热性、抗寒性和抗旱性等不同的类型。对一般作物而言，春播秋收的作物多为高温短日生态型，秋冬播春收的作物多为耐寒长日生态型。同为春播秋收的作物品种，则南方品种对于短日的要求比北方品种要严格。而春播夏收的作物品种，一般对光周期要求不严格。

7.4.2.2 生活型

生活型是着重从形态外貌上进行划分的，是种以上的分类单位。不同种生物，由于长期生存在相同的自然生态或人为培育环境条件下，发生趋同适应，并经自然选择或人工选择后形成的具有类似形态、生理和生态特性的物种类群，称为生活型。

生活型的划分具有多种方法。亲缘关系相距很远的生物种可能属于同一生活型，而亲缘关系相距很近的生物种则可能属于不同的生活型。生活于沙漠干旱区的仙人掌科植物与生活在相同环境条件下的菊科、大戟科和萝摩科植物形成了相似的外部形态。对植物生活型的划分，一般是按照布朗—布朗喀（Braun‐Blan-guet）的分类系统把植物生活型分为以下十种类型：

（1）浮游植物，包括大气浮游植物、水中浮游植物、冰雪浮游植物。

（2）土壤微生物，主要包括好气土壤微生物和嫌气土壤微生物。

（3）内生植物，包括石内植物（生活在岩石里的地衣、藻类和菌类）、植物体内植物、动物体内植物（主要是体内病原性微生物）。

（4）一年生植物，包括叶状体一年生植物（黏菌和霉菌）、苔藓一年生植物、蕨类一年生植物、保留一年生植物（一年生种子植物，包括匍匐一年生植物，攀援一年生植物，直立一年生植物）。

（5）水生植物，包括漂浮水生植物、固着水生植物（如藻类、真菌、藓类、苔类）、生根水生植物（如水生地下芽植物、水生地面芽植物和水生一年生植物）。

（6）地下芽植物，包括真菌地下芽植物［根菌（子实体在地下）、气生菌（子实体在地上）］、寄生的地下芽植物（根寄生）、真地下芽植物（如鳞茎地下芽植物、根茎地下芽植物和根地下芽植物）。

（7）地面芽植物，包括叶状体地面芽植物［固着的藻类（固定在地上，树皮上、石上）、壳状地衣、叶状体苔藓植物］、生根的地面芽植物（草丛地面芽植物、莲座状地面芽植物、直茎地面芽植物、攀援地面芽植物）。

（8）地上芽植物，包括匍匐苔藓地上芽植物、地衣地上芽植物（枝状地衣）、匍匐地上芽植物、肉叶地上芽植物（肉叶植物）、垫状地上芽植物、泥炭藓型地上芽植物、禾本型地上芽植物、蔓生灌木和半灌木地上芽植物、半灌木地上芽植物。

（9）高位芽植物，包括矮高位芽植物（灌木，0.25~2m）、大高位芽植物（乔木，2m 以上）、肉茎高位芽植物、草本高位芽植物、攀援藤本高位芽植物。

（10）树上的附生植物。

在不同的气候生态区域，生活型的类别组成是不同的。例如，在潮湿的热带地区，以高位芽植物为主，乔木和灌木占大多数，附生植物也较多；在干燥炎热的沙漠地区和草原地区，以一年生植物占的比重最大；在温带和北极地区，则以地面芽植物占的比重最大。

7.5　耕地利用生态平衡与生态平衡失调

7.5.1　生态平衡

7.5.1.1　生态平衡的概念

生态平衡是指在一定时间内生态系统中的生物和环境之间、生物各个种群之间，通过能量流动、物质循环和信息传递，使它们相互之间达到高度适应、协调和统一的状态。也就是说当生态系统处于平衡状态时，系统内各组成成分之间保持一定的比例关系，能量、物质的输入与输出在较长时间内趋于相等，结构和功能处于相对稳定状态，在受到外来干扰时，能通过自我调节恢复到初始的稳定状态。

7.5.1.2　生态平衡的基本特征

衡量一个生态系统是否处于平衡状态，要有一定的标准，也就是说处于平衡状态的生态系统要具备以下几个特征。

（1）动态平衡。生态平衡是一种动态的平衡，而不是静态的平衡，这是因为变化是宇宙间一切事物最根本的属性，生态系统这个自然界复杂的实体，当然也处在不断的变化之中。例如，生态系统中的生物与生物、生物与环境以及环境各因子之间，不停地进行着能量的流动与物质的循环；生态系统在不断地发展和进化：生物量由少到多、食物链由简单到复杂、群落由一种类型演替为另一种类型等；环境也处在不断的变化中。因此，生态平衡不是静止的，总会因系统中某一部分先发生改变,引起不平衡,然后依靠生态系统的自我调节能力使其又进入新的平衡状态。正是这种从平衡到不平衡到又建立新的平衡的反复过程,推动了生态系统整体和各组成部分的发展与进化。

(2) 相对平衡。生态平衡是一种相对平衡,而不是绝对平衡,因为任何生态系统都不是孤立的,都会与外界发生直接或间接的联系,会经常遭到外界的干扰。生态系统对外界的干扰和压力具有一定的弹性,其自我调节能力也是有限度的,如果外界干扰或压力在其所能忍受的范围之内,当这种干扰或压力去除后,它可以通过自我调节能力而恢复;如果外界干扰或压力超过了它所能承受的极限,其自我调节能力也就遭到了破坏,生态系统就会衰退,甚至崩溃。通常把生态系统所能承受压力的极限称为"阈限",例如,灌区的牧区应有合理的载畜量,超过了最大适宜载畜量,牧区草场就会退化;污染物的排放量不能超过环境的自净能力,否则就会造成环境污染,危及生物的正常生活,甚至死亡等。

如果生态系统受到外界干扰超过它本身自动调节的能力,会导致生态平衡的破坏。当外来干扰超越生态系统的自我控制能力而不能恢复到原初状态时,谓之生态失调或生态平衡的破坏。生态平衡是生态系统在一定时间内结构和功能的相对稳定状态,其物质和能量的输入输出接近相等,在外来干扰下能通过自我调节(或人为控制)恢复到原初的稳定状态。生态平衡是动态的。维护生态平衡不只是保持其原初稳定状态。生态系统可以在人为有益的影响下建立新的平衡,达到更合理的结构、更高效的功能和更好的生态效益。

7.5.2 生态系统阈值与耕地利用

根据生态学原理,生态系统阈值包括规模阈和配比阈两类。规模阈是一个区域生态系统中人类干扰因素累积程度的上限,即区域生态系统对人类活动规模最大的承受能力,可以用生态环境容受力来表示;它是区域生态环境对人类活动"量"的约束,也是整个约束的基础。配比阈是区域生态系统内部各要素之间比例变化关系的容忍程度,当各要素比例关系变化超过这一界限后,区域生态系统结构与功能就会出现质的变化;它是区域生态环境对人类活动"质"的约束,反映了区域生态环境"质化"的特征。在区域层面上,区域生态环境对土地利用的约束通过两类闭的交互影响来实现,具体机理(见图7-5)。

资源承载力是指在一定的时期、一定技术条件下,在区域生态环境结构不发生质变时,区域自然资源与生态环境最大可能支撑的社会经济规模与质量;它侧重体现区域生态环境的系统的社会属性,即外在的社会需求及秉性。环境容量是指一定时间、空间范围内的环境系统,在一定的环境目标下对外加污染物的最大容许承受量或负荷量。它侧重体现区域生态环境的系统的自然属性，即内在秉性和特质。它一般包括大气环境容量、水环境容量、土壤环境容量等。生态系统配比阈对区域生态系统的约束，则主要体现在景观类型结构、资源开发与保护比、资产类型结构三个方面。

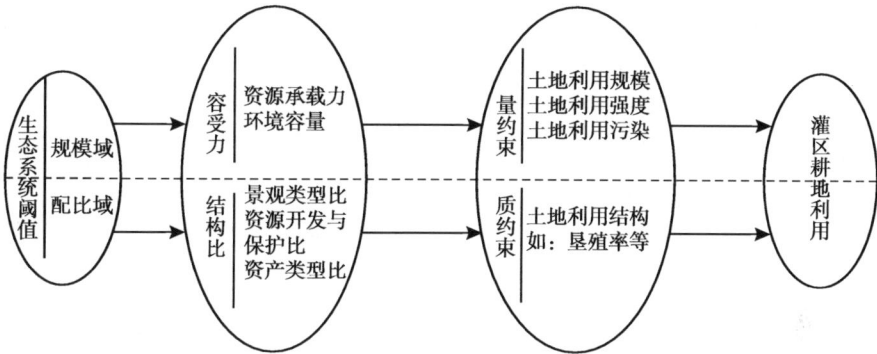

图 7－5　生态系统阈值约束灌区耕地利用

　　耕地利用作为人类活动的主要方式，在改变生态环境因子、景观格局与物质能量循环的同时，也给灌区生态系统的服务功能带来了决定性影响。灌区生态系统通过生态系统的功能直接或间接得到的产品和服务，不仅包括各类生态系统为人类所提供的食物、医药及其他工农业生产的原料，更重要的是支撑与维持了地球生命支持系统，维持生命物质的生物地化循环与水文循环，维持生物物种与遗传多样性，净化环境，维持大气化学的平衡与稳定。生态系统服务功能作为灌区生态环境系统的根本属性，与灌区生态环境要素紧密关联，其实质是灌区生态环境因子在固定的景观格局与物质能量循环模式的支撑下而呈现的实体功能，对反映区域生态环境的质量具有指标意义。

7.5.3　绿洲灌区耕地生态问题类型及其成因

7.5.3.1　生态平衡失调

　　人类在利用和改造自然的过程中，使生态系统演替的方向和速度发生了改变，系统的稳定性遭到破坏，生物与环境的关系出现了不协调的反常现象和对人类不利的后果，这种现象称为生态失调。由于人为破坏的程度和范围不同，生态失调的规模大小也不一样，小到病虫害的恶性发展和农田产量的徘徊不前，大到大范围的水土流失、风沙肆虐、水源枯竭、温室效应和环境污染等。规模大和破坏严重的可称为"生态灾难"。由于人为破坏和干扰的程度不同，有的生态失调的速度是缓慢的、渐进的，有的则表现为顷刻间的灾难降临。但是，生态平衡失调的初期，往往是从生态系统内个别组分的变化开始的，一般不易被察觉，因而低估了它的严重性，这一点一定要引起高度重视。

（1）生态平衡失调的主要标志。①土地、生物、水等资源的衰退。主要表现在数量的减少和质量的下降，如大面积毁灭性的砍伐森林、不合理的围湖造田、草原过度开垦和地下水的无节制开采等。②物种多样性的下降，食物链和食物网的结构简化，生物调节功能减弱。③水体、土壤、大气、食物及人体的污染越来越严重，已经威胁到人们的生活质量和生命安全。④人口的迅速增加使得生态系统的生产力和承载能力不能满足日益增长的人口需求，生态系统的负担不断增加，对系统的破坏有增无减。⑤各种自然灾害增多，尤其是大面积、大范围的水旱灾害、风雪灾害、地震和气候异常等。

（2）生态平衡失调的原因。导致生态系统遭受破坏而平衡失调的因素很多，但可归纳为自然因素和人为因素两大类。①自然因素。生态系统遭受破坏的自然因素主要包括地壳运动、火山爆发、山崩、泥石流、水旱灾害、暴风侵袭和沙漠迁移等，这些因素都会使生态系统在短时间内遭到破坏甚至毁灭。②人为因素。人与自然的策略不一致是人为造成生态系统失调的根本原因。人类对自然的策略是"最大限度的生产"，以实现"最大限度的获取"的目标。而自然生态系统在长期的发展和演替过程中，是靠积累能量来维持自身的平衡和稳定的，实行的是"最大限度的保护"的策略。奥德姆指出：承认人和自然这种冲突的生态学基础，是建立合理的环境管理政策的第一步。但是，在过去相当长的历史时期内，人类很难全面、深刻地理解这一点，这是造成生态失调的主要原因，具体分析如下：

原因一：不合理地开发利用自然资源的影响。长期以来，人们对资源有两点错误认识：一是认为自然资源是取之不尽、用之不竭的；二是认为自然资源可以无限更新，因而对资源进行掠夺性的开发和经营，导致了严重的生态后果。如大面积毁坏森林、草原和其他植被，会导致水土流失严重、气候环境恶劣、风沙水旱灾害频繁等环境问题；也会导致物种多样性减少，食物链、食物网结构简单，生态系统的自我调节和修复功能削弱等结构和功能问题，进而产生连锁反应，引起生态平衡的破坏。

原因二：环境污染物对生态系统的影响。某些污染物会引起生态系统中环境因子的改变，从而对整个生态系统带来影响。如在人为排放进入环境的污染物质中，有相当一部分是生物毒性物质，它们会阻碍生物的生长发育，甚至造成死亡。生态系统中生物种群的数量减少，质量变劣，生物与生物、生物与环境间的信息传递被破坏等,都会对生态平衡产生影响和破坏。

原因三:经济效益和生态效益分离。人类有史以来,向大自然索取任何东西都是理所当然的,把自然界的服务认为是免费的,因而许多对自然资源的掠夺和破坏行为得不到制止,它们所造成的长远的经济和生态后果要由全社会来承担。同时,大自然本来是人类的宝库,但是由于人们的急功近利还把它当成垃圾场,将各种垃圾、废物排放其上,而不经过任何处理,把自然界和整个社会变成消纳污染物的免费车间,这种现象就是生态经济学所称的"费用外摊"。这些都是经济与生态的分离而不是统一。

7.5.3.2　绿洲灌区耕地生态问题

随着绿洲灌区人类对土地资源开发利用强度的逐渐增大和不合理利用行为的日益频繁,水土流失、土地荒漠化、土地污染等土地生态环境问题开始成为绿洲灌区生态环境问题的主流。这不仅导致灌区生态平衡的失调、经济发展与生态环境破坏的恶性循环,而且严重的阻碍灌区可持续发展。根据其类型特征可以将绿洲灌区耕地生态问题划分为以下几种类型:

(1)化肥对环境和产品品质的影响。化肥是农业生产中基本的物质投入之一,是增产最快、最有效、最重要的措施。有人认为,如果按照向农田投入的物质要素对形成农业综合能力的贡献来排列顺序的话,依次应该是灌溉—化肥—良种—农机—役畜—农药—农膜。可见,化肥的增产作用仅次于水,处在十分重要的地位。在过去的几十年间,化肥对农业的贡献应该给予肯定,而且在今后一个相当长的时间里,在全球农业生态系统中,化肥仍还是重要的养分投入物质,将发挥其不可或缺的作用。但是,长期以来,由于大量、不科学地使用化肥,也带来了许多严重的问题甚至灾难,如土壤质量降低、养分供应不平衡、环境污染和农产品品质下降等问题。

①肥料搭配不合理,土壤理化性质恶化。在长期的化肥使用过程中,氮、磷、钾及微量元素搭配不合理。土壤有机质有下降趋势,且只能维持在一个较低的水平上。长期的定位试验表明,连续使用化肥会导致土壤有机质逐年下降,游离有机质的分解速度显著高于有机质的重组。胡敏酸减少 $11.33\% \sim 31.03\%$,老化快、活性低,不利于土壤养分有效性的转化;富里酸增加 $5.61\% \sim 15.09\%$,胡富比由 0.51 降为 0.55,土壤腐殖质品种变劣。长期大量施用化肥,会使土壤有机质含量低、土壤板结和酸化等,严重影响了土壤动物、微生物的生长繁殖,农田中的蚯蚓、有益螨虫等大量减少,甚至绝迹,土壤微生物区系少、数量低。长期施用化肥,土壤中某些有效态的营养元素含量有下降趋势。如在仅施氮肥和氮、钾肥的情况下,土壤磷损失加剧,比对照损失量增加了 $16\% \sim 18\%$,而且有

效铁的含量也会下降；单施氮肥还会降低锌、锰等微量元素的有效含量；在中性或石灰性土壤上长期施用钾肥，土壤中的 Ca^{2+} 会逐渐减少，使土壤板结。

②肥料利用率低，既污染了环境又增加了农业生产成本。化肥施入土壤后，一般当季利用率平均只有 30%（我国）和 50%（发达国家）。其中，氮的损失最严重，旱地损失为 25%~35%，水田可高达 50%。氮的损失不仅造成了经济上的浪费，而且对环境也造成了很大的危害。一是进入土壤的化学氮肥约有 1/3 进入大气圈，其中转化成的 N_2O 破坏臭氧层，是产生温室效应的气体之一。二是农业上长期施用高量氮肥是造成地下水、饮用水硝酸盐污染的重要原因之一，也是造成地表水污染的重要原因。越来越多的研究表明，水体中 NO_3^- 尤其是 NO_2^{2-} 浓度的提高，不仅会对水产养殖产生不利的影响，而且对人类健康也会带来直接的危害。食品和饮水中 NO_2^{2-} 的浓度过高是造成人类癌症增加的重要原因之一。三是化肥的大量投入和浪费，增加了农业生产的成本，减少了农民的收入，影响了农村经济的发展。世界农业化肥的投入和谷物产量之间的关系分析表明：化肥投入几乎以几何级数增长，而谷物产量则仅以算术级数增长。中国粮食产量从 1981 年的 3.25 亿吨提高到 2008 年的 5.29 亿吨，增长了 63%，而氮肥消耗量却增长了近两倍。

③作物病虫害发生率提高。化肥尤其是氮肥施用不当，可促使土壤中产生植物毒素的真菌发育，例如硝态氮的增多可诱发棉花枯黄萎病的发展，使用单一氮肥可使土壤中病原菌的数量增加和生活力增强。

④氮肥施用过量影响农产品品质。氮肥施用过量对农产品品质的影响主要有以下几方面：

农产品的营养成分如蛋白质、糖分、维生素等含量降低。试验表明，随着氮肥施用量的加大，小白菜体内的蛋白质、维生素 C 的含量直线下降，可溶性糖的含量也呈下降趋势。

随着氮素施用量的增加，产品中硝酸盐等有害物质的含量提高。过量的硝酸盐导致高铁血蛋白症，婴幼儿对其尤为敏感。人体摄入的硝酸盐 80% 来自所吃蔬菜。硝酸盐在人体内还可以还原为亚硝酸盐，形成致癌物质亚硝胺等。

氮肥施用过量，产品的水分含量高，固体物少，口感差，易腐烂，货架寿命短。过量施用化学磷肥也会对蔬菜、水果中的有机酸、维生素 C 等成分的含量以及果实的大小、着色、形状、香味等带来一定的影响，同时磷肥很可能给农产品带来污染。

（2）农药对环境和农产品的污染。农药的大量和不科学使用，对环境和农产品带来的污染相当严重。据统计，全世界的农药品种已经有 1400 多个，其中有 40 种左右使用比较普遍。按其作用对象不同，农药可分为杀虫剂、杀菌剂、除草剂和植物生长调节剂等；按其化学组成不同，农药有有机氯、有机磷、有机氟、有机氮、有机硫、有机砷、有机汞和氨基甲酸酯类等。农药除了可以引起人体的急性中毒外，绝大多数都会对人体产生慢性危害。大多数农药通过农产品进入人体，某些农药对人和动物的遗传和生殖还会造成影响，产生畸形、癌症等，从而造成本人和家庭的终身痛苦和灾难。农药污染对人类的危害一般有以下几个特点。①粮食、瓜果、蔬菜被农药污染后，在外观上很难辨别，并常常以无疤痕、无瑕疵、果品大、叶鲜亮等表面假象来迷惑人，因而受到消费者的欢迎。②危害范围广、时间长、种类多。目前农药对农产品的污染主要包括油、米、面、瓜果、蔬菜。农产品一旦受到污染，就会产生很大的影响。如有机氯农药（如六六六、滴滴涕），具有高度的化学、物理和生物稳定性，半衰期长达数年，在自然界极难分解，长期对农产品进行污染，因此，人们要天天、月月、年年受到它的危害。③害在当代，危及子孙。除急毒性较强的农药常常引起急性中毒造成疾病甚至死亡外，有的残留期长的农药如六六六、滴滴涕、有机汞等，常常引起慢性中毒，而且在人体内不断积累，危害身体健康，甚至会危及子孙后代的安全。

（3）工业污染严重。随着人口的不断增加，工农业的现代化水平越来越高，人类在进行生产、生活活动的同时，会不断地产生大量的废物（废水、废气、废渣）和污染物质，工业废物进入耕地生态系统，然后顺着食物链传递，随着营养级的升高，逐渐在生物体内富集、浓缩。随着废物和污染物质不断地排放，已经超出了自然界的自我调节能力，因而造成对土壤、水体和大气的污染，就绿洲灌区工业污染原因来看，主要有以下几个方面：一是工业"三废"的污染。随着工业化进程的日益加速，工业"三废"排放也迅速攀升。在绿洲灌区，这些废物中的一部分几乎未经处理就排入河流、大气，然后引用未污染的水进行灌溉农田，难免产生严重的土地污染。二是酸雨的危害，大多数植物适合在中性的土壤环境中生长，酸雨使土壤呈酸性，致使土壤中的营养物质钾、钠、钙、铝等元素释放出来，使土壤肥力严重下降，日渐贫瘠。三是自工矿业固体废物和城市生活垃圾。工矿用地作为工业革命后新生的一种重要的用地类型，它不仅为社会经济的发展提供了重要的能源与生产资料，其产生的废石、废渣、尾矿大量堆积也严重地污染了土地。

（4）土地退化严重。宁夏绿洲灌区耕地退化的表现是农田产量下降或作物品质降低、草地草量下降和优质草种减少从而导致的载畜量下降，林地生物多样性减少。绿洲灌区存在轻度、中度、重度、极度四个等级的土地退化。20 世纪 90年代初，联合国环境保护署（UNEP）开展了一个名为"全球土壤退化评价（GLASOD）的项目"，将土地退化分为轻度、中度、重度、极度四个等级：①轻度退化是指农业生产力小幅度下降，改变当前的土地利用方式，这种土地即能够完全恢复，原有的生物圈功能基本上未被破坏；②中度退化是指农业生产力大幅度下降，只有对土地管理系统进行重大改善，才能使土地得到恢复，原有的生物圈功能部分损坏；③重度退化是在当地的土地利用管理系统下，这种土地已不再可能进行农业生产，只有重大的工程才能使这种土地得以恢复，原有的生物圈功能大部分被破坏；④极度退化是指这种土地已不再适于农业生产，而且很难恢复，原有生物圈功能被完全破坏。

根据退化性质，绿洲灌区土地退化包含水土流失、物理退化和化学退化三种类型。水土流失与风沙侵蚀是目前土地退化的两种主要形式，可分为表层土损失和地形改变两种情况。表层土损失是指表层土随水或风沙流失；地形改变是指由于水的冲刷作用或风的侵蚀导致土壤的非均匀移动，从而形成沟壑，或低洼地。土地物理退化是指由于土地的不合理利用而导致的板结、水涝和沉降，其中板结是土地利用退化的重要形式，它是指由于重机械的挤压和畜群的践踏，使土壤结构退化而造成板结。化学退化则包括四种类型：养分损失、盐渍化、化学污染、土壤酸化。养分损失是指在中等肥力的土地上或贫瘠的土地上，由于有机肥和化肥用量不足所造成的土壤养分损失，还包括作物收获后秸秆等有机物质不还田所造成的养分损失。但不包括风蚀和雨水冲刷造成的养分损失，因为在这二种情况下，养分损失只是风蚀和雨水冲刷的副作用。盐渍化是指土壤含盐量的增加。人为因素引起的盐渍化通常是在集约化农业生产地区，因为不适当的灌溉，使咸水进入地表水，由于强烈的水分挥发，使原岩或地表水中的盐分在土壤中积累。化学污染包括农药、城市或工业废弃物、酸性物、油性物和其他物质引起的土壤污染。土壤酸化是由过度使用酸性化肥或土壤中黄铁矿的逐渐耗竭引起的。

引起绿洲灌区土地退化的人类活动分为移走植被、过度利用、过度放牧、农业活动和生物工业活动五种类型。移走植被是由于农业生产、伐木、城市化和工业建设而使天然植被消失的情况。过度利用是为了获得生活燃料，建设篱笆和房子必须用的木材而砍伐天然植被的行为。通常情况下，这种砍伐并不会导致植被的完全消失，但会引起植被退化和相应的土壤退化。过度放牧包括家畜摄食引起的植被覆盖度减少和家畜游荡所产生的其他影响（如引起土壤板结）。农业活动包括所有可能引起土壤退化的不适当的土地管理方式，如有机肥的使用不足和化肥的过量使用，陡坡种植，干旱地区在没有适当的防风蚀措施下种植，不适当的灌溉方式，或不合理的耕作习俗破坏了结构脆弱的土地稳定性。生物工业活动是使土壤面临污染危险的所有活动，如废物处置，农药和化肥的过量使用。这些活动都是人类不合理利用耕地的具体表现形式，其对环境的作用机理（见图 7 - 6）。

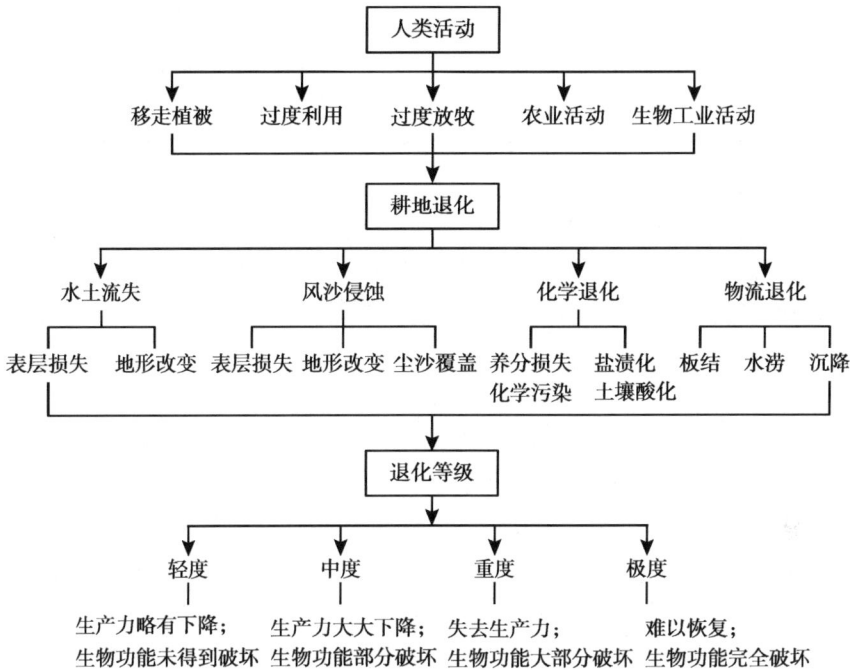

图 7 - 6　绿洲灌区耕地利用活动引起土地退化

（5）土地荒漠化严重。1994 年 6 月制定的《联合国防治荒漠化公约》将荒漠化定义为："包括气候变化和人类活动在内的种种因素造成的干旱、半干旱和半湿润半干旱地区的土地退化"。这里的土地包括土地地表、水资源、植物及农作物的被覆。退化包括土地生物生产量的减少，土地生产潜力的衰退、土地资源的丧失、生物多样化的减少以及地表出现不利于发展生产的地貌形态如河丘、侵蚀等。联合国制定的干旱程度通用评价方法（见表 7 - 1）。表中，P 为降水量，E 为蒸发量。

表 7 - 1　　　　　　　　　　联合国干旱程度通用评价标准

P/E	<0.05	0.05 ~ 0.20	0.21 ~ 0.50	0.51 ~ 0.65	>0.6
干旱程度	超级干旱	干旱	半干旱	干燥微湿润	多雨的微湿润或湿润

绿洲灌区产生荒漠化的原因有自然因素和人为因素。自然因素主要是气候干燥，降水稀少，地表形成的松散沙质土壤受到大风的吹扬等；人为因素是过度放牧，垦殖，砍伐林木和不适当地利用水资源等，使干旱或半干旱的疏松土壤失去了植物的保护，过度的人为活动是问题产生的关键。人类对畜牧产品的过度需求

使家畜的饲养规模大大地超出了牧场的承载能力，进而破坏了地表植被，导致了水土流失，最终发生了荒漠化。过度的耕种改变了传统降雨灌溉的农业生产方式，引起了不适宜的生产方式，加剧了土地荒漠化的速度。

（6）生物多样性快速丧失。生物多样性通常包含三个不同层次的多样性，即遗传多样性、物种多样性和生态系统多样性。绿洲灌区三者之间紧密联系，相互依赖，物种多样性是遗传多样性的载体，遗传多样性是物种多样性的基础；二者共同构成绿洲灌区生态系统的多样性内在实质，反之，绿洲灌区生态系统多样性为物种进化和种内遗传变异提供保证。生物多样性是大自然恩赐于人类的最宝贵的财富，绿洲灌区的人类依靠生物多样性资源才得以生产、存在和发展。但是人口剧烈增长和不合理的土地利用正在迅速破坏生物赖以生存的生境，使众多生物物种灭绝，生物多样性正在以前所未有的速度消失。绿洲灌区生物多样性丧失的原因有，一是大面积垦殖农作物使生物物种失去了大量的生境。二是生物资源的过分利用。三是工业化和城市化的发展。工业化和城市化的发展对物种的破坏也是毁灭性的。大片的耕地和林地一瞬间被工厂、矿山或城镇、道路所代替，工厂和城市的发展又带来了大气、水域和土壤污染，从而对物种造成严重的影响。总而言之，不合理的土地利用方式及方式的转换是生物多样性快速降低的重要原因。

第8章

绿洲灌区耕地利用系统
生态响应及控制机制

8.1 灌区耕地利用正、负反馈形成的原因

8.1.1 正反馈的形成原因

8.1.1.1 现状是未来发展的主要依据

生物有掌握外界信息的功能，将信息制成密码登记在生物体上，在生物进化的漫长时期中，遗传下来，这是生物与非生物接触而产生的一种物质现象。生物在适应环境的长期过程中，积累了适应性的历史经验，以遗传信息的形式保存下来，形成该生物的特征特性，使之对环境条件有特定的要求，或环境条件的某一组合对它是最适的，称为理想生态位。在这一生态位上，生物与其环境之间达成具某种类型特征的平衡或稳定关系，使其在与环境之间的物质、能量及信息的转运、交换及加工等方面的代价变小，节约资源和能量，加强适应性。

一种类型的理想生态位形成后，生物对于环境条件的接受就有选择性倾向。因为它现有的结构和功能易于接受和处理某些环境因子，而对另一些因子的接受和处理则困难得多，从而形成对于不同外界条件的结合与排斥的倾向，亦即不完全被动地接受外界条件，而是具有某种"预定性"和"主动性"。例如处于不同光照条件下的绿色植物对于光照的强度及波长有所选择，结果出现诸如喜光和喜阴的分化类型，并向各自已有的特征方向发展，牢固地占据原有的生态位。

从环境改良的发展过程或许更易于理解正反馈的这类形成原因。在一般情况下，绿洲灌区耕地利用中的生态位越复杂，动、植物的生境就越大，整个系统就

越趋稳定。人类社会的城市化过程也可看出现状是未来发展的主要动力。居住的集中，产生了经商、交流等方面的优势，而这些优势又造成更多的城市人口（或视为人们对城市有选择性），使城市产生更大的优势，如此循环促进，直到拥挤过度或外部灾难降临为止。

8.1.1.2　变异、锻炼与学习

绿洲灌区随着某种生物成分数量的增加，产生变异的数量倾向于增加，为自然选择提供更丰富的材料，从而有利于该种生物的发展和进化。同时随着生物种群数量的增加，内部竞争趋于激烈，开创新生境的压力加大，个体锻炼、学习的机会增多，利于种群发展。随着个体本身的学习（条件反射）和世代繁衍的积累（非条件反射），种群规模同时扩大，而且加速进行。于是在一定限度内，该种成分或特征就会越来越快地增多。

8.1.1.3　生物成员间的原始协作

绿洲灌区生态系统是生物群落与其环境协同进化的产物，生物对环境有反作用。当某种生物的数量处于稀少阶段，它对于环境的适应、利用和改造能力较弱，这类能力主要体现在原始协作如取食、避敌、觅偶、补偿及忍受毒物剂量等。随着该种数量的一定程度的增加，这类能力势必增强，数量就会更快地增加。这是生态系统正反馈形成的另一原因。

8.1.2　负反馈的形成原因

8.1.2.1　相互干扰和抑制

由于相互干扰和抑制，群落中一种生物的增加往往引起另一种生物的下降。众所周知，不同菌落之间普遍存在着强烈的相互抑制作用。再如水稻三化螟的增多会培养更多的卵寄生蜂从而抑制二化螟的发生，即使是同一种生物，一个个体的活动往往对其他个体的活动、生长和发育产生抑制作用，比如取食、觅偶、领域行为等经常引起激烈的干扰、竞争以至相互残杀。就连那些"无意的"活动产物如排泄物、食物碎屑、垃圾以及某些化学物质，也可能对其他个体产生不利影响。例如，多种拟寄生蜂的产卵活动会受到同种其他个体的严重干扰，多种鳞翅目幼虫在大龄时有相互残杀现象。在肉食性哺乳动物中，受到异种或同种个体干扰的母兽显著降低繁殖能力，甚至吃掉幼崽。这些负作用都是随着个体密度增大而增强，从而成为该种数量进一步增加的严重阻力。

8.1.2.2　大量因子的维持代价增大

这一原因较复杂，主要由于大量因子自身的维持代价增大所致。随着某生物的或非生物的成分的增加，它本身在系统中变成一种常见的或大数量的因子。此时，系统中其他成分就倾向于利用这一因子。即使在开始阶段，该种因子对于其他成分是陌生的，或具很大排斥性或损害性，然而在随后的阶段中，也因选择压力和进化而发生联系，或弱化敌对关系，造成被利用的结果。于是，这一常见或大量因子就变成其他成分增长的资源，而它现有量的维持代价增大，本身进一步增长受到遏制。

为达到经济高效的目的，任何生物都不可能长期忽视或敌视周围常见的大量因子，由于寻找这种因子是廉价的，或由于它侵占了其他成员的生态位，因此其他成员迟早必须利用它，将其变成对自己有利的生态因子。如果舍近求远，避重就轻，势必增大维持自身的代价，削弱生存竞争能力，丧失发展机会。系统中某种成分成了大量因子之后，原本陌生的成员趋于转向利用这一因子作为增长资源，而使该成分的进一步增长受到限制。某一成分变成大量因子后，其他成员会立即加大利用强度，使该成分维持自身的代价增大，进一步增长受阻。一般的，在遭遇外界条件的剧烈变化时，大量因子往往崩溃（灾变），而小数量的因子则损失较小，这再次表明大量因子的风险大、维持代价大。

8.1.2.3　共同资源限制

随着系统中某一生物成分的增加，它的资源逐渐趋向稀缺。这些资源常常是水、无机养分、光照、氧气、食物和活动空间（领域）等。由于资源稀缺，该生物成分的进一步增加变缓、减少甚至停止。绿洲灌区的水资源就是典型的限制性共同资源，因为水资源限制，绿洲灌区分为了引黄灌区和扬黄灌区。

8.1.2.4　大量因子的冗余增大

一种成分的增加，通常首先增加的是同一层次水平上的数量，而不是高层次水平上的数量。因此这种数量的增加，往往只是加大冗余。冗余是生态系统中的储备或备用成分，其主要作用是增大保险系统，稳定系统功能，但牺牲繁殖效率，因而减缓种群增长速度。也可理解为，随着数量的增加，单位增量的边际效用倾向于减小。例如，农作物生物量的增加，首先表现在叶面积、茎秆重、根重的增加上，繁殖器官的增量有限，而最终果实或种子的增量就更小，甚至出现减小现象。生产上早已知道通过减小冗余（如剪枝、疏果、去蘖、间苗）来增加产量，这便是冗余易于增加、而冗余又不利于种群增长的明证。

8.2　绿洲灌区耕地利用系统生态响应机制

8.2.1　耕地生态环境问题的发生机制

生态环境容量是指灌区生态环境对该区域发展规模及各类活动要素的最大的容纳阈值，包括自然环境容量与人工环境容量。研究表明，绿洲灌区生态环境容量随着生产力的发展、科学技术的应用，呈缓慢的增长趋势。期初，该区域生态环境容量有一个阈值，随着土地利用强度的提高，生态环境容量逐渐逼近阈值；此后随着新技术的应用与生态环境的整治，生态环境阈值上升，耕地利用程度又开始增长；如此以往，耕地利用强度与生态环境阈值在交互上升中得到演化。从长期来看，这种演化方式不仅为耦合系统向更高级状态进化提供了阶梯，也为二者关系的调控与优化提供契机。绿洲灌区耕地生态环境问题现状表明，随着城市化、工业化的快速推进，耕地生态环境问题日益成为约束绿洲灌区社会经济发展的重大问题，这些生态环境问题不仅极大地恶化了绿洲灌区生态环境，而且也带来了严重的经济损失，成为阻碍绿洲灌区区域社会经济可持续发展的重要因素。

从过程来看，耕地利用生态环境问题发生是一个极为复杂的系统过程。它不像社会运动那样有组织、有秩序，步骤整齐地得以在一段时间内集中展开，而完全是由于自然、生态、社会、经济、政治、人为等各种因子在同一地域空间内相互耦合、交互作用而产生的一种病理现象，很难将其产生具体到某一确定的过程加以调控，只能将其从总体上看为机理过程去认识，发掘其萌发和产生过程中的来龙去脉，即发生机制，以求为问题的解决提供普适性规律。耕地利用与生态环境问题是人与自然矛盾时空累积一定程度后的产物，也是自然规律性有效约束人类主观能动性的重要手段。人类耕地利用水平低下，利用方式不当时，土地自然生产力被粗放式地透支使用，但其对生态系统的影响还没有超过生态承载力极限。这样，社会继续在以落后的生产力与不断增长的物质需求矛盾的驱动下，对耕地利用的广度与深度进行扩张。随着人类生产力的提高，这一程度逐渐超过了生态系统的承载能力，生态系统的平衡和自组织能力遭到破坏，生态系统的紊乱和生态环境的不断退化，生态环境问题也相应产生。因而，耕地生态环境问题是人类社会发展到一定程度的必然产物，从另一角度，也是激发人类自觉改变发展观念、主动协调人与自然关系的必要警告。

从问题产生的具体机理看，生态环境问题作为灌区生态环境系统遭到破坏的直接响应,它是脆弱的自然环境与日益加剧的人类活动时空耦合的必然结果,也是灌区土地利用突破生态环境层层限制的最后产物。对灌区而言,如果仅有生态环境因子的脆弱性、景观格局的关键点、生态系统的阈值,并不必然产生生态环境问题;但当这些脆弱性、关键点和系统阈值因不当的土地利用遭到破坏或超越时,生态环境问题才成为不争的事实。从其产生的过程来看,可分为三个层次。在生态单元层面上,单元特性与土地利用方式是否匹配,决定了单元属性是否遭到毁坏;在区段层面上,土地利用形态是否有利于保护最为敏感的生态因子,则决定了该因子是否破坏;在区域层面上,区域土地利用模式是否侵占了景观格局中的战略性组分,决定了关键生态过程是否流畅,区域土地利用规模与结构是否超越了生态系统阈值决定了生态系统自我调节功能是否破坏。三个层面上的因子相互作用、相互反馈,同时在时空维度上进行积累,最终引发了生态环境问题的产生。

生态环境问题产生后,其对土地利用的反作用又逐渐成为展现其巨大危害的主要方式。根据其作用的机理,可以将其分为直接危害与间接约束两个部分。直接危害主要表现在生态环境问题所带来的可利用土地面积的减少、土壤质量的下降等方面。间接约束主要是指由生态环境问题产生而带来的人们保护意识的增强,从而加大生态环境建设的力度,优化土地利用结构。可见,生态环境问题大多产生于不合理的土地利用,同时又反作用于区域耕地利用,见图 8-1。

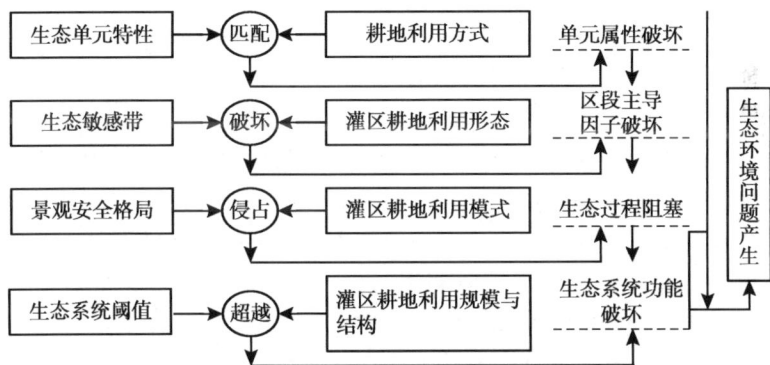

图 8-1 绿洲灌区耕地利用生态环境问题产生的机理

8.2.2 整体协调与过程优化机制

耕地利用与生态环境耦合的复合系统是一个复合有机关联的开放系统,系统内部要素的关联性普遍存在,协同性不仅是系统关联的重要表现,也是系统秩序得以形成的重要基础。通过事物之间关联性、协同性分析，既可以发现它们表面上互不相关的事物之间有多方面内在联系，又可以在事物的差异性与一致性之间架起桥梁，还可以进行多层次和多方位的类比与推理，概括出不同事物的共同属性与本质，从而找出规律并形成理论。研究表明，寻找关联、协同的过程，其实是一个化繁为简的过程，是一个寻找规律、逼近规律的过程。

系统的关联性更多地表现为变化的协同性。在耕地利用与生态环境耦合的复合系统内部，这种协同无处不在，如耕地利用集约度与土壤质量、工业"三废"排放之间存在高度协同。有时，这些看似毫无规律的协同在涨落机制的催化下向同一个序参量进行转化。如作物套间种植、农地非农化、建设容积率增大等现象都表明土地利用强度这一个序参量在增强；化肥与农药大量使用、地下水的超采、城市用地的扩张等现象则表明土地利用与生态环境耦合系数这一序参量在减小。

关联的普遍性与结构的层次性叠加为耕地利用与生态环境两子系统在不同层次上关联的对应性。就某一地块而言，耕地利用目的与管理方式的匹配程度同微观生态因子的质量与状态密切关联，就具体土地单元而言，耕地利用方式与土地单元特性的匹配程度将会对该单元自身生态功能产生重要的影响。而在灌区生态系统层面上，耕地利用强度与深度则与灌区生态环境的长期稳定息息相关，灌区生态环境问题也大都由此产生。

绿洲灌区耕地利用与生态环境耦合系统是一个普遍关联、微观协同的复合系统，系统内部关联的对应性与自组织性使微观混沌的系统在宏观上表现出一定有序性与整体性。因此，该系统的调控也必须从灌区复合系统整体出发，着眼于系统的宏观结构与功能，实施整体协调、过程调控。所谓"整体协调"，是指在系统的宏观调控过程中不仅要考虑影响系统关联与演化的内因与外因，而且要考虑这些内、外因之间的联系与反馈。对于绿洲灌区内土地利用与生态环境的关系而言，整体协调要求从绿洲灌区生态系统整体出发，着眼于系统结构、功能的可持续性与演化的合理性，协调好耕地利用与生态环境两子系统之间各个层次的关系。要构建生态安全的耕地利用格局，强调生态环境阈值控制性，确保耕地利用强度、耕地利用污染与生态环境容量的匹配。要加强耕地利用的适宜性评价，确保耕地利用方式与土地单元特征的匹配。

8.2.3 熵值交换动态平衡机制

混沌学是近四十年发展起来的一个跨学科的学术分支，其本质在于研究确定的非线性系统中的不确定性，尤其关注的是不确定性中所蕴含的各种规律，从而达到对系统加以控制的目的。混沌是指复杂非线性动力系统本身产生的一种不规则（非周期）的宏观时空行为，是指在确定性系统中出现的一种貌似无规则的运动。由于自身的复杂性与多样性，耕地利用与生态环境耦合系统内部微观要素间就表现出一定的混沌性。如区域气候条件变化、产出量变化、子系统之间物质、能量交换方向及交换量等都存在较大的随机性，人们目前还无法进行长期精确的预测。

混沌的有序性表现在时空的分形特征。有序性是客观事物存在和运动中表现出来的稳定性、规则性、重复性和相互的因果关联性。这一方面要得益于变量自身变化的协同性，另一方面要归功于系统本身的自组织，其中系统内部物质能量循环与自我调节机制就是其具体体现。耕地利用系统根据人类需求，将自然界多样化的原始能量转化成可供人类使用的有序能量流，以维持社会经济系统的正常运转；而生态环境在接受这一影响的同时，也不断调整自身结构以适应这一秩序。可见，系统自组织与自适应才是系统的本质特征，才是把握二者关系规律以求控制与优化的目的所在。

一个远离平衡的开放系统，通过不断与外界交换物质、信息和能量，在外界条件达到一定阈值时，就可能从原先无序状态转变为一种在时空或功能上的有序状态，这是耗散结构的平衡机制。耕地利用与生态环境也正是依靠这一平衡机制，来实现熵值平衡，维持系统的耗散结构，耕地利用系统从生态环境中吸取能量、物质与养料以输入负熵，同时将系统自身产生的正熵输出到生态环境中去，以维持自身有序性。而生态环境则不断通过自组织产生负熵抵消耕地利用系统输入的正熵，同时对难以耗散的熵值进行隐性积累，当这一积累超越自身阈值，生态环境秩序出现逆转。可见，要想实现耕地利用与生态环境关系的和谐，必须维护二者的熵值平衡。

绿洲灌区耕地利用与生态环境耦合系统，作为一个远离平衡态、非线性耗散结构，自身存在着独立的熵减平衡机制。这不仅是绿洲灌区耕地利用系统得以正常运转的基础，也是人类社会得生存的根本。但近年来，随着城市化的快速推进和耕地利用强度的日益增加，这一平衡机制正面临严重的威胁。这一方面表现在，冗余熵值在土地利用系统内部不断集聚，如城镇建设用地内部"三废"排放不断增加，生态环境净化压力不断增强；城镇建设用地外部，化肥与农药大量施用，土壤大面积板结，重金属残留现象明显。另一方表现在，生态用地面积大量减少，生态环境纳污能力日渐萎缩，负熵生产能力急速下降。因此必须加以调控，使其向有利于二者熵值交换动态平衡的方向发展。对此，首先，应严格控制建设用地任意扩张，减少面源污染面积，同时对建设用地内部"三废"的排放实行总量控制，确保达标排放，以此减缓系统冗余熵值的增加。其次，在农村大力推进生态农业，降低化肥与农药使用密度，减少其对生态环境因子的破坏力度。最后，加大生态建设强度，对生态脆弱带实行严格保护，对生态灾害区加强治理，以此促进生态环境容量的恢复与重建。同时，积极疏通二者熵值交换的渠道，确保土地利用与生态环境耦合系统向熵值平衡转化。

8.2.4 涨落机制规范与优化机制

系统演变的过程是系统某一随机涨落逐渐被环境认可、并被不断放大的过程，也是由最初的混沌状态向宏观有序状态演变的过程。涨落是一种内在的随机性的因素，从系统的存在状态看，涨落是对系统稳定的平均状态的偏差；从系统的演化看，涨落这种偏差则是系统演化过程中的随机性非平衡因素。任何一个系统都必然存在着涨落，涨落的这种无处不在、无时不在的特性是由运动的绝对性造成的，同时，涨落的发生又是不确定的，是无法精确预见的。涨落的这种随机特征，是系统演化的客观特性。

根据耗散结构理论，耕地利用与生态环境交互耦合的过程是一系列重叠的动态涨落过程。从因果关系看，这些动态涨落过程是形成系统有序结构的动力，是耗散结构本身的触发机和破旧立新的先行官，具有积极作用。但就具体进程而言，这些涨落又是系统变量与行为对平均质的偶然偏离，是破坏系统稳定性的干扰，必然加剧系统演化过程的复杂性。当然，这种微观的模糊与不确定并非完全等同于混沌，而是在要素协同与系统自组织作用下在宏观上表现出某种有序性，这恰恰为人类进行演化过程的调控提供基础。人类可以通过自身的能动性从中选择一个或几个涨落进行调控与培养，以求衍生出人类长远发展的新秩序，其中土地利用规划方案选优就是这一意图的经典体现。随着科学技术的进一步应用，人类进行预测与管理的手段日益先进，可供选择的土地利用规划方案也会日趋多样化，相信未来人类对土地利用与生态环境耦合关系演化的控制将更加合理、更加完善。

耕地占用为土地利用系统实施由低层次向高层次转变的一种涨落机制，其自身演化过程就是上述机理的很好例证。在发展初期，适当耕地占用不仅不会产生负面效应，而且会有利于资源的合理配置、加速系统物质能量的交换，促进系统的升级；但随着社会经济的高速发展，耕地占用逐渐突破系统阈值，产生了过度非农化，这不仅会造成土地资源的浪费、环境污染的扩大化，而且也会产生系统自身冗余熵值的增加、环境容量的降低、物质能量交换渠道的堵塞等系统紊乱。因此，在社会发展过程中必须对农地非农化程度作为一种涨落机制，进行严格调控，确保其负面影响的最小化。

　　此外，人类还应发挥主观能动性，在把握土地利用与生态环境耦合规律的基础上，采用各种手段对有利于二者关系优化的涨落进行培养，以生成主导未来复合系统运作的序变量。其中，土地利用规划就是实施这一机制的重要手段。在规划制定之时，人类利用先进的技术手段对土地利用未来演变的涨落产生的机制、涨落的类型与程度进行预测，然后根据自身目标选择某种涨落作为系统未来的序变量。规划实施时，运用各种措施抑制其他涨落的产生，促进该涨落的放大，确保其成为未来更加优化的系统序变量，从而推动土地利用与生态环境向有序化和可持续性方向发展。

8.3　绿洲灌区耕地利用生态系统的调控机制

8.3.1　自然调控机制

　　耕地利用生态系统的自然调控机制是从自然生态系统中继承下来的一种自我调节功能，主要包括自然生态系统中存在的稳态机制、反馈控制和多元重复控制等。

8.3.1.1　稳态机制

　　当生态系统遇到任何外来干扰和破坏时，只要这种干扰和破坏不超过系统阈值所允许的范围，生态系统均能产生相应的反应，借以保持系统内各组分之间以及系统与环境之间的相对平衡关系，以及整个系统结构、功能的大体稳定状态，使系统得以维持下去。耕地的合理开垦、草原的合理放牧，都会通过生态系统的自我修复能力来保持粮食、饲草产品产量的相对稳定。灌区耕地利用生态系统的稳态机制表现在，当耕地利用生态系统遇到一定的风沙、旱涝、霜冻、干热风等灾害侵袭时，系统本身通常具有一定的自我调节能力。如作物等栽培植物和畜禽等饲养动物可以利用自身的本能反应来抵御这些灾害的危害，以减少灾害所带来的损失。

8.3.1.2　反馈机制

　　绿洲灌区人类在科学技术和工农业生产方面的发展和进步，使自然界原有的负反馈机制削弱，正反馈大大加强。为了获得农业和畜牧业高额产量而使动植物种群单一化，农药的大量使用使天敌种类和数量越来越少，化肥的连续大量使用使土壤理化性质变坏，农药、化肥的大量使用还导致了环境的污染，人口的迅速增长使生态系统的负担过大等。如果人类在今后的发展中不按生态系统的规律办事，不能有计划地采取适当的反馈控制措施，则不但不能扭转已有的生态失调现象，而且会使这种失调现象越来越严重。这一点对于人工控制的农业生态系统来说尤为重要。

8.3.1.3　多层次和多元重复控制

生态系统中反馈控制和多元重复控制同时存在，是系统稳定性长期保存下去的关键。

一般来说，一个较为复杂的生态系统，如森林生态系统、草原生态系统、农业生态系统等，都是一个具有多层次结构的大系统，系统的总体控制不是由某一个层次一次完成的，而是由不同层次的控制之间相互作用、相互影响共同完成的。食物链上的每一个营养级，其捕食者与被捕食者之间的反馈控制必然影响和制约着它前后营养级上的生物，从而产生连锁反应。在农业生态系统中，畜牧业生产既受到种植业的影响和制约，又与人们生活水平的提高和市场需求紧密相关。因此，生态系统的控制是个多层次的自动控制，而且层次越多（相对而言，实际上生态系统的食物链营养级不可能很多），自动控制的机制越完善，自我调节能力就越强。

多元重复控制是指在生态系统内，处于同一营养级（或生态位上）可以完成相同或相近反馈控制功能的组分不仅仅是一个，通常是由两个或更多个组分组合起来共同承担的。也就是说，在生态系统网络中处在相同或相近生态地位上的若干组分，当受到外来干扰使其中一个或两个组分遭到破坏时，另外的组分可以在功能上给以补偿，进而使整个生态系统保持稳定不变。当然，在群落水平上，一方面生物种群间（即使是处于同一生态位）要通过相互作用调节彼此间数量的比例关系，另一方面又受到最大环境容纳量（环境容量）的制约。例如在一个池塘中放养鲢鱼、草鱼、团头鲂、鲮鱼、鲤鱼等，每一种鱼的密度是不相同的。

8.3.2　人工调控机制

8.3.2.1　直接调控

（1）生物控制。生物控制的目的是增强生物群体对环境资源的转化效率，提高系统的生产力和经济效益。要通过对个体、种群和群落各个水平上的一系列调控，才能达到此目的。

①通过遗传工程、辐射诱变、杂交选育、三系配套（不育系、保持系、恢复系）等方法手段来改变生物的遗传特性，培育丰产性能好、转化效率高、生长速度快、生态适应性强的作物和畜禽优良品种，提高农业生物个体对环境资源的转化效率。杂交玉米、杂交水稻、抗虫棉、转基因大豆以及猪、鸡、鱼等优良杂交品种的选育成功，使农业生产力大幅度提高。

②种群水平的控制。将优良的传统农业技术和先进的现代农业栽培技术、农业工程技术、饲料加工技术和先进的饲养管理技术相结合，协调好个体与个体之间的相互关系，尤其是空间和时间的合理安排，控制种群的动态变化，不仅使这些品种的高生产力优性状得以遗传保持，而且使它们的生产潜力得到充分的发挥。这是种群控制的主要内容和目的。

③群落水平的调控。即调控农业生物群落的垂直结构、水平结构和食物链结构，以及作物复种方式、动物的混养方式和林木混交方式等，建立合理的农业结构，提高农业生态系统内能流和物流的速度和规模，提高农业生态系统的生产力。

生物控制的另一方面就是对耕地生态系统中一切非希望的生物加以必要的控制，减少损耗环的损耗，提高系统的总体功能，包括对耕地病虫草害的控制、对畜禽病虫害的控制和对害鸟及害兽的控制等。对有害生物的控制可以采取人工防治、药物防治和生物防治等方法。生物防治是最安全、可靠的方法，应该积极研究并不断地开发出行之有效的生物防治技术和产品。同时，天敌的利用、轮作倒茬、害虫不育技术的研究和应用等也是生物防治的重要内容。

（2）环境控制。为了增加农业生物种群的产出能力而进行的一系列建造良好生产（态）环境的所有措施，都属于环境控制范畴，包括对光、温、湿、水分和养分的调节和控制。

环境控制的目的有两方面：一是为生物生长创造必要的优良生活环境条件，使投入的物质和能量能够得到充分利用，生物的生产潜力得到充分发挥；二是减少和削弱不良环境因子对生物种群的危害程度，避免由于物质和能量的额外支出而造成损失。如农田水利工程建设、土壤改良、农田防护林网的建设、保护地建设、地膜覆盖、免耕播种、无土栽培、土面增温（湿）剂的使用等，都是直接或间接地对环境进行控制的方法和手段。

环境控制的能力，一方面取决于科学技术水平的提高、人类对环境认识和了解的深化程度以及控制和改造环境的技术手段，另一方面更取决于当时、当地的经济发展水平和支付能力。就是说，人类对农业生态系统环境的控制能力与国民经济发展水平是紧密相关的。因为要加强对农业生态系统环境的控制能力，就需要投入一定的人力、物力和财力，要有一定数量的物质、能量和资金的投入，所以，在进行任何一项环境控制措施和工程时，一定要从实际出发，量力而行。

（3）耕地利用生态系统的生物种群（群落）结构控制。耕地利用生态系统的生物结构控制，包括两方面的内容。

①根据灌区自然资源情况和社会经济条件，合理地安排和调整第一性生产者的空间分布和数量关系，包括农林水草的合理布局，作物、林木、草地的品种搭配、群落结构、种群组合以及个体发育的调节控制等，使第一性生物的群体具有最佳结构和最佳功能，个体具有最佳长势和长相，以获得最高的第一性生产力。

②根据第一性生产的产物来合理地安排和调整畜禽的种类和数量，如以食粮为主的猪、鸡和以食草为主的牛、羊、兔等都要有适当的比例，不能盲目进行。所有这两方面控制的最终目的都是用不同种群的合理分配，建成新的复合群体和较为完整的食物链关系，以适应资源条件，巧用资源，增加系统的生产力，改善生态环境。

由于生物种群（群落）的结构控制属于生物与环境综合控制的范畴，它是根据生物的遗传特性和对环境条件的要求，以及环境资源特点和对环境的控制能力，综合协调、平衡而形成的有机整体。所以，它具有上述两个控制难以达到的效果。例如，同样的环境条件、同样的作物品种，单作的生产力比间套作的生产力要低。诸如此类的实际例子在农业生产过程中几乎到处可见。同时，由于对结构的控制比对环境的控制更容易、更经济、更有效，因而更为人类所重视。

（4）输入和输出控制。耕地利用生态系统的输入包括肥料、农药、种子、机械、燃料、电力等农业生产资料以及劳动力和畜力等，输出包括各种农产品。输入调控包括输入的辅助能的种类、数量和投入结构的比例。输出调控包括通过生产计划和产品产量的控制，调节产品输出的数量，还可以通过发展系统内的加工和储存能力，改变产品的输出形式，提高产品的经济价值。

此外，对污染物质（如工业"三废"）和易造成污染的物质（如剧毒且残留高的农药、抗生素等兽药、其他有毒有害物质等）的输入以及病虫害的入侵要进行合理、有效的控制；同时，对非目标性的物质输出（如水土流失、渗漏）所造成的营养元素的损失和掠夺式经营所带来的土壤肥力耗竭等也要进行控制。

（5）系统综合关系的调控——结构控制。为了最大限度地提高耕地利用系统的生产力，充分发挥能量、物质、资金、劳力的投入效益，必须根据自然、社会和农业生物条件，协调生态系统各组分之间的构成比例关系，调整能流和物流的接口关系。因此，除前面我们提到的各种调控外，还要协调农业内部各产业间的关系，也就是要对耕地利用相关系统的组成成分进行调控，以建立一个合理的灌区生态系统结构。

耕地利用生态系统结构的调控是利用综合技术与管理措施，协调耕地利用模式间的关系，生物种群合理组装，建成新的复合群体，使系统各组成成分间的结构与功能更加协调，系统的能量流动和物质循环更趋合理，系统的生产力最高，综合效益最大。从系统结构上来讲，结构调控主要包括以下几方面：确定系统各组成成分在数量上的最优化比例，确定系统组成成分在空间和时间上的最优组合方式等。

8.3.2.2 间接调控

耕地利用生态系统的间接调控，是指耕地利用生态系统外部因素的变化对农业生产产生的间接影响，主要包括政策导向、财贸金融、公交通讯、科学文化以及法律保证等。

8.3.3 三元协同控制机制

所谓的"三元"，是指对耕地生态系统进行控制，提高系统功能的三个基本要素，即环境控制、生物控制和结构控制。这里所说的环境既包括生物生长的具体环境，也包括输入和输出环境以及社会大环境；生物主要指生态系统中人工饲养和栽培的动植物；结构是指耕地利用结构，包括蔬菜、粮食作物、油料作物等生物的群落结构、种群结构以及生物个体的生产结构。按照系统理论，控制系统的三个亚系统之间相互促进、相互制约、相互协调，共同组成一个整体，共同对耕地生态系统起作用，完成其控制功能，这是三元协同控制的理论依据。

当人类对耕地生态系统的生物控制能力达到一个新的水平时，相应的环境控制和结构控制也要与之协调上升到一个新的水平，否则生物控制功能就不能充分发挥。如杂交水稻的推广需要一定的环境条件和较多的投入，制种时需要相应的技术，产品销售时需要一定的市场。当环境控制有了新的情况或进展时，生物控制和结构控制也必须随着变更。例如，在水肥条件差的条件下，要求耐干旱瘠薄的低产品种播种量要适当加大；当水肥条件充足时，则要求喜水耐肥的高产品种播种量要适当减少。耕地利用结构的安排和调整，更离不开资源环境的保证。反之，如果结构安排不当，不仅影响对环境资源的合理、充分利用，甚至会造成对环境资源的破坏。

结构控制可以说是三元协同理论的核心。这是因为：首先，生物与环境的协调和生态系统功能的提高，主要靠系统内部结构的调整来协调实现，如果结构不合理，即使有较好的环境条件和较高的生物控制水平，也不一定能获得理想的高产量和高效益。其次，生物控制如遗传工程的应用、品种选育和病虫害的生物防治等均需要较长的时间和较高的投入水平，远不如结构控制来得迅速而有效，尤其是在生物与环境控制水平还不高的情况下，结构控制无疑是提高农业生产水平的首要选择。最后，耕地生态系统结构的控制可以改变和提高生物控制和环境控制的水平，通过生物种群的合理搭配、轮作倒茬、配合饲养等，既可以减少农田中病虫草的危害，减少畜禽疾病的发生和蔓延，抵御自然灾害，使系统的抗逆性增强；又可以用地养地结合，调节水肥气热，使环境资源得到综合利用，环境条件得到改良。而且，结构控制还可以为生物控制和环境控制提出要求，指出方向。

总之，当三元之间的某一元发生变化时，其他两元也要随之发生相应的变化，否则就达不到增产的目的。耕地利用生态系统控制的主要任务之一，就是要研究找出这三元之间相互促进、互为条件、相互制约的生态关系，及时、合理地进行调控和管理，使其"同步协调"，达到最大控制效果和最佳系统功能。这也是"三元协同论"的实质及对其研究的根本目的。应当指出的是，"三元协同"控制最终是由人来调节的，人是施控主体，生物、环境、结构三者之间的关系是人的控制对象。三元协同关系存在于一切人工控制的生态系统之中，并始终贯彻于一切人工控制的生态系统。

8.4 绿洲灌区耕地利用生态系统调控途径

8.4.1 耕地利用生态系统养分循环和平衡的基本途径

8.4.1.1 物质循环的调节和管理

生态系统物质循环的自我调节作用是多方面的，能力也是很强的。对生态系统物质循环的调节和管理，首先是充分利用和发挥生态系统的自我调节能力，对其的干扰程度不要超过它的阈值范围。根据物质循环中存在的问题，对其调节和管理应遵循以下几个原则。

（1）合理运用人工投入。合理运用人工投入手段，防止盲目使用化肥、农药、抗生素、饲料添加剂、生长调节剂等化学化工产品；防止盲目开采森林、草地、矿产等资源；防止盲目排放废水、废气、废渣以及放射性废料。对氮、磷肥不合理地过度使用，导致土壤中 C/N 和 C/P 比例失调，不但不能增产，反而会产生一系列的问题。

（2）稳定储存库库存。稳定库存，保护生态系统的稳态机制和自我修复能力。主要是指稳定储存库的库存，包括大气中的 CO_2 库，地上、地下淡水库，土壤中的 C 库和 N 库等，通过局部调节，保持整体稳态。具体来说，包括以下几方面：

气相型循环调节和管理：重点要把大气库中的营养元素（CO_2，N_2）等转移到生物小循环中来，被植物所利用。要减少有害物质向大气的释放，始终保持大气库中物质和元素的良性循环和平衡，如固氮菌的应用、秸秆还田、增加地面覆盖度、减少有害气体排放和合理使用化肥等。

沉积型循环调节和管理：一方面要利用一切行之有效的措施和方法把土壤和岩石中的非速效养分变成速效养分，为植物所吸收利用；另一方面要采取一切生物措施（植树造林、封山育林、退耕还林还草等）和工程措施来加强水土保持，防止水土流失，尽可能减少有效养分向外界输出；而对于一切矿物资源，除合理利用外，还要加强回收和再生利用。

水循环调节和管理的原则是：要切实加强对水域的管理，尤其是要对被称为地球之肾的湿地生态系统的合理开发、利用和保护；对水资源的开发和利用要严加管理和控制，尤其要坚决制止对地下水的过度开采；要提倡污水处理和再生利用，积极推行各项行之有效的节水灌溉技术。

（3）充分发挥生物在养分循环调节中的作用和功能。如生物固氮、枯枝落叶的转移、畜禽粪便的应用；植被的防风固沙、保蓄水分和养分、防止水土流失作用；动物和微生物加速有机物分解和转化、促进物质循环的作用；生物对废水、废物、垃圾、粪便的净化和解毒作用等。

（4）重视循环再生和利用。物质的循环、再生、再利用。在耕地生态系统中，由于人为控制的结果，食物链环节比较短，生物资源利用层次差，效益发挥不充分，因此，在人类现代经济体系中会自觉不自觉地利用一些再循环（也称食物链加环）机制来提高资源利用率和农业生产力。如我国农村用秸秆做饲料饲养牲畜、粪便还田等做法历史悠久，是一种传统的再循环利用方式。现在随着科学技术的普及、循环经济的重视和发展，物质的循环利用会更广泛、更高效。

8.4.1.2　耕地利用生态系统物质和养分元素循环和平衡的途径

为了满足人类当前对农产品的需求和持续发展的长远目标，必须建立起耕地利用生态系统物质和养分元素在高水平上的循环和收支平衡，建立一个良好的循环体系，主要途径有以下几方面：

（1）充分认识有机质在耕地利用中的作用。有机质是各种营养物质的载体，在微生物的作用下可以释放出供作物吸收利用的有效氮、磷、钾和其他营养元素，增加土壤速效和缓效养分的含量；有机质还可为土壤微生物提供丰富的生活物质，促进土壤微生物的生长繁殖；提高土壤腐殖质的含量，有利于土壤团粒结构的形成，加强土壤的通透性和蓄水保墒能力，有助于土壤阳离子交换量的增加等；改善土壤的理化生物性状，提高土壤的综合肥力。因此，多施有机肥，尤其是生物有机肥和有机无机复合肥，提高土壤有机质含量，是建立耕地利用系统物质和养分循环与平衡的基本途径。

（2）建立合理的轮作制度。合理安排归还率较高的作物，尤其要在轮作中加入豆科作物的种植。从理论上讲，不同的作物其归还率也不同，油菜的理论（指茎秆、荚壳等）归还率为50%，大豆、麦类和水稻则为40%～50%。不同作物氮、磷、钾的理论归还率不同：麦类分别是25%～32%，23%～24%，73%～79%；油菜分别是51%，65%，83%；水稻分别是39%～63%，32%～52%，83%～85%；大豆分别是24%，24%，37%。轮作中尤其要加入豆科作物，不仅能提高土壤肥力，改善土壤的理化生物性状，而且能大大减轻病虫草害。

（3）农牧结合。促使作物秸秆过腹还田或直接还田，发展沼气，解决生活能源问题。无论是山地、丘陵地还是平原地区，都要因地制宜地采取果林、片林、行道树、农田防护林网（乔灌草搭配）等多种方式积极植树造林，既可以改善环境，防治水土流失，又可以提供燃料，使秸秆直接还田和过腹还田成为可能。利用农、林、牧的废弃物发展沼气，既可解决农村能源，又可为农业生态系统提供沼渣、沼液等优质有机肥。

（4）农产品深加工。农产品就地加工、就地升值，既提高了物质养分的归还率，又提高了农民的收入，解决了农民的就业问题，是一举几得的事业。

（5）实施测土配方施肥。测土配方施肥，合理利用肥料资源。测土配方施肥的含义是根据作物的需肥规律和所测定的土壤肥力状况，进行营养元素的科学搭配施用，以达到既能满足作物生长对各种养分的需求，有利于作物的高产、稳产，又不会因肥料尤其是化肥的过度使用而造成浪费和环境污染。测土配方施肥是对农业生态系统物质循环合理、有效的调控，是提高农业生态系统物流和能流效率的重要措施。

8.4.2　耕地生态系统能流的调控

耕地生态系统的能流调控可从以下几方面进行。

8.4.2.1　提高光能利用率

重视初级生产，提高光能利用率，提高初级生产产品的数量和质量，是扩大农业生态系统能流规模和效率的前提条件和基础。采用各种有效措施，包括扩大复种指数、间作套种、立体种植等提高绿色覆盖面积、延长光合作用时间，培育和筛选优良品种并加以科学的耕作栽培措施，提高作物的光合作用能力和能量转换效率等，尽可能多地将太阳能转化为初级生产者体内的生物化学潜能，为农业生态系统扩大能流规模、提高能流效率奠定坚实的基础。

8.4.2.2　提高生物能的利用率

开发农村新能源，提高生物能的利用率，发展速生薪炭林，开办小水电，推广沼气池和节柴灶，充分利用风能、太阳能和地热能。提高农业内部能量资源的利用，解决农村燃料、饲料、肥料、木料"四料"之间的矛盾。开发和推广高浓度、长效、缓释的复合肥和作物专用肥，尤其是生物有机肥，生物有机复合肥和其他高效有机产品，推广秸秆气化技术、生物发酵生产酒精和沼气技术等。

8.4.2.3　优化人工辅助能

节约石化能源，优化人工辅助能的投入，提高利用效率。在农业生产上要尽可能减少化肥、农药和机械的投入，充分发挥畜禽粪便、农家肥、有机肥、生物有机肥、沼渣、沼液等肥料来减少化肥的使用；用轮作倒茬、间作套种、生物防治、精耕细作等措施来防治病虫草害，以减少农药的使用；要尽可能利用人力、畜力来减少机械设备的能源消耗等。

8.4.2.4　可再生能源的开发、利用和保护

可再生能源的开发、利用和保护，尤其是生物能源多层次、多方向的利用和开发。一方面，对于日光能、风能、水能、潮汐能等，要积极加以开发和利用，不能让它们白白浪费；另一方面，对于生物能源，要合理开发和利用并采取积极措施促使它们增值，切忌盲目过量开采，以免导致这类资源枯竭。

8.4.2.5　现代化管理

大力发展农业科技和信息产业，使传统农业的管理逐步进入科学的现代化管理，使农业生态系统的结构安排、作物布局、栽培管理等农事活动以及对资源利用、自然灾害的防治、经济活动的安排等，都可以得到及时有效的监督和管理，力求更加精细和准确。尤其是可以把计算机技术、信息技术等用于农业生态系统

的管理和调控，有效提高农业生产的管理水平，提高太阳能和人工辅助能的利用效率，推动农业的可持续发展。

8.4.3 绿洲灌区耕地利用生态系统保持生态平衡的途径

保证绿洲灌区耕地资源的可持续利用，保护生态环境，必须以整体的系统思路保证耕地利用生产活动过程中生态与经济的平衡，以生态系统管理的思路确保生态、经济及社会效益的协调发挥。

8.4.3.1 观念与政策

耕地利用生产活动必须树立可持续发展的观念。要合理开发利用耕地自然资源的正常增值和更新能力，依据生态发展规律促进耕地利用生态系统的良性循环，提高农业系统的效益及农副产品的质量，同时减少对农村生态环境的污染，实现经济、社会、环境三个效益的统一。

加强对保护耕地资源与环境的宣传，提高全民环境意识，增强全民保护耕地资源与生态环境的自觉性，形成人人动手齐参与的良好氛围。

加强政府的资源与环境责任意识。各级政府应加强对耕地环境保护工作的领导，把耕地生态环境的保护纳入国民经济和社会发展计划，采取保护耕地环境的政策和措施，继续建立政府环境保护目标责任制，加强对乡镇企业的环境管理，加大防治乡镇工业"三废"对农业环境污染的力度和资金投入。

建立耕地资源核算体系。我国资源价格体系存在着严重的扭曲现象，突出表现在价格偏低、部分资源的无偿使用。把耕地资源核算纳入国民经济核算体系，有助于界定耕地资源资产的所有权关系，强化耕地资源的有偿使用制度。

加强法制建设和管理。法律法规是资源环境管理的基础和依据，法律管理应成为强化资源环境管理的主要手段。一是要建立并完善资源产权制度，调整并划分清楚耕地资源的产权关系，从法律上支持、监督产权所有者对耕地资源保护的稳定性和持久性，并以法律形式强化耕地资源管理的协调机制。二是要制定耕地资源综合管理法律。在现有农业资源的各种基本法规中，一般都是就某种资源论资源，较少涉及和其他资源的关系和缺少对各资源综合管理的规定。因此，要树立耕地资源整体化观念和耕地资源立法的前瞻性，强化综合管理意识；确立市场经济条件下耕地资源综合管理法律的地位；建立耕地资源综合管理法律体系，实现对耕地的综合管理。

8.4.3.2 实行利用和保护兼顾的生产策略

自觉调整人与自然的矛盾，对自然资源实行利用和保护兼顾的生产策略。具体主要包括以下几个原则：

收获量要小于净生产量的原则。耕地的复种程度等，都要与它们各自的生长和补给量相匹配，要"用而有度"。

维护生态系统自我调节机制的原则。保护生态系统内物种的多样性，尤其是在病虫害防治过程中，一定要注意生物防治和生态防治技术的应用，要尽可能保护天敌和整个食物链的完整畅通，只有这样才能既保护了物种又保护和培育了作物及畜禽的抗病能力。

积极实行"用养结合"的原则。一方面要采取轮作、间作、轮伐、轮休等"周期性干扰"措施，使耕地生态系统在每次生产利用后，有休养生息的机会，得以修复和再生；另一方面要本着收支平衡的原则，不断给予物质和能量的补充，这一点对耕地生态系统尤为重要。

生物能源的多极利用原则。一方面要利用遗传工程系统来培育优良品种，提高能量的利用率和转化效率；另一方面要使有限的生物资源尽可能得到多层次的多极利用，发挥其效益，减少浪费。

8.4.3.3　建设高产、稳产的人工生态系统

积极提高系统的抗干扰能力，建设高产、稳产的人工生态系统。高产、稳产的生态系统是人类追求的目标。这样一个系统应该是经过精心设计和建造的自然、社会和经济三结合的体系，是多种生物共生的生态调控和工程调控相结合的体系。该系统以生态调控为机制，以多物种的协同共生、物质的循环再生、系统的持续发展等生态学原理为指导，同时又运用工程（农业生态工程、环境生态工程、能源生态工程等）调控手段，积极开发和应用各种传统的和现代化的技术和方法，主要包括持续利用技术、改良技术、节水技术、土壤改良技术、土壤退化治理技术、化肥农药等污染防治技术、生物有机肥的生产与应用技术、生物防治病虫害技术以及秸秆多极有效利用技术等。发展循环经济，为人类社会创造一个良好的生态环境。提高生态系统的抗干扰能力，还应该增加系统中的能量储备，以抵消不断增加的负熵能。如积极提倡有机肥的使用，以提高土壤有机质的含量。所有这些都是一个可持续发展的高产、稳产的耕地利用复合生态系统所不可缺少的。实践证明，人类因为盲目行为可以破坏生态平衡导致耕地利用系统生态失调，但是，人类也可以根据生态学原理，运用一切科学技术手段来治理生态失调，重建高水平的生态平衡。

第9章

绿洲灌区耕地生态系统的
调控技术类型与模式

9.1 调控技术类型

9.1.1 充分利用土地资源的农林立体结构类型

耕地利用中单一种群落的物种多样性低，资源利用率低，抗逆能力弱，其稳产高产的维持依赖于外部人工能量的持续输入，由此带来生产成本高，产品竞争力弱问题。立体种植则是利用自然生态系统中各生物种的特点，通过合理组合，建立各种形式的立体结构，以达到充分利用空间、提高生态系统光能利用率和土地生产力，增加物质生产的目的。耕地利用的立体结构是空间上多层次和时间上多顺序的产业结构，其目标是实现资源的充分、有效利用。

植物立体结构的设计要充分考虑物种本身的生物学特性，在组建植物群体的垂直结构时，需充分考虑地上结构（茎、枝、叶的分布）与地下结构（根的分布）情况，合理搭配作物种类，使群体能最大限度地、均衡地利用不同层次的土壤水分和养分，同时达到种间互利、用养结合的效果。例如，高秆与矮秆作物的间作套种模式、果园间作花生或蔬菜等。农林系统是指在同一地块上，将农作物生产与林业、畜牧业生产同时或交替地结合起来，使得土地总生产力得以提高的持续性土地经营系统。例如"林果—粮经"立体生态模式、枣—粮间作和桐—棉间作模式。按照生态经济学原理使林木、农作物（粮、棉、油），绿肥、鱼、药（材）、（食用）菌等处于不同的生态位，各得其所，相得益彰，既充分利用太阳辐射能和土地资源，又为农作物形成一个良好的生态环境。这种生态农业类型在灌区普遍存在，数量较多。大致有以下几种形式：各种农作物的轮作、间作与套种，主要类型有：豆、稻轮作，玉米、麦、绿肥间套作，麦、绿肥间套作。

9.1.2 物质能量的多级循环利用类型

耕地利用生态系统的物质循环和能量转化，是通过耕地利用生物之间以及它们与环境之间的各种途径进行的，系统的各营养级中的生物组成即食物链构成是人类按生产目的而精心安排的。另外，耕地利用生态系统各营养级的生物种群，都是在人类的干预下执行各种功能，输出各种人类需求的产品。如果人们遵循生物的客观规律，按自然规律来配置生物种群，通过合理的食物链加环，为疏通物质流、能量流渠道创造条件，那么生态系统的营养结构就更科学合理。

耕地利用生态系统与其他陆地生态系统一样，其营养结构包括地上部分营养结构和地下部分营养结构，地上部分营养结构通过农田作物和禽、畜、鱼等生物，把无机环境中的二氧化碳、水、氮、磷、钾等无机营养物质转化成为植物和动物等有机体；地下部分营养结构是通过土壤微生物，把动物、植物等有机体及其排泄物分解成无机物。因此，地上生物之间，地下生物之间以及地下与地上生物之间，物质及能量可以相互利用，从而达到共生和增产的目的。

耕地利用可模拟不同种类生物群落的共生功能，包含分级利用和各取所需的生物结构，在短期内取得显著的经济效益。例如，利用秸秆生产食用菌和蚯蚓等的生产设计，秸秆还田是保持土壤有机质的有效措施，但秸秆若不经过处理直接还田，则需要很长时间的发酵分解，才能发挥肥效。在一定的条件下，利用糖化过程先把秸秆变成饲料，然后利用家畜的排泄物及秸秆残渣培养食用菌；生产食用菌的残余料再用于繁殖蚯蚓，最后才把剩下的残物返回农田，收效就会好很多，且增加了沼气生产、食用菌栽培、蚯蚓养殖等产生的直接经济效益。

9.1.3 相互促进的物种共生类型

该模式是按生态经济学原理把两种或三种相互促进的物种组合在一个系统内，达到共同增产，改善生态环境，实现良性循环的目的。这种生物物种共生模式在我国主要有稻田养鱼、稻田养蟹，稻—鱼—萍等多种类型。例如，高效稻鱼共生系统（田面种稻，水体养鱼，鱼粪肥田），就是把种植业和水产养殖业有机结合起来的立体生态农业生产方式，它符合资源节约、环境友好、循环高效的农业经济发展要求。稻田养蟹在宁夏贺兰县被誉为"稻田蟹"，稻田养蟹提高了粮食品质；实施稻田养蟹后1亩稻田可增加500～1000元的收入；实施稻田养蟹后土壤氮、磷、钾的含量增加了70%左右；实施稻田养蟹后每亩稻田增加蓄水

$80 \sim 100m^3$，连片实施 1000 亩，相当于建一座小二型水库，可以抵御 $15 \sim 20$ 天的干旱。同时又达到了"四增""四节"的效果。"四增"即增粮、增蟹、增肥、增收。"四节"即节地、节肥、节工、节支。稻蟹共生互利，相互促进，形成良好的共生生态系统。

9.1.4 农—渔—禽水生类型

该生态系统是充分利用水资源优势，根据鱼类等各种水生生物的生活规律和食性以及在水体中所处的生态位，按照生态学的食物链原理进行组合，以水体立体养殖为主体结构，以充分利用农业废弃物和加工副产品为目的，实现农—渔—禽综合经营的农业生态类型。这种系统有利于充分利用水资源优势，把农业的废弃物和农副产品加工的废弃物转变成鱼产品，变废为宝，减少了环境污染，净化水体。特别是该系统再与沼气相结合，用沼渣和沼液作为鱼的饵料，使系统的产值大大提高，成本更加降低。这种生态系统在绿洲灌区也应用较多。

9.1.5 以庭院经济为主的院落生态类型

这种模式的特点是以庭院经济为主，把居住环境和生产环境有机地结合起来，以达到充分利用每一寸土地资源和太阳辐射能，并用现代化的技术手段经营管理生产，以获得经济效益、生态环境效益和社会效益协调统一。这对充分利用每一寸土地资源和农村闲散劳动力，保护农村生态环境具有十分重要的意义。庭院经济模式具有灵活性、经济性、高效性、系统性的优点。

（1）庭院立体种植模式。利用不同的植物种类和品种，依据庭院不同的生态条件，多方位、多层次充分利用光、热、水、气及庭院空间，取得较高生产效益的一种农业模式。把各种林木、花卉、果树、蔬菜、药材等植物相互搭配。沿着庭院的空地墙边种植葡萄，葡萄架下建苗床种蘑菇（木耳），四周可种植一些观赏花卉等，在灌区也较为多见。

（2）庭院立体种养模式。这是一种在庭院内合理布局农业生物（动物、植物、微生物），使它们分层利用空间的种养结合方式。庭院内种植葡萄，葡萄架下饲养兔（鸡、猪）等。在庭院的地面或水面上分层利用空间，养殖各种农业动物或鱼类。在池塘中养鱼，池塘上层搭架养鸭，鸭粪进入池塘作鱼饲料。系列化的养殖，如肉鸡系列化养殖，从引进父母代开始，孵化、育雏、产蛋、营销等，并附之养猪，将鸡粪配合饲料喂猪，猪粪养蚯蚓，蚯蚓喂鸡。

（3）庭院种养加立体开发模式。在庭院内将种植、养殖、加工、沼气合理搭配成"四位一体"模式。庭院内安装饲料加工设备，地下建沼气池，在大棚中种植蔬菜（花卉）、养猪（鸡），饲料养猪，猪粪进沼气池，沼液、沼渣作为种植业的肥料，形成"种—养—加—沼"良性循环的生产模式。

9.1.6　多功能的农副工联合生态类型

生态系统通过完整的代谢过程——同化和异化，使物质在系统中循环不息，这不仅保持了生物的再生，并通过一定的生物群落与无机环境的结构调节，使得各种成分相互协调，达到良性循环的稳定状态。这种结构与功能统一的原理，用于农村工农业生产布局，即形成了多功能的农副工联合生态系统，亦称城乡复合生态系统。这样的系统往往由四个子系统组成，即农业生产子系统、加工工业子系统、居民生活区子系统和植物群落调节子系统。它的最大特点是将种植业、养殖业和加工业有机地结合起来，组成一个多功能的整体。多功能农、副、工联合生态系统是当前灌区农业生态工程建设中最重要、也是最多的一种技术类型，并已涌现出很多成功典型，如贺兰县的兰光村等。

9.2　调控模式

9.2.1　农、林、牧、加复合生态模式

农、林、牧、渔、加复合生态农业模式主要包括农林复合生态模式、林牧复合生态技术模式、农林牧复合生态模式和农林牧加复合生态模式四个基本类型。

（1）农林复合生态模式。此模式分布较广，类型较为丰富，主要有农林模式、农果模式、林药模式、农经模式等类型。农林模式在我国灌区已普遍采用，尤其在黄河平原风沙区农田营造防护林，有效地控制了风沙灾害，改善了农田小气候起到了保肥、保苗和保墒作用。保证了农作物的稳产丰收，常见的有点、片、条、网结合农田防护林，桐—粮间作和杨—粮间作等模式。

农果模式是以多年生果树与粮食、棉花、蔬菜等作物间作。常见的有枣—粮、柿—粮、杏—粮和桃—粮间作等模式。林—药模式是依据林下光照弱、温度低的特点，在林下栽种黄连、芍药等，使不同的生态位合理组配。

农经模式是以多年生的灌木与粮食、牧草、油料及一年生草本经济作物进行间作，主要的搭配有茶粮、桑草、桐（油桐）豆、茶（油茶）瓜等。主要技术

包括林果种植、动物养殖以及种养搭配比例等。配套技术包括饲料配方技术、疫病防治技术、草生栽培技术和地力培肥技术等。

（2）农林牧复合生态模式。林业子系统为整个生态系统提供了天然的生态屏障，对整个生态系统的稳定起着决定性的作用；耕地利用系统则提供粮、油、蔬、果等农副产品；牧业子系统则是整个生态系统中物质循环和能量流动的重要环节，为耕地利用子系统提供充足的有机肥，同时生产动物蛋白。因此，农、林、牧三个子系统的结合，有利于生态系统的持续、高效、协调发展。

（3）农林牧加复合生态模式。农、林、牧复合生态系统再加上一个加工环节，使农、林、牧产品得到加工转化，能极大地提高农、林、牧产品的附加值，有利于农产品在市场中的销售，使农民能做到增产增收，整个复合生态系统进入生态与经济的良性循环。

9.2.2　农、牧、渔、加复合生态模式

（1）农、渔复合生态模式。农、渔复合生态模式以稻田养鱼模式最为典型，通过水稻与鱼的共生互利，在同一块农田上同时进行粮食和渔业生产，使农业资源得到更加充分的利用。在稻田养鱼生态模式中，运用生态系统共生互利原理，将鱼、稻、微生物优化配置在一起，互相促进，达到稻鱼增产增收。水稻为鱼类栖息提供荫蔽条件，枯叶在水中腐烂，促进微生物繁衍，增加了鱼类饵料，鱼类为水稻疏松表层土壤，提高通透性和增加溶氧，促进微生物活跃，加速土壤养分的分解，供水稻吸收，鱼类为水稻消灭害虫和杂草，鱼粪为水稻施肥，培肥地力。这样所形成的良性循环优化系统，其综合功能增强，向外输出生物产量能力得以提高。

（2）农、牧、渔复合生态模式。农、牧、渔模式将农、牧、渔、食用菌和沼气合理组装，在提高粮食生产的同时，开展物质多层次多途径利用，发展畜禽养殖，使粮、菜、畜、禽、鱼和蘑菇均得到增产，经济收入逐步提高。

（3）农、牧、渔、加复合生态工程技术模式。以贺兰县为例，通过兴建大型肉鸡、肉牛羊等肉类加工厂和玉米、水稻等粮食加工厂，搞好农畜产品的转化和精深加工，实现种植业—养殖业—加工业相配套，建设生产与生态良性循环的农牧渔加工业复合型农业生态模式。基本实现全县粮食产品—饲料产品—畜禽产品—畜禽深加工产品的农、牧、工、贸之间的良性循环，形成以市场为导向，以加工企业为龙头，以农户为基础，产、加、销一条龙，贸、工、农一体化的良性生态经济系统。

9.2.3　种、养、加复合模式

该模式是将种植业、养殖业和加工业结合在一起，相互利用相互辅助，以达到互利共生、增产增值为目的的农业生态模式。种植业为养殖业提供饲料饲草，养殖业为种植业提供有机肥，种植业和养殖业为加工业提供原料，加工业产生的下脚料为养殖业提供饲料。其中利用秸秆转化饲料技术、利用粪便发酵和有机肥生产技术是平原农牧业持续发展的关键技术。例如，用豆类做豆腐、以小麦磨面粉等，以加工厂的下脚料（如豆渣、麸皮）喂猪，猪粪入沼气池，沼肥再用于种植无公害水稻、蔬菜等；沼气可用于烧饭和照明。

（1）鸡—猪—鱼模式。饲料喂鸡，鸡粪喂猪，猪粪发酵后喂鱼，塘泥作肥料。以年养 100 只鸡计算，将鸡粪喂猪，可增产猪肉 100kg，猪粪喂鱼可增捕成鱼 50kg，加上塘泥作肥料，合计可增收 1000 元。

（2）牛—鱼模式。将杂草、稻草或牧草氨化处理后喂牛，牛粪发酵后喂鱼，塘泥作农田肥料。两头牛的粪可饲喂一亩水塘的鱼，年增产成鱼 200kg。

（3）牛—蘑菇—蚯蚓—鸡—猪—鱼模式。利用杂草、稻草或牧草喂牛，牛粪作蘑菇培养料，用蘑菇采收后的下脚料繁殖蚯蚓，蚯蚓喂鸡，鸡粪发酵后喂鱼，鱼塘淤泥作肥料。

（4）家畜—沼气—食用菌—蚯蚓—鸡—猪—鱼模式。秸秆经氨化、碱化或糖化处理后喂家畜，家畜粪便和饲料残渣制沼气或培养食用菌，食用菌下脚料繁殖蚯蚓，蚯蚓喂鸡，鸡粪发酵后喂猪，猪粪发酵后喂鱼，沼渣和猪粪养蚯蚓，将残留物养鱼或作肥料。

（5）鸡—猪模式。用饲料喂鸡，鸡粪再生处理后喂猪，猪粪作农田肥料。每40 只肉仔鸡 1 年的鸡粪可养 1 头肥猪（从仔猪断奶至育肥到 75kg）。

（6）鸡—猪—牛模式。用饲料喂鸡，鸡粪再生处理后喂猪，猪粪处理后喂牛，牛粪作农田肥料。这样可大大减少人、畜、粮的矛盾，有效地降低饲料成本。

9.2.4　观光生态农业模式

该模式是指以生态农业为基础，强化农业的观光、休闲、教育和自然等功能特征，形成具有第三产业特征的一种农业生产经营形式。主要包括高科技生态农业园、精品型生态农业公园、生态观光村和生态农庄四种模式。

（1）高科技生态农业观光园。主要以设施农业（连栋温室）、组培车间、工厂化育苗、无土栽培、转基因品种繁育、航天育种、克隆动物育种等农业高新技术产业或技术示范为基础，并通过生态模式加以合理联结，再配以独具观光价值的珍稀农作物、养殖动物、花卉、果品以及农业科普教育（如农业专家系统、多媒体演示）和产品销售等多种形式，形成以高科技为主要特点的生态农业观光园。技术组成含设施环境控制技术、保护地生产技术、营养液配制与施用技术、转基因技术、组培技术、克隆技术、信息技术、有机肥施用技术、保护地病虫害综合防治技术、节水技术等。

（2）精品型生态农业公园。通过生态关系将农业的不同产业、不同生产模式、不同生产品种或技术组合在一起，建立具有观光功能的精品型生态农业公园。一般包括粮食、蔬菜、花卉、水果、瓜类和特种经济动物养殖精品生产展示、传统与现代农业工具展示、利用植物塑造多种动物造型、利用草坪和鱼塘以及盆花塑造各种观赏图案与造型，形成综合观光生态农业园区。技术组成含景观设计、园林设计、生态设计技术，园艺作物和农作物栽培技术，草坪建植与管理技术等。

（3）生态观光村。生态观光村专指已经产生明显社会影响的生态村，它不仅具有一般生态村的特点和功能（如村庄经过统一规划建设、绿化美化环境卫生清洁管理，村民普遍采用沼气、太阳能或秸秆气化，农户庭院进行生态经济建设与开发，村外种、养、加生产按生态农业产业化进行经营管理等），而且由于具有广泛的社会影响力，已经具有较高的参观访问价值，具有较为稳定的客流，可以作为观光产业进行统一经营管理。技术组成含村镇规划技术、景观与园林规划设计技术、污水处理技术、沼气技术、环境卫生监控技术、绿化美化技术、垃圾处理技术、庭院生态经济技术等。

（4）生态农庄。一般由企业利用特有的自然和特色农业优势，经过科学规划和建设，形成具有生产、观光、休闲度假、娱乐乃至承办会议等综合功能的经营性生态农庄，这些农庄往往具备赏花、垂钓；采摘、餐饮、健身、狩猎、宠物乐园等设施与活动。技术组成含自然生态保护技术、自然景观保护与持续利用规划设计技术、农业景观设计技术、人工设施生态维护技术、生物防治技术、水土保持技术、生物篱笆建植技术等。

9.2.5 设施生态栽培模式

设施生态农业通过以有机肥料全部或部分替代化学肥料（无机营养液），以生物防治和物理防治措施为主要手段进行病虫害防治，以动、植物的共生互补良性循环等技术构成的新型高效生态农业模式。

（1）设施清洁栽培模式。

①设施生态型土壤栽培。通过采用有机肥料（固态肥、腐熟肥、沼液等）全

部或部分替代化学肥料，同时采用膜下滴灌技术，使作物整个生长过程中化学肥料和水资源能得到有效控制，实现土壤生态的可恢复性生产。技术组成主要包括有机肥料生产加工技术，设施环境下有机肥料施用技术，膜下滴灌技术；栽培管理技术等。

②有机生态型无土栽培。通过采用有机固态肥（有机营养液）全部或部分替代化学肥料，采用作物秸秆、玉米芯、花生壳、废菇渣以及炉渣、粗砂等作为无土栽培基质取代草炭、蛭石、珍珠岩和岩棉等，同时采用滴灌技术，实现农产品的无害化生产和资源的可持续利用。技术组成主要包括有机固态肥（有机营养液）的生产加工技术，有机无土栽培基质的配制与消毒技术，滴灌技术，有机营养液的配制与综合控制技术，栽培管理技术等。

③生态环保型设施病虫害综合防治模式。通过以天敌昆虫为基础的生物防治手段以及一批新型低毒、无毒农药的开发应用，减少农药的残留；通过环境调节、防虫网、银灰膜避虫和黄板诱虫等离子体技术等物理手段的应用，减少农药用量，使蔬菜品种及品质明显提高。技术组成含以昆虫天敌为基础的生物防治技术，以物理防治为基础的生态防病、土壤及环境物理灭菌，叶面微生态调控防病等生态控病技术体系。

（2）设施种养结合生态模式。通过温室将蔬菜种植、畜禽（鱼）养殖有机地组合在一起而形成的质能互补、良性循环型生态系统。目前，这类温室已在辽宁、黑龙江、山东、河北和宁夏等省（自治区）、市得到较大面积的推广。

①温室"畜—菜"共生互补生态农业模式。主要利用畜禽呼吸释放出的二氧化碳供给蔬菜作为气体肥料，畜禽粪便经过处理后作为蔬菜栽培的有机肥料来源，同时蔬菜在同化过程中产生的氧气等有益气体供给畜禽来改善养殖生态环境，实现共生互补。技术组成主要包括"畜—菜"共生温室的结构设计与配套技术，畜禽饲养管理技术，蔬菜栽培技术，"畜—菜"共生互补合理搭配的配套技术，温室内氨气、硫化氢等有害气体的调节控制技术。

②温室"鱼—菜"共生互补生态农业模式。利用鱼的营养水体作为蔬菜的部分肥源，同时利用蔬菜的根系净化功能为鱼池水体进行清洁净化。技术组成含"鱼—菜"共生温室的结构与配套技术，温室水产养殖管理技术，蔬菜栽培技术，"鱼—菜"共生互补合理搭配的配套技术，水体净化技术。

（3）设施立体生态栽培模式。该模式目前有三种主要形式：

①温室"果—菜"立体生态栽培模式。利用温室果树的休眠期、未挂果期地面空间的空闲阶段，选择适宜的蔬菜品种进行间作套种。

②温室"菇—菜"立体生态培养模式。通过在温室过道、行间距隙地带放置食用菌菌棒，进行"菇—菜"立体生态栽培。

③温室"菜—菜"立体生态栽培模式。利用藤式蔬菜与叶菜类蔬菜空间上的差异，进行立体栽培，夏天还可利用藤式蔬菜为喜阴蔬菜遮阳，互为利用。

技术组成：①设施工程技术：包括温室的选型，结构设计，配套技术的应用，立体栽培设施的工程配套等；②脱毒抗病设施栽培品种的选用；③"果—菜""菇—菜""菜—菜"品种的选用与搭配；④立体栽培设施的水肥管理技术；⑤病虫害综防植保技术。

9.2.6 沙漠化土地综合防治模式

宁夏绿洲灌区个别地区因开垦和过度放牧使沙漠化土地面积不断增加，严重威胁着当地人民的生活和生产安全。根据荒漠化土地退化的阶段性和特征，综合运用生物、工程和农艺技术措施，遏制土地荒漠化，改善土壤理化性质，恢复土壤肥力和草地植被。配套技术：①少耕、免耕覆盖技术，潜在沙漠化地区的农耕地实施高留茬少耕、免耕；②乔灌围网，牧草填格技术，土地沙漠化农耕或草原地区采取乔木或灌木围成林（灌）网，在网格中种植多年生牧草，增加地面覆盖。特别干旱的地区采取与主风向垂直的灌草隔带种植；③禁牧休耕、休牧措施，具有潜在沙漠化的草原或耕地采取围封禁牧休耕，或每年休牧 3～4 个月，恢复天然植被；④再生能源利用技术，风能、太阳能和沼气利用。

第10章

绿洲灌区耕地生态系统的调控技术

10.1 立体种养技术

10.1.1 立体种植技术

立体种植，指在同一田地上，两种或两种以上的作物从平面、时间上多层次地利用空间的种植方式。凡是立体种植，都有多物种、多层次立体利用资源的特点。实际上，立体种植既是间、混、套作的统称，也包括山地、丘陵、河谷地带的不同作物沿垂直高度形成的梯度分层带状组合。

（1）果园间套地膜马铃薯。前茬最好是小麦，后茬可以是大豆、白菜、甘蓝为主，以利在行间套种地膜马铃薯。适应范围以 1～3 年幼园为宜，水、旱地均可。2 月初开始下种，麦收前 10 天始收。种植规格以行距 3m 的果园为例：当年建园的每行起垄 3 条，翌年园内起两条垄。垄距 72cm、垄高 16cm、垄底宽 56cm，垄要起的平而直。起垄后，用锨轻抹垄顶。每垄开沟两行，行距 16～20cm，株距 23～26cm。将提前混合好的肥料施入沟内，下种后和沟复垄。有墒的随种随覆盖，无墒的可先下种覆膜，有条件的灌一次透水，覆膜要压严拉紧不漏风。

（2）温室葡萄与蔬菜间作。可与葡萄间作的蔬菜有两种（甘蓝、西红柿），1 月末 2 月初定植甘蓝和西红柿，2 月 20 日西红柿已经开花，间作的甘蓝已缓苗，并长出 2 片新叶。甘蓝于 4 月 20 日左右罢园，西红柿于 5 月 20 日左右拔秧。葡萄于 3 月 10 日左右定植在甘蓝或西红柿行间，留双蔓，南北行，行距 2m，株距 0.5m，比露地生长期长 1 个月，10 月下旬覆棚膜，11 月中旬修剪后盖草帘保温越冬。

（3）大蒜、黄瓜、菜豆间套栽培。在地膜覆盖的大蒜行套种秋黄瓜，收获大蒜后再种植菜豆。选择地势平坦、土层深厚、耕层松软、土壤肥力较高、有机质丰富以及保肥、保水能力较强的地块。

（4）新蒜、春黄瓜、秋黄瓜温室蔬菜栽培技术。在生产蒜苗前，细致整地，每亩一次性施入优质农家肥 $2m^3$，然后坐床，苗床长、宽依据温室大小而定，床做好后，在床面上平铺 10cm 厚的肥土，上面再铺约 3cm 厚的细河沙。在蒜苗生长期间，1 月 10 日就开始育黄瓜苗，采用塑料袋育苗，55 天后蒜苗基本收割完毕，将苗床重新整理好，于 3 月 5 日定植春黄瓜。7 月 15 日育苗，8 月 25 日定植秋黄瓜；植株长至 5～6 片叶以后，主蔓生长，及时绑蔓。根瓜坐住后开始追肥，每亩追复合肥 20kg，追肥后灌水。

（5）旱地玉米间作马铃薯的立体种植技术。选择地势平坦、肥力中上的水平梯田，前茬为小麦或荞麦（切忌重茬或茄科连作茬）。在往年深耕的基础上，播种时必须精细整地，使土壤疏松，无明显的土坷垃。玉米选用中晚熟高产的品种，马铃薯选用抗病丰产品种。

（6）麦套春棉地膜覆盖立体栽培技术。采用麦棉套种的 3－1 式，即年前秋播 3 行小麦，行距 20cm，占地 40%；预留棉行 60cm，占地 60%；麦棉间距 30cm。春棉的播期为 4 月 5～15 日，可先播后覆膜，也可先盖膜后播种，穴距 14cm，每穴 3～4 粒，密度不少于 $6.75 \times 10^4 \sim 7.5 \times 10^4$ 株/hm^2。

（7）麦套花生粮油型立体种植技术。麦垄套种花生种植模式在豫北地区迅猛发展，已成为该地区花生栽培的主体模式，该模式可以提高复种指数，充分利用地、光、热、水资源。种植方式包括小麦大背垄套种花生，小麦套种花生，宽窄行套种。

10.1.2　立体种养技术

（1）"农作物秸秆养牛、牛粪肥田"的农牧结合模式。"秸秆养牛、牛粪施田"的形式多种多样。目前普遍实施的有四种：其一是利用秸秆粉碎后喂养淘汰役用牛。这种方式就地取材，成本低，但牛生长慢，牛肉质量差，经济效益低。其二是自繁自养，一户喂养一两头母牛，平均每年繁殖一头多仔牛，根据市场行情出售架子牛或成品牛。这种方式成本低、灵活性强，但经济效益低，竞争性差。其三是饲养架子牛，在市场购买架子牛经 3～8 个月催肥卖出。这种方式有一定灵活性，可根据经济效益决定饲养与否，但不稳定，竞争性差。以上三种形式均有其不足之处，我们提倡的是第四种即分散饲养、集中育肥模式。该模式是以养牛户为基础建立牛肉生产联合体。联合体内实行"四统一，三集中"，即统一牛源，由联合体负责供给养牛户统一的杂交肉犊牛；统一搞秸秆青贮、氨化，养牛户必须建立统一的青贮窖、氨化池；统一饲养管理方法，对饲养技术、饲养配方有统一的要求；统一防疫，由技术人员承包防疫。集中育肥，牛分散饲养到一定程度，集中短期催肥，达到高标准要求；集中屠宰，根据条件和市场要求搞牛肉产品深加工；集中销售，牛肉、牛皮等产品集中销售，便于打开销路，占领市场。

（2）利用冬闲田种草，发展草食家禽的农牧结合模式。在北方一些地区，棉花、春薯、花生等春季作物，9 月末至 10 月初收获完毕后、到翌年 5 月中旬才开始播种，土地闲置长达 7 个多月的时间。虽然冬季寒冷，绝大部分作物不能生长，但秋末冬初这两段时间，一般作物都能生长。特别是牧草耐寒性强，返青早，相对来说生长期较长、物质能量积累多。所以种植牧草能较好地利用这类冬闲田。北方旱地一般是一年一季，采用寒冷季增种一茬牧草，10 月初种冬牧 70 黑麦草或翌年 3 月播种笤子、田菁等豆科牧草，5 月中旬种棉花（花生）前收草喂畜，草根、茬翻压入地。5 月中旬收割牧草，种营养钵棉花，6 月上旬棉花旺长前收割小麦。

（3）草田轮作，以草养畜，治理盐碱沙荒地的农牧结合模式。在一个耕作单元内，开始完全播种紫花苜蓿，3 年后分区轮作，每隔两年轮番 1/3 耕地面积种粮（也可种些经济作物如棉花），经过 2 年粮食的耕地再轮作牧草，以保持和进一步提高土壤肥力。同时根据产草量及市场需求适当发展牛、羊、兔等草食家畜。如果畜产品需要量大、市场条件好，一般 4446m^2 草田轮作可饲养 120～150 个羊单位；倘若市场条件不好或条件不具备，可少养畜，以卖草为主。种草时，可在盐碱地种植紫花苜蓿、草木犀，在沙荒地则以沙打旺、红豆草为主；种农作物时，在盐碱地以小麦、玉米、棉花为主，沙荒地以小麦、薯类、花生为主。

（4）种养复合式农牧结合模式。根据资源、环境和社会需求，以确定模式循环系统内物种投入量和产品生产量。一般采取山（丘陵）后种草，山上养鸡，山前养猪，山脚有鱼塘，塘边为稻田。粮食喂鸡，鸡粪和青草（加适量饲料）喂猪，猪粪直接冲入鱼塘，塘泥取出肥田，形成了多种动、植物互为依存的生物链。

（5）"养猪、养鸡、种菜、种果"庭院生产模式。适合于种植业比较发达、燃料相对缺乏的农业区。该类地区基本上是一家一个庭院，面积为 333.5～667m^2。充分利用家庭院落发展庭院经济，一可美化环境，二可解决能源问题，三可获取经济收入。

10.2 农作物病虫害生物防治技术

10.2.1 生物防治的含义

生物防治是利用有益生物及其代谢产物控制或消灭病、虫的方法。它包括以天敌昆虫防治害虫，以微生物防治病、虫，以及利用其他天敌防治害虫等。生物防治有两种不同的理解：广义的生物防治，把用以控制有害生物的"生物"理解成生物体及其产物。生物"产物"的含义非常广泛，例如，植物的抗害性、杀生性植物、昆虫的不育性、激素及外激素、抗生素的利用等均可认为是生物防治。狭义的生物防治，只包括利用天敌控制有害生物。由于研究防治对象的专门化，生物防治也随之分化成植病生防、害虫生防、杂草生防和害鼠生防等。

10.2.2 以虫治虫

利用天敌昆虫防治害虫的方法称为以虫治虫。以虫治虫是一种安全、经济、效果好、无残毒的方法，也是较理想、发展前景广阔的生物防治方法。天敌昆虫分为寄生性天敌昆虫和捕食性天敌昆虫两类（见表 10 - 1）。捕食性天敌昆虫分属于 18 个目，近 200 个科，其中防治效果好，常利用的有瓢虫、草蛉、食蚜蝇、食虫蝽、步行虫、虎甲、泥蜂、蚂蚁等。寄生性天敌昆虫分属于 5 个目，近 90 个科，大多数种类均为膜翅目、双翅目的寄生蜂、寄生蝇。

（1）捕食性天敌。捕食性天敌种类很多，最常见的有蜻蜓，螳螂、猎蝽、刺蝽、花蝽、草蛉、瓢虫、步行虫、食虫虻、食蚜蝇、胡蜂、泥蜂、蜘蛛以及捕食螨类等。这些天敌一般捕食虫量大，在其生长发育过程中，必须取食几头、几十头甚至数千头的虫体后，才能完成它的生长发育。根据这一捕食的习性，用来控制害虫的种群数量，可以有效地防治害虫。在捕食性天敌中，又按其取食方式可分为咀嚼式和刺吸式捕食性天敌。前者如瓢虫、草蛉等可捕食蚜虫、介壳虫、螨类和多种害虫的卵、幼虫，直接吞食虫体的一部分或全部。另一类则以刺吸式口器刺入害虫体内吸食体液，使害虫死亡。如食虫蝽、捕食螨等正在被广泛研究和应用。

表 10-1   寄生性昆虫与捕食性昆虫的区别

	寄生性昆虫	捕食性昆虫
形态	1. 体型一般较寄主小 2. 幼虫期适应寄生生活，足和眼都有不同程度退化	1. 体型一般较猎物大 2. 为适应捕食需要，成虫和幼虫的足和眼都较发达，并常有特殊的捕捉功能
习性与行为	1. 在 1 头寄主上，能完成发育 2. 成虫和幼虫食性不同，通常只是幼虫为肉食性 3. 杀死寄主速度慢 4. 幼虫与寄主关系密切，不能离开寄主独立生活 5. 通常有一定寄主范围，对寄主的依赖程度高 6. 成虫搜索寄主，主要是为了产卵或补充营养，一般不杀死寄主	1. 需捕食多头猎物才能完成发育 2. 成虫和幼虫常同为肉食性，甚至捕食同种猎物 3. 杀死猎物速度快 4. 与猎物关系不很密切，往往吃完就离开，都在猎物体外活动 5. 通常为多食性，对某一种猎物的依赖程度低 6. 成虫和幼虫搜索猎物的目的就是为了取食

（2）寄生性天敌。寄生性天敌是寄生于害虫体内，以害虫体液或内部器官为食，使害虫致死，最重要的是寄生蜂和寄生蝇类。

①寄生蜂类：大多数种类是属于膜翅目的姬蜂总科和小蜂总种昆虫，种类很多，有人估计全世界约有 50 万种之多。目前生产上利用最多的是赤眼蜂，利用赤眼蜂来防治松毛虫、玉米螟、棉铃虫、烟夜蛾、大豆食心虫、稻纵卷叶螟、稻苞虫、豆荚螟等 20 多种害虫，已取得不同程度的成功。寄生蜂寄生害虫的某一虫态或几个虫态。被寄生的有卵、幼虫、蛹、成虫各虫态及龄期；有内寄生也有外寄生；寄主范围因寄生蜂种类而异，有些仅寄生一种昆虫，有的寄生几个近似目，也有些寄生很多甚至上百种。寄生昆虫本身也可能被另一种寄生蜂而寄生，这种称之"重寄生"现象。

②寄生蝇类：属双翅目寄蝇总科的昆虫，它们大多寄生于蝶蛾类的幼虫和蛹内，以其体内营养为食，使其死亡。作物害虫中，真正危害极大，常年造成经济损失，需要经常进行防治的昆虫占昆虫总数的 1%，而相对的每一种害虫都有几种，甚至几十种、上百种的天敌在控制着它们。例如，我国水稻害虫天敌 1303 种，玉米害虫天敌 960 种，小麦害虫天敌 218 种，棉花害虫天敌有 840 种，蔬菜害虫天敌 781 种。就一种害虫的天敌数来讲，水稻飞虱、叶蝉的天敌有 200 多种，三化螟天敌 40 多种，由此可见，天敌利用潜力之大。

10.2.3 以菌治虫

利用微生物及其代谢产物防治农作物病虫害的方法叫以菌治虫。利用害虫的病原微生物防治病虫害，对人、畜、作物和水生动物安全，无残毒，不污染环境。微生物农药制剂使用方便，并能与化学农药混合使用。目前在生产上应用的昆虫病原微生物包括真菌、细菌和病毒。

（1）真菌。寄生于昆虫的真菌，有可能利用作杀虫剂的，主要属于半知菌和鞭毛菌，主要类群有：白僵菌、绿僵菌、野村菌、拟青霉、莱氏野村霉、粉虱赤座霉、葡萄状小团孢、蜡蚧头孢霉等。当病原真菌的孢子接触昆虫后，孢子萌发产生芽管、侵入、生长发育，直至菌丝体充满虫体，导致害虫死亡。如果缺乏适当的温、湿度，尤其是湿度，会影响这一发病过程的发生和发展。

（2）细菌。在已知的昆虫病原细菌中，作为微生物杀虫剂在农业生产中使用的有苏云金芽孢杆菌、球形芽孢杆菌、日本金龟子芽孢杆菌等。被昆虫病原细菌侵染致死的害虫，虫体软化，有臭味。

（3）病毒。已发现的昆虫病原病毒主要是核多角体病毒（NPV），质型颗粒体病毒（CPV）和颗粒体病毒（GV）。被昆虫病原病毒侵染致死的害虫，一般食欲减退，行动迟缓，往往以腹足或臀足粘附在植株上，体躯呈"一"或"V"字形下垂，虫体变软，组织液化，胸部膨大，体壁破裂后流出白色或褐色的黏液，无臭味。昆虫病毒只能在寄主活体上培养，不能用人工培养基培养。一般在从田间捕捉的活虫或在室内饲养的活虫上接种病毒，当害虫发生时，喷洒经过粉碎的感病害虫稀释液，也可将带病毒昆虫释放于害虫的自然种群中传播病毒。

10.2.4　以菌治病

利用有益微生物的代谢产物来防治病害的方法称为以菌治病。不同微生物之间存在着相互斗争或排斥现象，称为抗生现象。这种相互斗争的相斥作用，叫做拮抗作用。凡是对植物病原有拮抗作用的菌类，都叫做抗生菌。抗生菌所分泌的某种特殊物质，可以抑制、杀伤甚至溶化其他有害微生物，这种物质叫做抗菌素。

（1）生防细菌。细菌具有种类多、繁殖力高、代谢活动复杂且产物多、对病原菌的作用方式多样、生活周期短、易于人工培养等特点，在自然发生的生物防治和人类应用生物防治的活动中，拮抗细菌及其代谢产物都起到了重要作用。

（2）生防真菌。以木霉菌、毛壳属真菌、淡紫拟青霉菌为核心。

（3）生防放线菌。放线菌是土壤中一类重要的微生物，也是人们研究最早并广泛应用于农业生产的生防微生物。放线菌在生长过程中可以产生多种次生代谢物，在已经发现的近 1×10^4 种微生物来源的生物活性物质中，大约有 2/3 是由放线菌的各种次生代谢过程产生，目前已筛选出 10 多种最具有生防价值的链霉菌，这些种类在植物病害的生物防治中起了巨大的作用，井冈霉素、农抗 120、多种抗霉素、生菌素、宁南霉素等杀菌剂的使用已经取得了巨大的社会效益、经济效益和生态效益。

（4）植物内生菌。植物内生菌是指能定殖在植物细胞内或细胞间隙，与寄主植物共生的一类微生物，内生菌可以防治植物细菌、真菌引起的病害，通过产生抗菌物质、与病原菌竞争营养、诱导植物抗病性等达到抗病作用。内生细菌产生的抗菌物质产生于植物体内，可以在体内运转，对入侵的病原菌有直接抑制作用。

10.2.5　其他生物防治技术

（1）利用昆虫激素防治害虫。

①外激素。昆虫的外激素具有很强的引诱能力，空气中只要有微量的外激素存在，就能引诱异性昆虫飞来。在害虫的防治和测报上有很大的应用价值，目前已有 20 余种昆虫外激素可以人工合成。我国已合成利用的有梨小食心虫、苹果小卷叶蛾、棉铃虫、玉米螟等性外激素。使用的方法有诱杀法：把性诱剂与粘胶、毒药、诱虫灯或高压电网灯配合使用，诱杀雄虫；迷向法：在农田、果园等处，喷洒性诱剂，使雄虫失去定向寻找配偶的能力，不能找到雌虫交配，无法繁殖；绝育法：把性诱剂与绝育剂结合使用，被诱来的雄虫因接触绝育剂而失去生殖能力，不能进行正常繁殖。

②内激素。用保幼激素处理害虫的卵、蛹或成虫，有阻止胚胎发育、不能羽化和不孕的作用。蜕皮激素则可干扰昆虫体内激素平衡，产生生理障碍或发育不全而死亡。例如，使幼虫提前蜕皮而死亡或提前化蛹并羽化出畸形成虫而死亡。内激素防治害虫用量极微，针对性强，但生产成本高，稳定性差，特别是只能在害虫发育的某些敏感阶段使用。内激素对人、畜的影响尚不明确。

（2）以其他有益生物治虫。主要包括蜘蛛、螨类、蛙类以及鸟类等。

10.3　测土配方施肥技术

10.3.1　配方施肥的概念及作用

（1）配方施肥的概念。配方施肥是综合运用现代农业科技成果，根据植物需肥规律、土壤供肥性能及肥料效应，以有机肥为基础，产前提出各种植物营养元素的适宜用量和比例的肥料配方以及相应的施肥方式方法的一项综合性科学施肥技术。其内容包括"配方"与"施肥"两个程序。"配方"是根据植物种类、产量水平、需要吸收各种养分数量、土壤养分供应量和肥料利用率，来确定肥料的种类与用量，做到产前定肥定量；"施肥"是配方的实施，是目标产量实现的保证。施肥要根据"配方"确定的肥料品种、数量和土壤、植物的特性，合理地安排基肥和追肥的比例、追肥的次数和每次追肥的用量以及施肥时期、施肥部位、施用方法等，同时要特别注意配方施肥必须坚持"有机肥为基础""有机肥料与无机肥料相结合，用地与养地相结合"的原则，以增强后劲，保证土壤肥力的不断提高。

（2）配方施肥的作用。

①增产增收效益明显。配方施肥首先表现有明显的增产增收作用。具体表现在：

调肥增产。不增加化肥投资，只调整氮、磷、钾比例，即起到增产增收作用。

减肥增产。在高肥高产区，通过配方施肥，适当减少某一肥料用量，以取得增产或平产效果。

增肥增产。

②培肥地力保护生态。配方施肥不仅直接表现在植物增产效应上，还体现在培肥土壤，保护生态，提高土壤肥力。

③协调养分提高品质。我国农田习惯上大多偏施氮肥，造成土壤养分失调，不仅影响产量，而且还影响到产品品质的改善。据农业部汇总资料表明，配方施肥与习惯单施氮肥比较，棉花提高衣分 1.3% ~3.4%、绒长 6.4~1.6mm、单铃重 0.1~0.4g；西瓜甜度增加 2 度。由此可见，配方施肥可协调养分提高品质。

④调控营养防治病害。据报道，湖北省实行配方施肥的早稻"叶斑病"发病率由 45.2% 减少到 2.9% ~9%；棉花枯萎病发病率由 56% 下降到 5% 左右。缺硼土壤上配施硼肥后，对防治棉花蕾而不花、油菜花而不实、小麦"亮穗"等生理病症均有明显效用。

⑤有限肥源合理分配。利用肥料效应回归方程，以经济效益为主要目标，可以合理分配有限肥源。

10.3.2 配方施肥的基本方法

当前所推广的配方施肥技术从定量施肥的不同依据来划分，可以归纳为以下三个类型：

（1）地力分区（级）配方法。地力分区（级）配方法是在一定的自然条件或行政区内，按土壤肥力高低分为若干等级，或划出一个肥力均等的田片，作为一个配方区，利用土壤普查资料和过去田间试验成果，结合群众的实践经验，估算出这一配方区内比较适宜的肥料种类及其施用量。地力分区（级）配方法比较粗放，适用于生产水平差异小、基础较差的地区。在实际应用中，虽然在地力分级的划分方法上不尽相同，但在具体做法上差别不大，它已经突破传统的定性用肥的规范，进入了定量施肥的新领域，把施肥技术推进了一步。这种方法的优点是针对性强，提出的用量和措施接近当地经验，群众易于接受，推广的阻力比较小；但其缺点是有地区局限性，依赖经验较多，精确性较差。在推行过程中，必须结合试验示范，逐步扩大科学测试手段和理论指导的比重。

（2）目标产量配方法。目标产量配方法是根据作物产量的构成，由土壤和肥料两个方面供给养分原理来计算施肥量。其基本思想是由著名的土壤学家曲劳和斯坦福提出的，用公式表达为：

$$某种肥料计划施用量 = \frac{一季植物的吸收养分总量 - 土壤供肥量}{肥料中有效养分含量 \times 肥料当季利用率}$$

目标产量配方法，由植物目标产量、植物需肥量、土壤供肥量、肥料利用率和肥料中的有效养分含量五大参数构成。依据土壤供肥量计算方法的差异，又分为养分平衡法和地力差减法两种，养分平衡法是根据植物需肥量和土壤供肥量之差来计算实现目标产量施肥量，其中，土壤供肥量是通过土壤养分测定值进行计算的。地力差减法则是通过空白田产量来计算土壤供肥量。植物在不施任何肥料的情况下所得的产量称空白田产量，它所吸收的养分，全部取自土壤，能够代表土壤提供的养分数量。所以，目标产量吸收养分量与空白田产量吸收养分量的差值，就是需要通过施肥补充的养分量。

（3）肥料效应函数法。通过简单的对比，或应用正交、回归等试验设计，进行多点田间试验，从而选出最优的处理，确定肥料的施用量，主要有以下三种方法，多因子正交、回归设计法；养分丰缺指标法；氮、磷、钾比例法。

10.3.3　配方施肥的工作流程

测土配方施肥方法主要有以下八个步骤：

第一步，采集土样。土样采集一般在秋收后进行，采样要求是地点选择以及采集的土壤都要有代表性。取样深度一般在 $0 \sim 20cm$，如果植物根系较长，可以适当加深土层。取样一般以 $3 \sim 6hm^2$ 面积为一个单位，如果地块面积大、肥力相近的，取样代表面积可以放大一些；如果是坡耕地或地块零星、肥力变化大的，取样代表面积可小一些。

第二步，土壤化验，即土壤诊断。土壤化验主要是由县级农业技术推广中心的化验室承担。各地普遍采用的是五项基础化验，即碱解氮、速效磷，速效钾、有机质和PH。这五项之中，碱解氮、速效磷、速效钾是体现土壤肥力的三大标志性营养元素。根据需要可有针对性地化验中、微量营养元素。土壤化验要准确、及时。化验取得的数据要按农户填写化验单，并登记造册，装入地力档案，输入微机，建立土壤数据库。

第三步，确定配方。配方选定由农业专家和专业农业科技人员来完成。可聘请农业大学，农业科学院和土肥管理站的知名土肥专家组成专家组，负责分析研究有关技术数据资料，科学确定肥料配方。各地的农业技术推广中心、土肥站，负责本地的肥料配方。首先要由农户提供地块种植的作物及其规划的产量指标。农业科技人员根据一定产量指标的农作物需肥量、土壤的供肥量，以及不同肥料的当季利用率，选定肥料配比和施肥量。这个肥料配方应按测试地块落实到农户。

第四步，加工配方肥。配方肥料生产要求有严密的组织和系列化的服务。省级要成立平衡施肥技术产业协作网，集行业主管部门、教育、科研、推广、肥料企业、农村服务组织于一体，实行统一测土、统一配方、统一供肥、统一技术指导，为广大农民服务。配方肥的生产第一关，要把住原料肥的关口，选用质量好、价格合理的原料肥。第二关，是科学配肥。由县农业技术推广部门统一建立配肥厂。

第五步，按方购肥。县农业技术推广中心在测土配方之后，把配方按农户、按作物写成清单，县推广中心、乡镇综合服务站、农户各一份，由乡镇农业综合服务站或县推广中心按方配肥销售给农户。

第六步，科学用肥。配方肥料大多是作为底肥一次性施用。要掌握好施肥深度，控制好肥料与种子的距离，尽可能有效满足作物苗期和生长发育中、后期对肥料的需要。用作追肥的肥料，掌握追肥时机，提倡水施、深施。

第七步，田间监测。平衡施肥是一个动态管理的过程。使用配方肥料之后，要观察农作物生长发育和产量，从中分析，做出调查。在农业专家指导下，基层专业农业科技人员与农民技术员和农户相结合，田间监测，翔实记录，纳入地力管理档案，并及时反馈到专家和技术咨询系统，作为调整修订平衡施肥配方的重要依据。

第八步，修订配方。测土基本是每年进行一次。按照测土得来的数据和田间监测的情况，由农业专家组和专业农业科技咨询组共同分析研究，修改确定肥料配方，使平衡施肥的技术措施更切合实际，更具有科学性。

10.4　设施农业技术

10.4.1　地膜覆盖栽培技术

地膜覆盖栽培具有增温、保水、保肥、改善土壤理化性质，提高土壤肥力，抑制杂草生长，减轻病害的作用，在连续降雨的情况下还有降低湿度的功能，从而促进植株生长发育，提早开花结果，增加产量、减少劳动力成本等作用。地膜覆盖栽培的最大效应是提高土壤温度，在春季低温期间，采用地膜覆盖白天受阳光照射后，0～10cm 深的土层内可提高温度 1～6℃，最高可达 8℃以上。地膜覆盖的方式依当地自然条件、蔬菜的种类、生产季节及栽培习惯不同而异；主要方式有平畦覆盖、高垄覆盖；高畦覆盖、沟畦覆盖、沟种坡覆和穴坑覆盖等。

10.4.2　日光温室栽培技术

日光温室是适合我国北方地区的南向采光温室，大多是以塑料薄膜作为采光覆盖材料，以太阳辐射热为热源，依靠最大限度采光，加厚的墙体和后坡，以及防寒沟、保温材料、防寒保温设备等，以最大限度减少散热，这是我国特有的一种保护设施。日光温室内不专设加温设备，完全依靠自然光能进行生产，或只在严寒季节进行临时性人工加温，生产成本比较低，适用于冬季最低温度在 -10～-5℃ 范围的地区或短时间温度在 -20℃ 左右的地区进行蔬菜周年生产。

全日光温室在北方地区又称钢拱式日光温室、节能温室，主要利用太阳能做热源；近年来在北方发展很快；这种温室跨度为 5～6m，中柱高 2.4～2.6m，后墙高 1.6～1.8m，用砖砌成，厚 60～80cm。钢筋骨架，拱架为单片桁架，上弦为 14～16mm 的圆钢，下弦为 12～14mm 的圆钢，中间为 8～10mm 钢筋做拉花，宽 15～20cm。拱架上端搭在中柱上，下端固定在前端水泥预埋基础上。拱架间用 3 道单片桁架花梁横向拉接，以使整个骨架成为一个整体。温室后屋面可铺泡沫板和水泥板，抹草泥覆盖防寒。后墙上每隔 4～5m，设一个通风口，有条件时可加设加温设备。此种温室为永久性建筑，坚固耐用，采光性好，通风方便，易操作，但造价较高。

10.4.3 塑料大棚栽培技术

塑料大棚是指不加温的保护地栽培设施，其建造费用低，大多可随意拆装，更换地点。农业生产中常用的塑料大棚主要有以下几种类型：竹木结构大棚、悬梁吊柱竹木拱架大棚、拉筋吊柱大棚、装配式镀锌薄壁钢管大棚。

10.4.4 节水灌溉技术

（1）设施农业节水灌溉。灌溉是温室作物栽培中唯一水分来源，灌溉用水消耗量大。温室设施是一个半封闭的体系，与大田作物栽培相比较，具有湿度高、室内风速较低，水分—土壤—植物—空气有着独特封闭性的特点。因此，研究温室设施中作物节水灌溉技术，同时结合温室湿度控制策略，有效控制实施温室作物灌溉量，缓和温室高湿环境的矛盾，这对指导温室作物精量灌溉与按需灌溉，进一步提高灌溉水的利用率和生产效率，改善温室作物的生长环境，以及改善作物品质与提高产量均具有十分重大的意义。设施农业节水灌溉技术包括以下几种类型：畦灌、传统沟灌、膜下灌溉、微喷灌、滴灌和地下灌溉技术。

（2）露地土壤高效节水灌溉技术。

①喷灌。喷灌比漫灌节水30%，主要用于大田密植作物，适合区域化控制，具有增产、提高耕地利用率等优点，但运行能耗较高，蒸发损失较大，要求大容量水源，并且只能在不超过3级风力的条件下使用。

②微灌。微灌属于先进的节水灌溉技术，能够仅对作物需水部位提供所需水量，由"浇地"转换为"浇作物"。微灌用于设施农业和经济作物，适应所有地形和土壤，具有节水、增产效应，灌水均匀，至少可比喷灌节水50%。微灌很容易实现水肥一体化，但微灌对水质及日常系统维护要求较高。

③滴灌。滴灌则是近年来出现的最先进的灌溉技术。美国、澳大利亚1998年开始对果树、草坪实施地下滴灌研究试验，以色列2004年6月在新疆石河子开始棉田地下滴灌试验。我国则自1996年起，分别在北京、天津、江苏、新疆，对速生林、果树、草坪、城市绿化植物实施地下滴灌，均获成功。地下滴灌的蒸发量极小，能完全不受风的影响，可实施立体精确定位水肥灌溉，水的利用率高达98%，理论上水的损失微乎其微。设施损耗少，免受紫外线辐射的影响，不易老化。

④膜下暗灌。膜下暗灌技术，是蔬菜定植后，在两小行之间的沟上覆盖一层塑料薄膜，做成灌水沟，在膜下沟中进行灌溉，两个相近大行之间不覆盖地膜。

其优点有三个：它的投资成本最少，每亩成本 50 元左右；省水，易于管理。根据试验，膜下暗灌技术比传统的畦灌节水 50% ~ 60%，比不覆膜沟灌可节水 40% 左右；适合设施、露地等各种形式的瓜菜栽培。由于成本较低，目前在蔬菜生产中推广应用的较为普遍。

10.5　农作物秸秆的循环利用技术

10.5.1　秸秆沼气高效生产技术

秸秆沼气是指以纯秸秆或粪便与秸秆混合为原料，在一定的条件下，经过厌氧消化而生成可燃性混合气体（沼气）及沼液、沼渣的过程。秸秆沼气又叫"秸秆生物天然气"，根据工程规模（池容）大小和利用方式不同，可将其分为三类：一是农村户用秸秆沼气，以农户为单元建造一口沼气池，池容大小在 8 ~ 12m³，沼气自产自用；二是秸秆生物气化集中供气，一般属于中小型沼气工程，池容在 50 ~ 200m³，以自然村为单元建设沼气发酵装置和贮气设备等，集中生产沼气，再通过管网把沼气输送到农户家中；三是大中型秸秆生物气化工程，池容一般在 300m³ 以上，主要适用于规模化种植园或农场秸秆的集中处理，所产沼气用于集中供气或发电。

10.5.2　秸秆在食用菌栽培中的循环利用技术

食用菌是真菌中能够形成大型子实体并能供人们食用的一种真菌，它以鲜美的味道、柔软的质地、丰富的营养和药用价值而备受人们青睐。食用菌品种很多，有蘑菇、平菇、木耳等，其培养基料通常由碎木屑、棉子壳和秸秆等构成。由于农作物秸秆中含有丰富的碳、氮、钙等矿物质营养及有机物质，加之资源丰富，成本低廉，因此很适合做多种食用菌的培养基质。目前，国内能够用作物秸秆（包括稻草、玉米秸秆、麦秸、油菜秸秆和豆秸等）生产的食用菌品种已达 20 多种，不仅可生产出草菇、平菇、香菇和双孢菇等一般品种，还能培育出黑木耳、银耳、猴头、金针菇等名贵品种。

10.5.3　秸秆青贮及氨化技术

秸秆青贮处理法又叫自然发酵法，就是把新鲜的秸秆填入密闭的青贮窖或青贮塔内，经过微生物的发酵作用，达到长期保存其青绿、多汁、营养丰富和适口性较好的目的。适于青贮的秸秆主要有玉米秸、高粱秸或甜高粱和粟类作物的秸秆。该技术较为成熟，经济实用，已在全国广泛推广应用。由于在青贮过程中微生物发酵产生有用的代谢物，使青贮饲料带有芳香、酸、甜的味道，能大大提高牲畜的适口性从而增加采食量。根据青贮设施不同，可分为地上堆贮法、窖内青贮法、水泥池青贮法和土窖青贮法。

秸秆氨化就是在密闭的条件下，用尿素或液氨等氮肥对秸秆进行处理的方法。通常，秸秆氨化后消化率提高 15% ~30% 以上，含氮量增加 1.5~2 倍，相当于 9% ~10% 的粗蛋白，适口性变好，采食量增加。氨化后的秸秆可作为越冬牛、羊的主要饲料，肉牛每天采食 4~6kg 的氨化秸秆和 3~4kg 的精料，可获得 1~10kg 的日增重。在饲喂高产奶牛时要配合足够的精料，有人做过试验，高产奶牛合理搭配氨化秸秆，日产奶量可提高 300g。

10.5.4　秸秆气化与压缩成型技术

生物质气化是以生物质为原料，以氧气（空气、富氧或纯氧）、水蒸气或氢气等作为气化剂（或称为气化介质），以高温条件下通过热化学反应将生物质转化为可燃气的技术。在典型的生物质气化过程中，通常包含了生物质的干燥、热解、氧化反应和还原反应，这四个过程在气化炉内对应形成四个区域，但每个区域之间并没有严格界限。

粉碎是秸秆压缩成型前对物料进行的基本处理，需要进行两次以上的粉碎，并在粉碎工序中插入干燥工序，以增加粉碎效果。原料的粒度是影响秸秆压缩成型的重要因素之一。秸秆固化成型技术按生产工艺分为黏结成型、热压缩成型和压缩颗粒燃料，可制成棒状、块状、颗粒状等各种成型燃料。秸秆固化成型的具体操作步骤和方法如下：

（1）干燥。大多数自然风干的秸秆含水量都可以满足秸秆压块的要求，对含水量稍多的秸秆，要根据各种成型工艺对原料的最佳水分要求进行干燥处理。干燥方式一般宜采用气流式干燥，以秸秆燃烧产生的烟道气为热源，物料在干燥管内干燥后由旋风分离器排出。

（2）粉碎。稻壳等原料的粒度较小，经筛选后可直接使用。其他秸秆原料需通过粉碎机进行粉碎处理，粉碎的粒度由成型燃料的尺寸和成型工艺所决定，一般在 10mm 以下。秸秆粉碎作业用得最多的是锤片式粉碎机。

（3）调湿。加入一定量的水分后，可以使原料表面覆盖薄薄的一层液体，增加黏结力，便于压缩成型。

（4）成型。利用螺旋挤压式、活塞冲压式和环模滚压式等压缩成型机械对秸秆进行压缩成型。

（5）冷却。秸秆在压缩成型时，其温度会升高，通风冷却后可以提高成型燃料的持久性。

第 11 章

实证研究一：基于生态响应机理的宁夏绿洲灌区"经济—社会—生态"综合模式研究

——以中卫沙坡头为例

11.1 宁夏中卫生态与社会经济情况

宁夏回族自治区中卫市沙坡头区东临中宁县、南接同心县和海原县、西与甘肃省景泰县接壤、北与内蒙古阿拉善左旗毗连，总面积 6876.1 平方千米。其北部为我国第四大沙漠腾格里沙漠，中部有黄河冲积洪积平原，南部为黄土台地和土石山地，地貌上具有明显的过渡性。气候上处于我国东南季风尾闾区，为半干旱的温带大陆性气候，同时因我国三大风口之一所在，为风沙危害严重地区。地带性生态系统类型是荒漠和荒漠草原，自然条件严酷，生产力低下。

长期以来，在合理利用自然资源、改善恶劣生态环境、生态建设与绿洲生态修复、城乡经济互动发展等方面，中卫市沙坡头区做了大量的工作，形成一批成功范例。2003 年，沙坡头区被授予自治区级可持续发展实验区，2006 年经科技部等十六部委的评审验收，成为国家级的可持续发展实验区。

中卫处于我国城市化发展起步较晚的内陆地区，又坐落在我国干旱沙漠区典型绿洲带上，在我国西部干旱半干旱地区的众多绿洲中，是最古老且农业开发从未间断的绿洲之一，近年来城乡统筹发展和生态安全格局构建方面取得了长足进步，是宁夏乃至全国的比较领先的区域。黄河滋养的宁夏中卫作为我国西北绿洲城镇，乃至整个西部地区农业经济发展阶段的典型代表，研究其基于耕地利用生态响应机理的宁夏绿洲灌区"经济—社会—生态"综合模式，有重要的科学和实践意义。

11.1.1 生态条件

中卫市沙坡头区南部属于黄土高原，为黄土台地、土石山地与间山盆地地形；中部因黄河过境形成东西狭长的冲积洪积平原；北部属于我国第四大沙漠——腾格里沙漠的东北缘，有较为低矮的卫宁北山东西展布，其中西北端迎水桥——甘塘镇一带，有大面积的流动沙丘。地貌总格局自南向北呈现山—川—沙（及低山）的明显过渡性，境内海拔高度介于 2955～1100 米之间。

气候上，中卫市沙坡头区处于我国东南季风尾间区，为半干旱的温带大陆性气候，表现为干旱少雨，蒸发强烈，冬季干冷时间长，夏季炎热时间短，气温年、日差较大的气候特征。多年平均降水量为 179.6 毫米（滨河镇一带），降水时空分布很不均匀，60% 的年降水量集中在 7 月、8 月、9 月，由南向北递减，年降水变率在 40% 左右，年蒸发量为 1829.6 毫米，为降水量的 10.2 倍。年平均气温 8.8℃，全年无霜期平均 167 天，全年日照时数 2870 小时。冬春两季多风，主要为西北风和东南风，年平均风速 3.6m/s，最大风力 11 级，年平均出现沙尘暴 58 次，大部分出现在春季和初夏。

沙坡头区的土壤、植被也具有显著的南北差异。北部卫宁北山和腾格里沙漠东南南缘部分主要为粗骨土、风沙土和淡灰钙土，植被是以红砂、珍珠、猫头刺、隐子草等为建群植物的草原化荒漠或荒漠草原，土壤贫瘠，植被稀疏，覆盖度一般不足 20%；中部灌溉平原区主要分布灌淤土和潮土，其上主要为水稻、小麦、玉米及蔬菜等农田植被；南部南山台子、香山、兴仁盆地一带的地带性土壤为淡灰钙土及山地灰钙土，植被是以短花针茅、菭状亚菊、红砂、珍珠、猫头刺等为建群植物的荒漠草原和干草原，土壤肥力较低，植被覆盖度在 20% ～50%，农耕土壤为黄绵土，主要种植旱作作物。

中卫市沙坡头区自然环境总体比较严酷，地带性生态系统类型主要是荒漠草原，自然条件严酷，土壤沙化特征非常突出，植被稀疏旱生，生产力低下，生态环境极其脆弱，自我修复能力差。因处于我国三大风口之一所在，为风沙危害严重地区，也存在一定的水土流失问题。

11.1.2 自然资源

水资源包括地表水和地下水。据宁夏水文局 2004 年水资源公报，中卫市沙坡头区年降水总量 22.183 亿立方米，多年平均地表水资源量 5970 万立方米。当地所产水资源总量为 0.891 亿方米。当地所产地表径流中，因多为暴雨引起的山洪径流，难以利用，年利用量约占地表径流量的 1/4 左右。黄河是沙坡头区境内最主要的过境河流，占地表水量的 99.88%。因此，黄河过境水便成了当地农业灌溉的主要水源和地下水补给的重要来源，灌区每年引水量在 7 亿立方米左右。南部的干旱山区地下水资源十分贫乏，为 4310 万立方米，且埋藏深，水质差，难以开采利用。平原地区一带地下水资源丰富，总量为 2.31 亿立方米，水质良好，宜于开采利用，是本区生产生活主要水源，年开采地下水量 3860 万立方米，占地下水总量的 16.7%。①

2008 年的遥感影像解译结果显示，沙坡头区有耕地 94.12 万亩，其中 27.34 万亩，主要分布在引黄灌区，旱地集中分布在南部山区，面积达 66.78 万亩。灌区地势平缓，土壤肥沃，沟渠纵横，排灌畅通，是自治区重要的商品粮和畜禽养殖基地。各种林地总面积达 73.37 万亩，主要由枸杞为主的园地、人工防风固沙护岸成片林及香山天然次生灌木林组成；草地总面积为 209.56 万亩，沙漠戈壁总面积 69.11 万亩，湿地总面积 19.56 万亩，见图 11-1②。

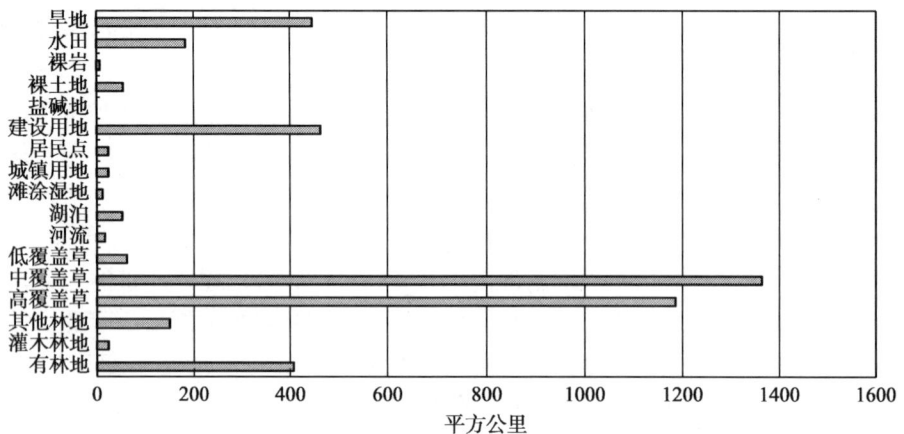

图 11-1　沙坡头区不同土地利用面积

沙坡头区的南部山区和北部腾格里沙漠一线还分布着多种矿产资源。其中煤探明开采储量为 4804 万吨以上，石膏的初步探明储量为 4841 万吨，此外还有大理石、石灰岩、陶土、铁、金、银、铜等 20 余种矿产和建筑建材资源，具备了工业发展的资源优势条件。③

沙坡头区旅游资源丰富，拥有获全球环保 500 佳称号的 5A 级旅游风景

---

① 数据来源：宁夏水文局 2004 年《水资源公报》。
②③ 数据来源：中卫市水资源数据调查，2012 年。

区——沙坡头，这里的沙漠被《中国国家地理》杂志誉为"中国最美的五大沙漠"之一；以高庙、寺口子、高墩湖、长城为代表的旅游资源也以其独有的特色和浓厚的文化底蕴倍受国内外游客的青睐。另有秦、明古长城、大麦地岩画、黄河古道、沙海湖泊、古代文化遗址等旅游资源正待开发。

11.1.3　经济发展状况

中卫市沙坡头区 2008 年实现 GDP59.52 亿元，比上年增长 12.9%，位列全区第 11 位；地方财政收入 3.56 亿元，比上年增长 22.3%，位列宁夏回族自治区第 7 位，人均生产总值为 10498 元，经济总量提升迅速，现已形成以枸杞、设施蔬菜、硒砂瓜、马铃薯、草畜、优质大米、红枣和林果等优势特色主导产业的农业产业格局，以造纸、酿酒及农副产品加工、冶金化工、建筑建材、机械制造、能源电力为支柱产业的工业产业格局。以西北最大的造纸企业"美利纸业"和保健果酒"宁夏红"生产基地香山酒业为龙头，一批产值过亿元或近亿元的优势企业正在崛起；以大规模生态猪场及鸡禽养殖场建设为龙头的畜禽养殖企业在建或已经投入生产，2009 年鸡、猪、牛、羊饲养量分别达到 438.35 万只、22.9 万头、4.86 万头、27.25 万只，同比分别增长 1.18%、37.5%、19.4%、17%；肉、蛋、奶总产产量分别达到 1.6 万吨、1.8 万吨、1.33 万吨，实现畜牧业总产值 3.8 亿元；以沙坡头 5A 级景区为龙头的旅游产业，2008 年总收入达 6.68 亿元，对当地 GDP 的贡献率达到 10% 以上，沙坡头区成已为西北地区重要的旅游目的地。[①]

沙坡头区区位条件优越，交通便捷，是全国铁路交通大动脉的西部"桥头堡"之一，是欧亚大陆桥"东进西出"的必经之地，包兰、甘武、宝中铁路和即将通车的中卫—太原铁路交会于此；位于市区西郊的迎水桥铁路编组站是中亚最大的铁路货运编组站之一，该站的设立使中卫的铁路枢纽地位直线上升，客流量、物流量逐年增加，已成为西北地区继兰州、宝鸡之后的第三大铁路交通枢纽。109 国道、国道主干线 GZ45 号（连云港—武威—霍尔果斯）、GZ25 号（丹东—银川—兰州—拉萨）及中营（中宁—营盘水）高速公路穿境而过，是西部地区重要的铁路枢纽和宁夏中部的公路交通枢纽；铁路大桥和 2 座公路大桥贯通黄河南北，境内乡村道路四通八达。2008 年 12 月份建成并投入使用的中卫市香山机场作为国内重要的支线机场，连通了北京、上海、西安、成都、兰州、乌鲁木齐等十二个省会城市，为沙坡头区提供了便捷的空中交通。

---

① 数据来源：《宁夏统计年鉴》2009 年。

11.1.4 社会发展状况

沙坡头区地处宁、甘、蒙三省的交界处的黄河前套之首,虽然北依沙漠,但因黄河穿越,既有自流灌溉之利,又有峡谷险滩之固,自古以来就是黄河上游重镇,古丝绸之路北道由此经过。沙坡头区还是包兰铁路、宝中铁路、太中银铁路和甘武铁路的交通枢纽,西陇海—兰新线经济带与呼包—包兰—兰青经济带的交汇处,属于西部开发的重点区域。

沙坡头区辖9镇1乡,149个行政村,20个居民委员会,2008年人口总数达404069人,人口密度约68人/平方千米,其中非农人口17.80万人,占总人口数的40.36%。三大产业从业人员中,农业从业人口占一半以上,与第二、第三产业的从业人员比例分别为50.7:27.8:21.5。近几年通过城区街道、道路、公园、广场、住宅小区建设,以及宣和、常乐、镇罗、柔远等一批中心集镇的崛起,城乡居民的人居环境得到较大改善,城市化水平达到46%。城市各项市政设施建设、农村电网改造、农村改水工程和西气东输加压站、城市污水处理厂的全面完成,城乡通讯扩容和信息网络的快速发展,以及沙坡头水利枢纽工程、太中铁路、兴仁扬水工程、中部干旱带生态建设等一批国家级、自治区级项目的论证开工,水、电、气、通迅等基础设施的建设水平和保障能力正在大幅提高。截至2008年,沙坡头新区已基本建成,城市水系、绿化体系已基本连通,集中供热、给排水管网、污水处理、垃圾无害化处理、电力、通讯网络等基础设施日臻完善,以香山湖、应理湖、黄河湿地湖为内容的黄河湿地开发保护项目被国家住房和城乡建设部评为"中国人居环境范例奖",城市绿地总面积达463万平方米,城市人均绿化面积达到26平方米。目前,以创建国家卫生城市、国家园林城市、国家环境保护模范城市、中国旅游目的地城市和全国文明城市为目标的"五创"工作正在开展,沙坡头的社会环境正在迅速改善。

11.1.5 环境保护状况

沙坡头区2008年有污水排放企业39家,工业废水排放总量6677.32万吨,排入污水厂的只有13.07吨,但大多经企业自行处理后达标,达标排放量为5732.10万吨,达表排放率为94.32%。废水处理设施共有32家。

沙坡头区的工业废气排放总量为3821733万 m^3,其中能源使用中和生产工艺过程中的废气排放量分别是1727048m^3和2094685m^3。工业 CO_2 排放量和去除量分别是22394.56吨和1286.78吨;工业烟尘排放量和去除量分别是22449.97

吨和 207697 吨；工业粉沙土排放量和去除量分别是 5908.43 吨和 53566.67 吨。

工业固废产生量为 44.04 万吨，综合利用量为 39.48 万吨，贮存量为 0.01 万吨，处置量为 4.54 万吨，达到了零排放。固废综合利用产品产值 7729.4 万元。

城镇生活污水排放量 794.58 万吨，处理量 513.01 万吨，处理率达 64.4%；生活污水中 COD 排放量 2468.16 万吨；生活 SO_2 排放量为 2809 吨，生活烟尘排放量为 768 吨。[①]

11.2 中卫经济社会发展测度

11.2.1 城乡一体化概念内涵及其研究进展

11.2.1.1 城乡一体化的概念内涵

随着城市化进程的不断加快，城市对周边地区的影响力也不断增大。城乡之间的经济联系越来越紧密，城乡互动发展的态势日益明显。在推进城乡一体化进程中，如何保护城市、乡村以及城市与乡村结合区之间的生态环境、维护生态平衡、建立安全的生态格局对提升城市化的质量，促进城乡协调发展至关重要。

与城乡一体化最接近的提出最早的词汇是"城乡融合"。"城乡融合"的概念最早是由恩格斯在《马克思恩格斯全集》提出的，其目的在于消除城乡旧的分工，进行生产教育，全体人员全面发展，共享福利。美国学者霍华德站在城市规划的立场上于 1898 年提出"田园城市"的设想，即城市占地 1/6，永久绿地和农业用地占 5/6。他倡导的是一种社会改革思想，即用城乡一体的新社会结构取代城乡分离的旧社会结构形态。美国城市理论家芒福德站在城市发展的立场于 1961 年指出："城与乡，不能截然分开；城与乡，同等重要；城与乡，应当有机结合在一起，且自然环境比人工环境更重要"。通过以现有城市为主体，把"区域统一体"的发展引向到许多平衡的社区里，使区域整体发展。

20 世纪 90 年代以来，世界上许多国家特别是发展中国家的工业化和城市化进程明显加快，中心城市的空间范围迅速扩张，在城市边缘出现了规模庞大的城乡交接地带，这些区域既非城市，也非农村的空间形态，但又同时具有城乡两方面的特点，因此被学者称之为"灰色区域"或者"被扩展的都市区"。80 年代后

① 数据来源：《宁夏统计年鉴》2009 年。

期，西方学者在工业地理学中用到的一个术语（urban/rural composition）即是指20世纪后半期以来西方国家的一些制造业中心从原来的大都市中心向较小的聚落或者尚未工业化的乡村地区迁移，形成了一些城市活动和乡村活动相混合的新型区域。发达国家的学者把它称为"逆城市化"，我国有的学者把它称为"城乡一体化"。

世界发达国家工业化、城市化的进程显示：城乡一体化是社会经济发展的必由之路。但是在我国，学者们对城乡一体化的认识有不同的观点。有一些学者甚至反对在我国现阶段提倡城乡一体化。1983 年，我国苏南地区最先使用城乡一体化这一概念。1984 年《中共中央关于经济体制改革的决定》中，提出"要充分发挥中心城市的作用，逐步形成以大、中城市为依托的，不同规模的，开放式、网络性的经济区"。上海、天津、江苏、辽宁等经济相对发达的地区开始了对中心城市与周边乡村地区发展全面考虑的城乡一体化发展战略，珠三角地区城市空间规模和经济形式的扩张，被认为是"城乡一体化发展模式"。

11.2.1.2　我国的城乡一体化研究

随着北京、上海、济南、苏州、宝鸡、环渤海、珠三角、长三角等地区城乡一体化均有不同角度的研究。1990 年前后，城乡一体化研究开始向城乡边缘区推进。研究认为城乡一体化评价指标体系基本框架，包括城乡经济融合度、城乡人口融合度、城乡空间融合度、城乡生活融合度、城乡生态环境融合度五个方面，一共有35 个具体指标来测度城乡一体化水平。研究城乡一体化当中的劳动力市场认为农村劳动力向市场转移是推进城乡一体化的重要环节。

杨培峰（1999）把城乡一体化作为一个自然经济社会复合系统，提出城乡一体化是"自然—空间—人类"的良性循环系统。车生泉（1999）从景观生态入手，认为景观生态学与城乡一体化过程联系较为密切的有：景观的多样性，景观的空间格局，景观中廊道效应三个方面，所谓景观的多样性，是指城市与乡村的融合要维持一定丰富的景观类型与景观格局，以适应不同地区经济发展水平与人文地理特点；景观空间格局要绿地系统的规划，把农业绿地、林业用地、环保绿地、游憩绿地等统一到城乡生态绿地空间中来；城乡廊道系统是连接能流、物流和信息流的通道，是实现人类活动以及生物、非生物运动的关键所在。王海霞（2000）分析了盲目的乡村城市化伴生的严重后果：耕地锐减、环境恶化等，而小城镇进一步发展也存在很多问题，如规模问题、功能问题。黄伟雄（2002）根据区域发展理论指出珠三角城乡一体化进程可借鉴的城乡布局模式，提出珠江三角洲城乡一体化应采取环形珠链状城市带模式；并对珠三角发展格局的三大主环轴线、三小辅环轴线和九大放射轴线进行了分析。景晋秋、张复明（2003）认为城乡一体化在我国的提出与发展大致经历了三个时期：一是改革开放后到20 世纪80 年代中后期，是城乡一体化的提出与探索阶段；二是80年代末期到90年代初期开始对城乡边缘区进行研究；三是90年代中期至今，城乡一体化理论框架与理论体系开始建立，研究内容日臻完善时期。剖析了我国城市化与城乡一体化的辨证关系，以此为基础对我国城乡一体化的地域进行了类型划分，研究了不同地域类型城市化对城乡一体化的作用方式。林巍（2006）在总结发展中国家城乡一体化发展过程的经验中，提出城乡一体化发展是强调改革和创新等具有良好的生产、生活环境，以生态农业为主，强调生态自然保护，维持生态平衡的新农村。同时要以提高人的素质为目的，使人们都认识到人与自然的关系，增强可持续发展的意识。

张艳玲（2006）认识到在不同经济发展水平国家其研究重点是不一样的：发达国家的趋势是城市向乡村的产业与居住转移，所以在研究中更注重空间环境的城乡融合设计；而在我国，小城镇与乡镇企业有一定程度的发展，重点是要通过城乡一体化推动小城镇与乡镇企业更快更好发展的问题。城乡一体化的基本含义是：按照统筹城乡经济社会发展的要求，调整城乡经济社会发展战略，实现城乡资源共享、人力互助、产业互补，逐步实现城乡工业一体化、市场一体化，以工业化带动城镇化，最终实现城乡一体化。同时大力推动制度创新，逐步建立起有利于废除城乡二元结构的现代农村制度，给农民真正的国民待遇，建立城乡互动、体现公平、良性循环、共同发展的一体化体制（2008）。王开泳等（2008）以成都市双流县为例，在充分认识城乡一体化协调发展模式内涵的基础上，深入分析双流县目前的城乡一体化发展特征，制定了推进双流县城乡一体化协调发展的发展模式。即"空港带动，组团发展；圈层推进，轴线带动；资源整合，产业联动；环境保育，生态支撑，渐次扩展，分区管治"。在推进城乡一体化的过程中，重视了生态环境的保护，以优越的生态环境做支撑。张世全（2008）以某市区城乡地籍一体化管理为例，以地籍信息学的理论、技术和方法为基础，从城乡一体化地籍信息系统的理论层面、技术层面和应用层面上进行了系统研究。刘琼琪（2009）列举了5个较为先进的城乡一体化模式，它们分别是苏南"乡镇企业带动"模式、上海"城乡统筹规划"模式、珠江三角洲"以城带乡"模式、北京"工农协作，城乡结合"模式以及成都模式。表格中还分析了各个模式的优势、特征以及缺点，同时枚举了类似的5大模式的其他地区的模式。黄国胜（2010）选取空间一体化、经济一体化、社会文化一体化和生态环境一体化四个功能指标层，运用层次分析法（AHP）构建了城乡一体化发展的评价指标体系，对西安—咸阳大都市地区县域范围的城乡一体化发展水平进行测度和评价。

可见城乡一体化既是一种发展目标，也是一种发展过程，只有树立了城乡一体发展的指导思想，才可能引导城乡走上协调、统一，共同发展的道路。就我国经济社会发展的历程和现状而言，城乡一体化已经成为必然选择。

目前，城乡一体化的研究主要集中在理论研究、动力机制研究、发展模式研究、发展测评研究以及实现途径研究等方面。而近几十年来，随着城乡经济的发展，城乡的生态环境严重失衡，城乡生态环境一体化成为城乡一体化发展的一个重要方面。人口学、地理学、生态学以及规划学等学科学者开始注重城乡一体化发展与生态安全的研究。本书主要关注城乡一体化的大背景下如何构建区域生态安全格局的问题。

11.2.2 中卫市沙坡头区城乡一体化水平测度

城乡一体化作为一个自然经济社会复合系统（杨培峰，1999），要求各种生产要素在城乡之间自由流动，城乡资源共享、人力互助、产业互补，城乡居民享有同等待遇，共同的发展机会，建成城乡互动共同促进的良性循环系统。随着城乡一体化研究的不断深入，其内涵已扩展到政治、经济、生态、文化等多个方面，全面推进城乡一体化是进一步落实科学发展观的具体形式，对加快社会主义新农村建设和全面建设小康社会具有十分重要的意义。

目前对城乡一体化发展状况的测度都是先运用各种方法选取指标，建立评价指标体系，构建评价模型，然后在此基础上对评价单元进行综合评价和分析。有的仅限于局部地区的比较与研究（张淑敏等，2004；王洪跃等，2010），有的与全国进行了对比。其测度方法可概括为两种：一是综合指数法（黄坤明，2009；李利平等，2009；付晓军，2010；刘琼琪，2010），二是单项指标比对法。单项指标比对法，主要是采用与城乡一体化进程影响比较大的指标来划分城乡一体化发展阶段。被作为参考的指标有：人均GDP、城市化率、城乡收入差异系数、城乡居民恩格尔系数等（刘伯霞，2006）。

11.2.2.1 城乡一体化评价指标体系的建立

（1）评价指标的选取原则。

①全面性和主导性。城乡一体化是一个以人为主体、以自然环境为依托、以经济活动为基础，社会联系极为密切的有机整体，因此在选择指标时应当反映城乡一体化建设的方方面面，注重其全面性。由于相关指标众多，必须确定对城乡一体化影响比较大的，起主导作用具有代表性的指标，强调其主导性。

②目的性和普遍性。指标体系的选取和构建，主要是充分反映和体现城乡关系发展以及如何缩小城乡差异为主要目的，从科学的角度去系统而准确地理解和把握城乡一体化的实质。同时应具有普遍性，为更多不同区域的研究提供借鉴。

③实用性和可操作性。在指标的选择上，应尽可能地使用现有的统计指标，

力求数据能够易于获得，有很强的应用价值。在制定评价指标体系时，最大的困难就是指标的可操作性。

（2）评价指标的建立方法。

城乡一体化是一个多种要素组成的复合体。在构建城乡一体化指标体系时，首先需要对其进行系统分析，对总系统与其各个子系统、各个子系统之间的关系有清晰的认识，才能准确把握城乡一体化进程。本书应用频度统计法、理论分析法和专家咨询法，根据指标选取的原则，构建的指标体系分为 3 个层次，即目标层、准则层与指标层。

（3）指标体系的建立。

①目标层：建立指标体系的总目标。

②准则层：通过对指标体系的总体判断，根据其基本内涵，把城乡一体化划分为五个层次。具体为：空间一体化（B1）、经济一体化（B2）、社会一体化（B3）、生态环境一体化（B4）以及人口一体化（B5）。经济一体化是基础，人口一体化是依托，空间一体化是载体，社会一体化和生态环境一体化是城乡区域高效率运行的条件和可持续发展的保障。这五个方面相辅相成，共同组成城乡一体化发展的主要内容和目标（完世伟，2006）。

空间一体化：空间一体化是判断城乡一体化的最直观因素。空间一体化从点到线到面，涉及城市基础设施建设、交通线路以及城镇大小等。所以空间一体化程度越高，交通和通讯网络设施越完善，城乡配置更科学合理，能够互相促进，达到城乡优势互补的目的。衡量空间一体化水平的指标主要有城镇体系和基础设施建设。本书主要通过城镇密度、交通密度以及人均用水用电量来衡量城乡空间一体化。判断城乡空间一体化最重要的有三个方面：一是城市和乡村在空间景观上呈均质状态；二是城乡之间完善、快捷的交通通讯网络；三是城市群的发展，体现了集聚与分散的良好结合（季先峰，2005）。

经济一体化：城乡经济发展一体化主要指在平等的经济政策条件下，城市与乡村资源和生产要素能够自由流动，消除城乡二元结构，相互协作，优势互补，实现以城带乡，以乡促城，实现城乡经济持续协调发展的过程。二元经济理论不仅强调市场机制的基础性作用，同时注重政府在经济中的作用，在现有的条件下，城乡统筹发展更需要政府发挥作用，制定向农业和农村相倾斜的政策，以重农为目的而不仅仅是扩大内需的手段。经济的发展主要涉及经济规模、经济结构、发展速度、经济效益等方面。

社会一体化：社会一体化也是城乡一体化的一个重要方面。城乡一体化必须协调城乡之间的教育、文化和社会事业发展关系，使城乡居民在就业、医疗和文化卫生方面享受同等待遇，改变农村社会事业相对落后的面貌。才能最大限度地缩小城乡差别，使城乡共享高度发展的物质文明和精神文明，让城乡社会发展相互适应和相互协调，最终实现城乡社会一体化（黄国胜，2010）。

生态环境一体化：随着城市化进程的加快，生态环境遭到严重破坏，成为影响可持续发展的重要因素。加强农村的环境保护与生态建设缩小城乡差距，改变二元化城乡结构带来的问题，是当前社会主义新农村建设的核心内容，对于促进农业稳定持续发展、扩大内需增强农业活力、维护城乡社会的和谐和发展等，有着重要的战略意义。健康协调的生态环境促进城乡一体化的进程，相反脆弱破碎的生态环境阻碍城乡一体化的进程，所以生态环境一体化也是城乡一体化的重要组成部分。

人口一体化：是体现人口在就业、受教育、从事非农产业等方面的关联和比率关系，用城乡就业人员比例、城乡基本受教育人口比例、城乡从事第三产业人口数量等来表达，只有城乡人口在受教育和就业方面存在着自由流动，才能使城乡一体化真正得到发展。

③指标层：在选取原则的指导下，确立了包括 20 个指标的城乡一体化评价体系（见图 11-2）。

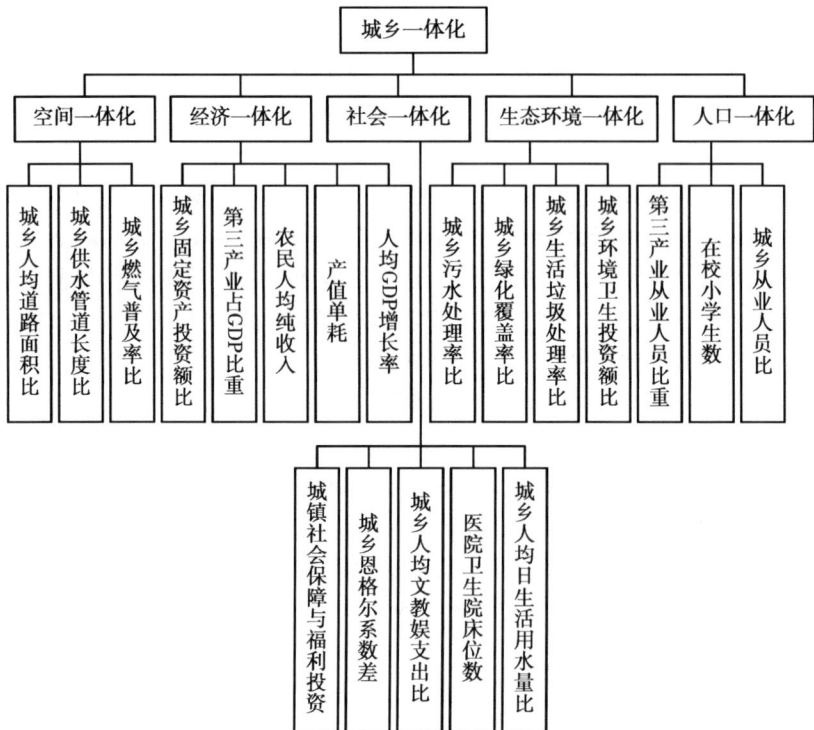

图 11-2　城乡一体化评价指标体系

11.2.2.2　城乡一体化的评价方法

（1）数据处理。由于不同指标的计算方法不同，因此单位也不同，不具有可比性，不能直接用来计算城乡一体化指数，所以必须对指标数据进行无量纲化处理。目前常用的数据无量纲化方法主要有：均值化方法，初值化方法。本书为了使分区县的城乡一体化指数与整体的指数相比较，选择采用均值化方法对指标数据进行处理，即将现有要素转化为均值的相对比值，对逆指标取倒数。

（2）指标权重的确定。用若干不同指标进行综合评价时，由于各指标对整体目标的作用和影响不同，因此要赋予不同的权重。目前确定权重的方法很多，概括起来主要分为三大类：①主观赋权法：即人们主观上对各评价指标的重要程度进行赋权。主要有：德尔菲法、层次分析法、模糊聚类分析法。②客观赋权法：即根据各评价指标提供的信息量大小来确定权重的方法。主要有：因子分析法、神经网络法、熵值法、线性规划法等。③主客观组合赋权法。主观赋权法由于受人的主观愿望及经验影响，可能存在一定的主观随意性，客观赋权法完全在基础数据的基础上进行分析，忽略了评价者的主观信息，也可能会出现不合理性。因此为了让选取的评价指标更合理化科学化，一般都采用主客观相结合的方法对评价指标确定权重。本研究在对各种确定权重方法研究的基础上，根据各指标的相关性以及实际情况，拟采用层次分析法确定各指标的权重。

层次分析法（Analytie Hierarehy Proeess，AHP 法）是 1973 年由美国学者A. L. 萨蒂（A. l. Saaty）最早提出的，其主要是把众多复杂的指标进行归类，分为不同的层次，形成一个分析结构模型。此种方法把复杂的系统层次化，在决策过程中把定量与定性的因素结合起来，通过判断矩阵的建立、排序计算和一致性检验得到最后的结果（朱颖，2008）。用此法确定评价指标权重，一方面将人的主观性依据用数量的形式表达出来，使之条理化、科学化。另一方面通过对数据的客观分析以及一致性检验避免由于人的主观性导致权重预测与实际情况相矛盾的现象，从而提高了决策的有效性，在多目标规划领域具有广泛的应用价值。

一般在 AHP 法中，用九标度进行专家评分，然后再构造判断矩阵，由此计算出判断矩阵间的权重。本书在计算中聘请八位专家参加，采用九分制打分法对各指标进行评价，取其众数，把各指标按结果进行排序，进行两两比较后，建立一个比较矩阵并计算出各元素的排序指数，再通过变换将比较矩阵转化为判断矩阵，并证明它完全满足一致性的要求。只要判断矩阵偏离一致性 CI 与判断矩阵的平均随机一致性指标 RI 的比值 CR 来检验，若 CR < 0.1，则判断矩阵具有满意的一致性，否则，就需要调整判断矩阵的最初取值。

其余四个指标系统按同样的方法进行，然后把两两比较后，在 AHP 分析软件中，分别按照绝对重要、十分重要、比较重要、稍微重要以及同样重要四个阶段分别计算表示，确定指数。具体步骤如下：①把指标体系输入软件中，建立结构层次模型。②判断矩阵，分别输值，得出计算结果，然后输出数据模型。③对各指标进行综合，得到各指标的权重，见表11-1。

表11-1　　　　　　　　城乡一体化评价指标权重

A 目标层	B 准则层	C 指标层	权重
城乡一体 化指数	空间一体化 B_1	C_1 城乡人均道路面积比	0.0608
		C_2 城乡供水管道长度比	0.0465
		C_3 城乡燃气普及率比	0.0532
		C_4 城乡固定资产投资额完成比	0.0496
	经济一体化 B_2	C_5 第三产业占 GDP 比重	0.0630
		C_6 农民人均纯收入	0.0537
		C_7 产值能耗	0.0630
		C_8 人均 GDP 增长率	0.0516
	社会一体化 B_3	C_9 城镇社会保障与福利投资	0.0561
		C_{10} 城乡恩格尔系数差	0.0561
		C_{11} 城乡人均文教娱乐支出比	0.0497
		C_{12} 医院卫生院床位数	0.0497
		C_{13} 城乡人均日生活用水量比	0.0584
	生态环境一体化 B_4	C_{14} 城乡污水处理率比	0.0194
		C_{15} 城乡绿化覆盖率比	0.0290
		C_{16} 城乡生活垃圾处理率比	0.0237
		C_{17} 城乡环境卫生投资额比	0.0345
	人口一体化 B_5	C_{18} 第三产业从业人员比重	0.0717
		C_{19} 在校小学生数	0.0421
		C_{20} 城乡从业人员比	0.0671

（3）综合指数的计算。对城乡一体化综合指数的计算，本书采用多指标综合评价法。首先根据评价目的，选择适当的评价方法，按照方法（或模型），对城乡一体化指标进行聚合。常用的指标聚合方法（或模型）有：加权几何平均（WGA）法（Harsanyi J C. Cardinal Welfare，1955）（乘法模型）、加性加权平均（AWA）法、有序加权平均（OWA）法（Yager R R.，1983）（加法模型）、TOPSIS 法等。各种聚合模型都有不同的特性，考虑到评价系统各指标间具有一定的相关性，本书拟选用加法模型对城乡一体化评价系统的指标进行聚合，实现对不同时空层次区域城乡一体化发展水平的量度。

$$B = w_1 \cdot c_1 + w_2 \cdot c_2 + w_3 \cdot c_3 + \cdots + w_i \cdot c_i = \sum_{i=1}^{n} w_i \cdot c_i$$

其中，$\sum_{I=1}^{n} w_i = 1$，c 是第 i 个评价指标的数值，w 是第 i 个评价指标的权重。

11.2.2.3 中卫国家级可持续发展实验区城乡一体化发展水平测评

城乡一体化发展水平是一个相对值，放在既定的区域进行横向比较研究或跨区域纵向对比研究，才能体现城乡一体化水平的高低。近年来宁夏城乡经济持续发展，农民生活显著改善，农村环境不断优化，为城乡一体化有显著的发展。放在沙坡头区所在的宁夏回族自治区区域背景下，对比研究沙坡头区在全自治区20个市、县、区（其中银川市兴庆区、金凤区、西夏区合并为银川市区）城乡一体化的综合水平，是非常必要的。

根据上述指标体系和方法计算，得到宁夏各区的城乡一体化指数，包括空间一体化指数、经济一体化指数、社会一体化指数和生态环境一体化指数以及城乡一体化综合指数排序，见表11－2。

表11－2 　　　　　　　宁夏各市县区城乡一体化综合指数排序

主要区县	空间一体化指数	经济一体化指数	社会一体化指数	环境一体化指数	人口一体化指数	城乡一体化综合指数	排序
银川市区	0.138333	0.201226	0.728231	0.048091	0.255179	1.371060	1
永宁县	0.087312	0.303338	0.148299	0.157693	0.125214	0.821855	16
贺兰县	0.124793	0.227859	0.216605	0.098197	0.127068	0.794522	18
灵武市	0.091937	0.240239	0.292429	0.053397	0.145834	0.823837	15
大武口区	0.234406	0.183485	0.296403	0.096283	0.164143	0.974719	5
惠农区	0.206848	0.235003	0.211803	0.122603	0.110967	0.887224	12
平罗县	0.284349	0.234912	0.167778	0.066625	0.139432	0.893095	11
利通区	0.177134	0.459473	0.276125	0.208251	0.174512	1.295495	2
盐池县	0.233758	0.183402	0.165994	0.225317	0.156737	0.965809	9
同心县	0.204348	0.197729	0.258134	0.111105	0.227063	0.998380	4
红寺堡区	0.073925	0.183618	0.300779	0.179292	0.195032	0.932646	10
青铜峡市	0.087239	0.19810	0.252628	0.086274	0.185749	0.809991	17
原州区	0.091996	0.310869	0.409225	0.057848	0.191797	1.061734	3
西吉县	0.166045	0.30050	0.269464	0.074058	0.161595	0.971663	7
隆德县	0.142583	0.184276	0.123296	0.066347	0.148073	0.664575	20
泾源县	0.123446	0.202422	0.242119	0.084544	0.140384	0.792915	19
彭阳县	0.166471	0.318369	0.233052	0.109923	0.14445	0.972265	6

续表

主要区县	空间一体化指数	经济一体化指数	社会一体化指数	环境一体化指数	人口一体化指数	城乡一体化综合指数	排序
沙坡头区	0.084008	0.189107	0.281772	0.225401	0.188426	0.968713	8
中宁县	0.062627	0.28821	0.273632	0.066329	0.184462	0.875260	13
海原县	0.158443	0.185864	0.202230	0.071820	0.241884	0.860241	14

资料来源:《宁夏调查数据2010》,中国统计出版社;《2009年城市县城和村镇建设统计年报》,宁夏回族自治区住房和城乡建设厅计划财务处编。

由表11-2可知,中卫国家级可持续发展实验区城乡一体化综合水平虽然排在宁夏回族自治区诸县、区、市的中间靠前位置,但是其所在的地级市(即中卫市),在宁夏5个地级市辖区中城乡一体化水平则排在末位,落后于银川市区、利通区、原州区和大武口区。不仅如此,中卫国家级可持续发展实验区的城乡一体化综合得分还低于同心县、西吉县和彭阳县。从宁夏各市、县、区城乡一体化准则层指数排序表(见表11-3)中可以看出,沙坡头区的生态环境一体化指数是所有区县里最高的,但是由于空间一体化指数和经济一体化指数太低,使其综合指数大大下降。

表11-3   宁夏各市县区城乡一体化准则层指数排序

主要区县	生态环境一体化指数排序	空间一体化指数排序	经济一体化指数排序	社会一体化指数排序	人口一体化指数排序
银川市区	6	11	14	1	4
永宁县	5	16	5	18	19
贺兰县	10	12	11	13	18
灵武市	20	15	8	4	14
大武口区	11	4	19	10	15
惠农区	7	1	9	14	20
平罗县	16	3	10	16	16
利通区	3	7	2	6	9
盐池县	2	2	12	17	12
同心县	8	6	1	11	3
红寺堡区	4	18	18	3	6
青铜峡市	12	17	20	20	17
原州区	19	14	4	2	7
西吉县	14	5	6	9	1
隆德县	17	10	17	19	13
泾源县	13	13	13	8	11
彭阳县	9	8	3	12	5

主要区县	生态环境一体化 指数排序	空间一体化 指数排序	经济一体化 指数排序	社会一体化 指数排序	人口一体化 指数排序
沙坡头区	1	20	15	5	10
中宁县	18	19	7	7	8
海原县	15	9	16	15	2

　　根据各指标的计算结果，以及单指标对比法的初步判断，参照 Aicgis 自动分类法，将城乡一体化发展水平分为不同的阶段，即城乡二元阶段、城乡二元过渡阶段、城乡互动阶段和城乡中度融合阶段，见图 11 – 3。中卫国家级可持续发展实验区处于城乡互动发展阶段，全自治区处于该阶段的市、县、区共有 8 个，占到 40%；处于城乡中度融合阶段和城乡二元阶段的均只有两个，各占 10%，显示宁夏城乡一体化总体发展不平衡，区域差异显著。

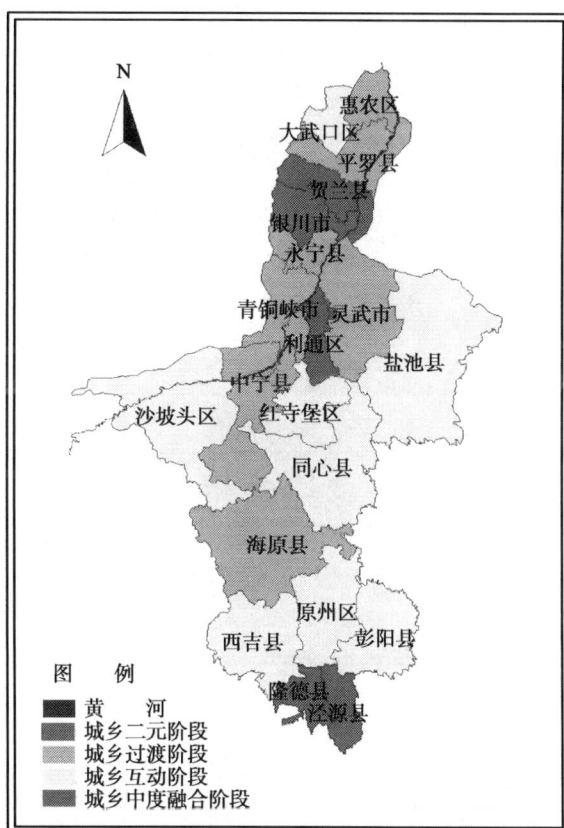

图 11 – 3　2009 年宁夏地区城乡一体化阶段空间分布

宁夏中卫国家级可持续发展实验区是宁夏20余个市、县、区中生态环境一体化程度最高的。若将城乡生态环境一体化也划分为四级阶段，其中一级阶段为城乡生态环境中度结合；二级阶段为城乡生态环境相互关联；三级阶段为城乡生态环境呈梯级过度；四级阶段为城乡生态环境各成体系的二元化阶段，结果显示，沙坡头区与吴忠市利通区、盐池县同处于生态环境一体化的一级阶段，城乡生态环境有一定的相辅相成作用，联结度和紧密度较高；处于城乡生态环境相互关联阶段有包括银川市在内的5个市县区；处于城乡生态环境过渡阶段的有4个市县区；处于城乡生态环境二元化阶段的有8个市县区（见图11-4）。

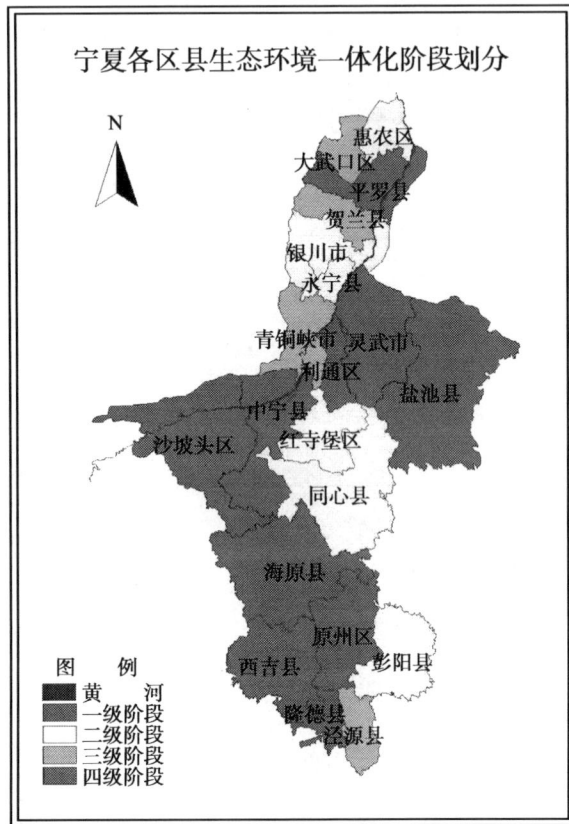

图11-4 2009年宁夏地区生态环境

但是表11-3也显示，中卫国家级可持续发展实验区的空间一体化水平和经济一体化水平分别处于宁夏20个区、市、县的排名最后一位和倒数第六位，前者表明中卫市沙坡头区农村道路、供水、燃气等基础设施建设水平与城镇差距很大; 后者主要因为城乡固定资产投资、人均纯收入、人均 GDP 等经济指标差距较大。要提升中卫国家级可持续发展实验区的城乡一体化综合发展水平, 必须从加强农村的基础建设, 增加公共设施投资, 提高农户收入水平入手。

11.3 沙坡头区生态风险评价

围绕城乡一体化的通用简易内涵定义, 即逆城市化过程, 从工业活动及其环境影响的方式与途径入手, 结合中卫特色的工业活动空间布局 (有限土地资源限制下绿洲内—外工农活动统筹布局), 立足绿洲城市城乡景观结构特征约束, 展开初级城市化阶段区域生态风险的发展特征、因子组成及其评价技术体系方面的综合分析。

11.3.1 背景分析与问题辨识

11.3.1.1 区域生态风险评价

区域生态风险评价是在区域尺度上描述和评估环境污染、人为活动或自然灾害对生态系统及其组分产生不利作用的可能性和大小的过程。其目的在于为区域风险管理提供理论和技术支持。与单一地点的生态风险评价相比, 区域生态风险评价所涉及的环境问题 (包括自然和人为灾害) 的成因以及结果都具有区域性。但区域性问题可能由许多因素造成, 其生态风险也可能由局地现象引起, 如一些污染物本身是点源污染排放的, 但它们的扩散性较强, 从而使一个较大的区域受到影响。区域生态风险评价主要研究较大范围的区域中各生态系统所承受的风险。所以在评价区域生态风险时, 必须注意到参与评价的风险源和其危害的作用结果在区域内的不同地点可能是不同的, 即区域具有空间异质性。

区域生态风险评价的方法基于风险度量的基本公式:

$$R = P \cdot D$$

式中, R 为灾难或事故的风险, P 为灾难或事故发生的概率, D 为灾难或事故可能造成的损失。

区域生态风险评价的方法与局地生态风险评价相似, 也大致包括危害评价、暴露评价、受体分析和风险表征等内容。瀚斯克基于生态风险评价的框架结构, 总结了区域生态风险评价的方法, 其主要组成部分包括: ①选取终点; ②干扰源的定性和定量化描述 (例如: 污染源的分布和排放量); ③确定和描述可能受影响的区域环境；④运用恰当的环境模型估计暴露的时空分布，定量确定区域环境中暴露与生物反应之间的相互关系。最后，综合上述步骤的评价结果得出最终风险评价。区域风险评价确定干扰源对区域环境中生态终点的最终作用效果，并根据评价过程中每个步骤的不确定性解释其意义。一般将区域风险评价的方法步骤概括为研究区的界定与分析、受体分析、风险识别与风险源分析、暴露与危害分析以及风险综合评价等几个部分。

11.3.1.2 城乡一体化与逆城市化

（1）城乡一体化的界定。社会学和人类学界从城乡关系的角度出发，认为城乡一体化是指相对发达的城市和相对落后的农村，打破相互分割的壁垒，逐步实现生产要素的合理流动和优化组合，促使生产力在城市和乡村之间合理分布，城乡经济和社会生活紧密结合与协调发展，逐步缩小直至消灭城乡之间的基本差别，从而使城市和乡村融为一体。经济学界则从经济发展规律和生产力合理布局角度出发，认为城乡一体化是现代经济中农业和工业联系日益增强的客观要求，是指统一布局城乡经济，加强城乡之间的经济交流与协作，使城乡生产力优化分工、合理布局、协调发展，以取得最佳的经济效益。有的学者仅讨论城乡工业的协调发展，可称为"城乡工业一体化"。规划学者是从空间的角度对城乡接合部做出统一规划，即对具有一定内在关联的城乡交融地域上各物质与精神要素进行系统安排。生态、环境学者是从生态环境的角度，认为城乡一体化是对城乡生态环境的有机结合，保证自然生态过程畅通有序，促进城乡健康、协调发展。因此，立足不同的研究角度或目的，城乡一体化的界定各有侧重。从生态风险评价的角度，如何保证城乡自然生态系统不受人为活动的过分干扰，保持系统结构与功能的有序与健康，应该是城乡一体化建设中必须考虑的问题。

（2）城乡一体化的研究进展。从人类发展史来看，城乡之中存在三种关系：城乡隔绝，城乡对立，城乡融合（城乡一体）。这三种关系随着经济发展水平与经济阶段的不同而存在着，从世界发展趋势看，无论发达国家还是发展中国家，都有向城乡融合逼近的趋势，但是在具体的动力结构与融合特征上存在较大的差别。

在20世纪80年代后期，西方学者在工业地理学中用到的一个术语（urban/rural composition）即是指20世纪后半期以来西方国家的一些制造业中心从原来的大都市中心向较小的聚落或者尚未工业化的乡村地区迁移，形成了一些城市活动和乡村活动相混合的新型区域。发达国家的学者把它称为"逆城市化"，我国有的学者把它称为"城乡一体化"。发达国家"逆城市化"现象，已开始扭转工业革命以来人口逐渐向城市集中的趋势，代之而起的是城市人口向农村的回流，城市工业也开始向着有空间潜力和劳动力资源潜力的农村转移。乡镇企业启动了我国自下而上型城市化模式——乡村城市化。乡村城市化是城乡一体化发展的主要动力；小城镇是城乡一体化的载体；乡镇企业是城乡一体化的中坚。王海霞分析了一哄而起的乡村城市化伴生的严重后果：耕地锐减、环境恶化等，而小城镇进一步发展也存在很多问题，如规模问题（规模效益、集聚效益低）、功能问题。从逆城市化的表现形式看，中国乡镇企业的发展具有某些发达国家逆城市化的特征，但无论从企业的规模、性质，还是环境、规划方面，与逆城市化的本质都有很大的区别。同时，乡镇企业的无序发展，也进一步加剧了乡村各类环境污染事件发生的程度，在面源污染的基础上，叠加了大量不可忽视的点源污染源，导致乡村生态风险发生的程度和复杂性增加。

李同升等在"城乡一体化发展的动力机制及其演变分析"中提到城乡一体化发展过程的判别指标，如工农业劳动生产率比值，城乡居民收入比值，城市化和工业化水平差异，乡村社会经济和产业构成等。杨荣南建立了城乡一体化评价指标体系基本框架，包括城乡经济融合度、城乡人口融合度、城乡空间融合度、城乡生活融合度、城乡生态环境融合度五个方面，共35个具体指标来测度城乡一体化水平。指标体系的每个指标从不同的方面反映了城乡一体化的基本内涵，而要从总体上观察城乡一体化的实现程度，就必须进行综合评价，通过计算各指标的实际得分，根据指标体系用公式逐层按数学平均法求值，最后可求得城乡一体化水平值。车生泉从景观生态入手，认为景观生态学与城乡一体化过程联系较为密切的有：景观的多样性，景观的空间格局，景观中廊道效应三个方面。所谓景观的多样性，是指城市与乡村的融合要维持一定丰富的景观类型与景观格局，以适应不同地区经济发展水平与人文地理特点；景观空间格局把农业绿地、林业用地、环保绿地、游憩绿地等统一到城乡生态绿地空间中来；城乡廊道系统是连接能流、物流和信息流的通道，是实现人类活动以及生物、非生物运动的关键所在。从城乡一体化生态风险的角度，工业活动对区域景观及其功能的影响主要体现在，原有农田景观的破碎化和整体异质性的增强，农田的占用及其生态服务功能的丧失，工业污染物在更广泛范围内扩散及其与农业污染源的时空交汇等等。同时限于资金不足与规划的落后，实际上的城乡割裂局面并未有实质性的改变。包括绿地系统规划的割裂，城乡廊道系统往往变成了工业污染物向农村输送扩散的捷径，进一步加剧了农村环境污染的程度及其复杂性。

11.3.1.3 西北绿洲城市城乡一体化生态风险评价的特殊性与一般性

绿洲是一个受干旱区自然和人文因素双重影响的生态系统，由于其所处环境的特殊性，绿洲系统比一般的干旱区生态系统更为脆弱，响应更为敏感。工业化以来，绿洲进一步对外开放，其分散和封闭的特征逐渐减小；干旱区的干旱气候并未有实质性的改变，但全球气候演变、温室效应、人类的胁迫等对绿洲的影响更具有复杂性；绿洲的唯水性也因水资源地域分布的人为改变而对绿洲产生着实质性的影响；经济趋于复杂化，功能的单一化消失。

干旱区绿洲城市是高层次、新型人工绿洲生态系统，是小尺度区域系统的中心和最具影响力的时空复合系统，受干旱区人类活动影响最深，城市土地利用是区域环境演变的重要组成部分。绿洲城市化过程逐步干扰了绿洲自然生态系统并根据需要建立完全的人工城市生态系统，它不可避免地使原土地利用/土地覆被发生变化。由于自身生态环境的脆弱性，加之其集中了绝大部分的高强度的人类活动，绿洲城市土地利用变化引起的生态环境效应，如对土壤、水质和区域气候等的影响将更为深刻。小城镇发展或城镇化过程具有一定的人类生态风险，它不仅体现在癌症和高血压等"文明病"发病率的上升，是小城镇居住人口规模及密度增加、乡镇工业与交通发展的函数，还体现在癌症和高血压等疾病发病率的年轻化和女性化。小城镇发展还对自然生态系统产生了一定的化学胁迫和影响，具体表现在城镇生态系统中甲醛、铅和多环芳烃等化学污染物浓度和输入通量的逐渐增加。小城镇发展的人类生态风险来自于自然生态风险的逐渐上升，因为回归分析表明，巍山镇近年来高血压的发病率随着交通客运量和货运量的增加而增加。

绿洲城市化进程中，往往导致耕地减少，园地、建设用地增加，未利用地减少，土地利用强度明显提高，城市建设用地布局过于集中，从而引起较为严重的环境问题，造成区域内水土流失，土壤污染，水质恶化，大气污染严重，热岛效应显著，地质灾害频发等。但在个别区域合理的土地开发利用取代了生态价值较低的未利用地，使得这些区域的生态环境质量反而在某些方面有所改善。绿洲是干旱区的明珠，同时也是脆弱的。如何在脆弱的绿洲生态环境基础上承受城市化进程所带来的种种影响，保证城市化的顺利发展，同时又保证绿洲生态的安全与稳定是一个极具有挑战性的命题，也是关系绿洲生存与发展的重要问题。

逆城市化一般作为城市化成熟阶段后的一个新的发展阶段，一般是城市产业结果和城市职能调整的结果，而非城市化的逆过程，表现为城市人口和工业活动在空间上的分散化与再集中化。由于水土资源的硬约束，尽管西北绿洲城市往往处于传统定义上的初级或中级城市化发展阶段，但是又具有某些典型的高级城市化发展阶段特征，如土地利用上的高度紧张关系，这也是中卫当地工业发展向绿洲外围布局的一个客观约束，即通过不同产业间土地利用时空格局的调整，克服土地利用关系紧张的矛盾。但是同时，绿洲城市发展初期所具有的高污染工业本质，与高级城市化阶段又明显的不同，同时城市核心区第三产业普遍不发达，城市职能转换对所谓逆城市的推动力较弱，城市核心区引发生态风险的本质内容并未发生明显转变。因此，西北绿洲城乡一体化的生态风险，可能只是一个高污染企业及其有害物质排放在一个更大空间上的再排布问题，因此区域生态风险的性质并未发生本质性的改变。但是同时，由于工农业布局调整所导致的环境污染源—汇关系的变化，以及点源污染和面源污染的时空交错复合发生问题，可能会进一步加剧绿洲城市区域生态风险源构成及其发生过程的复杂性。

总之，西北绿洲城市城乡一体化生态风险即具有绿洲城市化过程中所具有的一般性特征，同时又赋予了一定的逆城市化发展阶段的特殊性，工业活动的主体内容和产业本质并未发生明显变化，只是在空间上进行了重新的布局，导致区域点源和面源污染交叉复合发生风险的显著提升，区域生态风险识别和评价的复杂性凸显。

11.3.2　基于景观的绿洲城市城乡一体化生态风险评价方法与概念模型

区域生态风险评价是在区域尺度上描述和评估区域的环境污染、人为活动或自然灾害对生态系统及其组分产生不利作用的可能性和大小的过程，是生态风险评价的一个分支，其目的在于为区域风险管理提供理论和技术支持。土地利用数据是最易于保存的信息，利用景观格局特征，可以揭示综合性生态影响的程度和分布范围。景观结构还可以准确地显示出各种生态影响的空间分布和梯度变化特征，使各种空间分析的手段成为可能。本书按照生态风险评价的基本理论框架和方法体系，基于景观结构、土地利用、工业活动构建综合生态风险指数，提出绿洲城市城乡一体化生态风险评价的概念模型，为区域生态安全分析，促进环境、经济与社会的协调发展提供依据。

11.3.2.1　生态风险评价研究方法与技术路线

（1）数据来源与处理。利用 SPOT 遥感影像，利用波段运算的方法进行融合，以目视解译为主，根据数据分类体系建立相应的解译标志进行影像解译，建立研究区土地利用信息数据库，分类结果利用正射影像数据进行精度评价。对空间化区域工业活动布局资料进行叠加。将研究区域划分为 1km×1km 的单元网格，选取多样性指数、分形维数、破碎度指数，结合基于土地利用的脆弱性特征和工业活动环境危害特征，构造综合性生态环境风险指数，利用系统空间采样方法对生态风险指数进行空间化，采用克里金插值获取区域的生态风险分析分布图。利用 1∶10000 比例尺的 DEM 数据、区域经济统计数据，分析生态风险的空间分布特征。

（2）景观分类体系。景观分类是景观格局分析的基础，根据绿洲城市景观的特点以及研究尺度特征，采用三级分类系统。具体分类结果如下：①绿地，主要指稻田（含农田防护林网）、设施菜地、绿化草地等；②林地，主要指造纸林地、果园、灌木林；③建设用地，主要指城镇居民地、农村居民地、工矿用地、大型养殖场、交通建设用地等；④水域，主要指水库坑塘、湿地湖泊等；⑤待开发用地，主要指裸地（空地）、待开发用地等。在此基础上，再根据具体工业和农业活动类型，从环境影响的性质与程度，对其进行系统分类和定级。如工矿用地具体可细分为造纸、机械加工、金属冶炼、发电、食品加工等，大型养殖场分为养猪场、养牛场、养鸡场等。

（3）基于景观格局的生态环境指数。景观格局是对自然和人为多种因素相互作用所产生的区域生态环境体系的综合反映。选择了景观破碎度（F_i）、多样性指数（S_i）、分形维数（D_i）来反映景观格局对生态风险的影响，通过景观格局指数反映区域受干扰的程度，对各个指数进行叠加，用其反映不同景观所代表的生态系统受干扰的程度。生态环境指数（E_i）可以表示为：

$$E_i = \alpha F_i + bS_i + cD_i$$

（4）基于景观组分的脆弱度指数。生态系统脆弱性指数表示不同生态系统的易损性。土地利用程度反映了土地利用中土地本身的自然属性，也反映了人类因素与自然环境因素的综合效应。研究中把土地覆盖类型与景观脆弱性相关联，将景观脆弱性分为 7 级，未利用地最为脆弱，交通建设用地、城镇居民地最稳定，各类景观的脆弱程度分级情况如下：未利用地、空地（7 级）；工业仓储用地（6级）；设施菜地、水库坑塘、湿地湖泊、工矿用地（5 级）；稻田、农村居民地（4 级）；绿化草地（3 级）；林地（2 级）；交通建设用地、城镇居民地（1 级）。利用各类型的面积比重与脆弱度指数的乘积反映不同土地利用类型的脆弱性。在此基础上，再根据各类土地利用类型的具体活动内容，如工业污染的性质与规模，从水土气生四大要素入手，构建一个脆弱度矢量校正函数，对上述景观组分脆弱度指数重新赋值。

（5）生态风险综合指数。根据生态风险与景观格局之间的经验关系，可以构建生态风险综合指数，将每一单元格网内生态风险的程度用格网内各景观结构类型的生态环境指数和脆弱度指数来表示：

$$ER = \sum_{i=1}^{n} \frac{A_{ki}}{A_k}(10 \times E_i \times F_{ri})$$

式中：ER 为生态风险指数；n 为景观类型的数量；A_{ki} 为第 k 个小区 i 类景观组分的面积；A_k 为第 k 个小区的总面积；E_i 为生态环境指数；F_{ri} 为脆弱性指数。

（6）技术路线。立足区域生态风险评价，从基于景观结构的生态风险（结构性）与基于工业活动的生态风险（质量性）统筹的角度，构建城乡一体化（逆城市化）生态风险评价指标体系，并基于沙坡头区土地利用和工业活动的空间矢量图，对沙坡头区生态风险进行综合分析评价。

①研究区的界定和分析。根据评价目的和可能的干扰及终点，恰当而准确地界定研究区的边界范围和时间范围，并对区域中的社会、经济和自然环境状况进行分析和研究。具体包括，沙坡头区土地利用景观格局与景观指数分析，工业活动类型、强度及其空间分布特征分析，两者在空间上的叠加特征。

②受体分析。"受体"即风险承受者，选取那些对风险因子的作用较为敏感或在生态系统中具有重要地位的关键物种、种群、群落乃至生态系统类型作为风险受体，用受体的风险来推断、分析或代替整个区域的生态风险。具体包括：以土地利用类型或景观斑块类型为受体，综合分析界定各种类型斑块的受体特征，如对不同风险源的敏感性差异、自身的生态系统弹性等。提出一个受体脆弱度梯度量化评价赋值体系。

③风险源分析。"风险源分析"是指对区域中可能对生态系统或其组分产生不利作用的干扰进行识别、分析和度量。这一过程又可分为风险识别和风险源描述两部分。风险源分析还要求对各种潜在风险源进行定性、定量和分布的分析，以便对各种风险源有更为深入的认识。具体包括：以工业活动为风险源，围绕水、土、气、生四大生态要素，分析界定各种不同类型和规模的工业活动对生态环境干扰的方式、途径、范围和强度等，如造纸工业的水污染、发电企业的大气污染、重化工企业的土壤污染等。提出一个风险源干扰强度梯度量化评价赋值体系。

④暴露和危害分析。"暴露分析"是研究各风险源在评价区域中的分布、流动及其与风险受体之间的接触暴露关系。区域生态风险评价的暴露分析相对较难进行，因为风险源与受体都具有空间分异的特点，不同种类和级别的影响会复合叠加，从而使风险源与风险受体之间的关系更加复杂。"危害分析"是和暴露分析相关联的，它是区域生态风险评价的核心部分，其目的是确定风险源对生态系统及其风险受体的损害程度。具体包括，分析各种类型规模工业活动（风险源）的干扰效应的生态要素方向和空间有效范围，结合各种类型景观斑块（受体）的自身脆弱性和各向敏感性特征，通过两者空间相邻度的量化分析，界定两者间的接触暴露关系并进行空间量化。基于暴露分析，和景观脆弱度指数分析，对损害程度进行推测。

⑤风险综合评价。"风险评价"即评估危害作用的大小以及发生的概率的过程。风险评价是前述各评价部分的综合阶段，它将暴露分析和危害分析的结果结

合起来，并考虑综合效应，得出区域范围内的综合生态风险值；将区域生态风险评价的其他组分有机地结合起来，得出评价的结论。另外，风险评价还应包括对风险表征方法、评价中的不确定性因素等方面的说明。具体包括，在上述生态风险受体和风险源空间相互作用关系分析的基础上，整合相关社会经济统计资料，展开中卫市沙坡头区城乡一体化进程及其生态风险伴生发展特征分析，并进行风险综合评价。

⑥区域生态风险管理对策。根据风险评价的结果，可以进一步提出综合的以及针对某个风险源、某方面影响的区域生态风险管理对策。

11.3.2.2 基于景观结构和工业活动的沙坡头区城乡一体化生态风险评价指标体系

区域生态风险评价包括3个关键环节：一是风险概率评价，用风险概率指数来度量；二是生态系统在区域中的生态地位和价值评价，用生态指数来度量；三是各生态系统遭受风险时的脆弱程度评价，用脆弱度指数来度量。其中，生态风险指数由两方面指标来体现，即风险概率和生态损失度指数。风险概率的计算多基于数据观测结果；而生态损失程度（用生态损失度指数度量）取决于不同生态系统在维持区域生态结构和功能方面的作用（用生态指数来度量），以及该生态系统的脆弱性（用脆弱性指数来度量）。

合适的指标在监测、评价环境变化和经济社会发展方面的作用举足轻重。在区域生态风险评价中，针对不同类型的生态系统特征，选取合适的方法和评价指标显得尤为重要。由于生态系统较为复杂，目前尚无合适的、可以准确描述其健康状况的指标体系。因此，构建生态系统以上层次的风险评价指标体系、确立风险评价标准以及发展各种定量评价方法和技术是今后生态风险评价的发展趋势。

区域生态风险评价指标体系构建存在的主要问题为主观性强和可比性差，鉴于此，应遵循客观性、整体性、层次性和可比性原则分层次构建指标体系。其中，构建受体生态地位和价值的评价指标体系最为复杂，可通过建立必选指标和可选指标来完善，以增强区域之间生态风险评价结果的可比性。本研究根据沙坡头区的实际情况，立足土地利用斑块和工业活动方式展开，从水土气生的层面，构建两种参数间的关联度和关联途径指标，为综合生态风险评价指标体系的构建奠定基础。

城乡一体化生态风险评价指标体系：

第一层次，空间单元的生态风险指数：空间单元的综合生态损失度指数＋空间单元的综合风险概率。

第二层次，空间单元的综合生态损失度指数：生态指数＋生态脆弱度指数；空间单元综合风险概率：风险强度识别＋风险强度的空间表达。

第三层次，生态指数：水量与水质指标＋土壤环境指标＋大气质量指标＋生物多样性指标；生态脆弱度指数：用各类生态系统相对脆弱性程度矩阵的特征根表示；风险强度的空间表达：由风险源强度和风险源等级表示。

第四层次，由具体土地利用方式和工业活动内容叠加构建空间单元生态系统水、土、气、生指标的生态指数权重参数体系。

第五层次，空间单元内基于水土气生环境要素的土地利用方式和工业活动环境效应的关联接口参数体系。

11.3.2.3 沙坡头区城乡一体化（逆城市化）生态风险评价的概念模型

景观生态学角度，城市与乡村的融合要维持一定丰富的景观类型与景观格局，以适应不同地区经济发展水平与人文地理特点；景观空间格局要把农业绿地、林业用地、环保绿地、游憩绿地等统一到城乡生态绿地空间中来；城乡廊道系统则是连接能流、物流和信息流的通道，是实现人类活动以及生物、非生物运动的关键所在。城乡一体化进程中不可避免地会对地区的水文、土壤、植被、大气、生物等环境要素及其生态过程产生诸多直接或间接的不利影响（即生态风险）。构建城乡一体化生态风险评价的概念模型，找出城乡一体化过程中可能产生的不利生态效应，对规避生态风险、构建生态环境友好型城乡一体化模式具有重要的理论意义和现实意义。参考国内外生态风险评价的方法，考虑到生态风险评价的对象特征，本书基于城乡一体化与生态环境关系的景观生态学分析，提出城乡一体化生态风险评价的概念模型，为城乡一体化生态风险控制实践工作的进一步开展提供科学依据。

11.3.3 逆城市化与生态环境关系的景观生态学分析

11.3.3.1 逆城市化干扰的景观动力学原理和过程

土地生态系统本身具有逐渐趋于稳定的本能，而且在受到干扰后会进行新的演替，见表11-4。景观动态是一系列驱动力共同作用的结果，总体上可区分为人力与自然力。

表11-4　　　　　　　　　　景观驱动力强度划分

强度	作用力
弱	景观水平没有明显的变化，生态系统总体上性质无任何改变
中	可以打破系统的平衡，但系统容易恢复到以前的水平，系统的变化基本上是弹性的

强度	作用力
强	系统的平衡不仅被打破而且产生了塑性变形,出现了新的景观,且新的景观具有一定的持续性,建立了新的平衡
极强	原有景观彻底破坏,产生了全新的景观类型与景观格局,发生景观替代现象

据图 11 - 5 所示,低强度的作用力会使景观发生波动,即较小的环境变化可能导致景观特性发生变化,但仅仅是围绕中心位置波动,景观依然处于平衡状态。当作用力到达 D 时,就起干扰作用,使景观特征发生超出其波动平衡范围的变化。景观就不再处于平衡状态,而处于不稳定状态。适度的干扰可使景观恢复到原来的平衡状态。严重干扰会使景观产生新的动态平衡。在这种情况下,作用力大于 N,景观不再恢复到原平衡状态。极度或突变性干扰可导致景观替代,当作用力超过 R 时原有景观消失,并在同一地面范围为新的景观代替。逆城市化过程中各类工业活动项目干扰强度较大,属于极强范畴,足以彻底破坏原有景观,形成全新人工生态系统(工业开发区)。

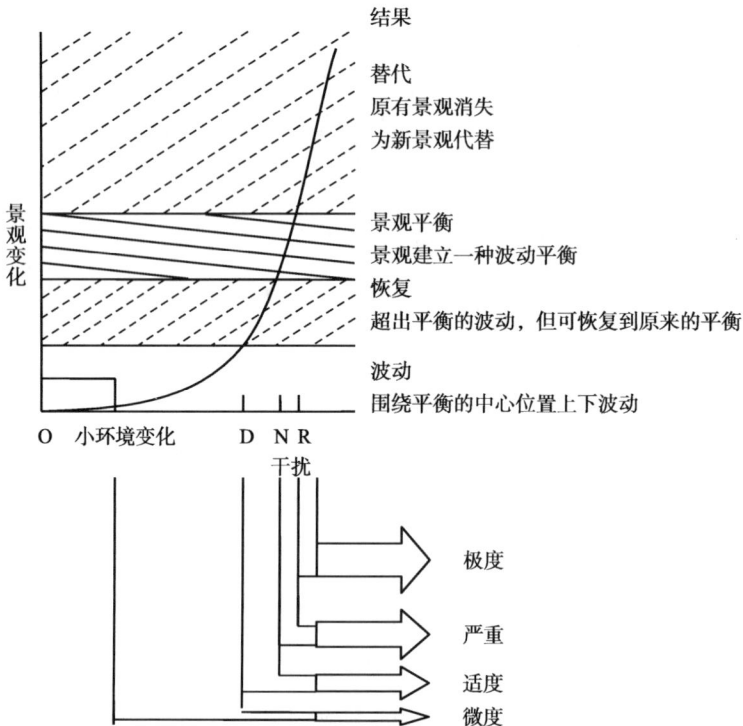

图 11 - 5 景观作用力与景观变化

11.3.3.2 逆城市化引起的景观生态效应

逆城市化所引起的景观变化遵循"驱动因子—景观变化—生态响应"模型（图11-6）。景观变化的主要形式包括：一是工业活动本身占用生态系统类型，从根本上改变土地利用的格局；二是基础生活设施条件的改善促进了区域的社会经济环境，从而驱动了项目区及其周边地区的土地利用方式改变，促使景观格局发生变化；三是工业活动空间布局的分散化，导致生态系统内部工农业污染源在时空上的重新排布及其生态效应呈现的复杂化，间接推动地区景观格局及其功能的变化。

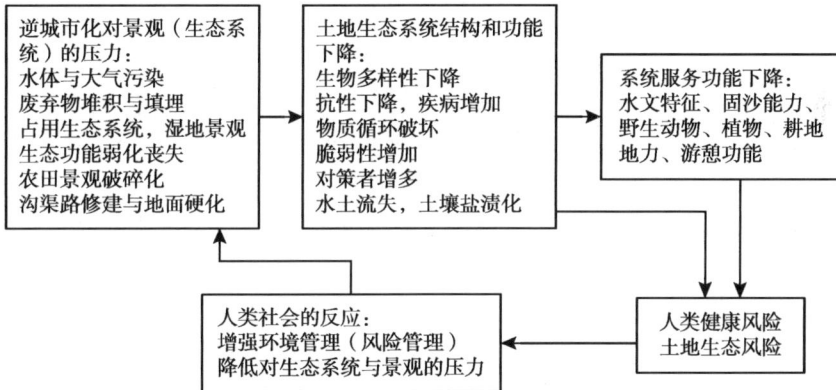

图11-6 逆城市化与景观（生态系统）变化之间关系

逆城市化对景观的影响可分为过程中和过程后两个阶段。建设过程中的施工工程，直接导致了生态系统面积的减少、景观破碎化和景观格局的改变，进而导致植被的生境发生变化，导致土壤退化、土壤侵蚀和水土流失等，影响较为强烈。开发整理完成后对景观的影响是长期的、潜在的，如硬质道路网的形成及人类干扰的增大，使得区域土地利用产生变化，同时对景观安全格局产生了胁迫。图11-7反映了各类建设工程对景观生态的影响及其效应。

11.3.3.3 城乡一体化的生态风险源分析

"风险源分析"是指对区域中可能对生态系统或其组分产生不利作用的干扰进行识别、分析和度量。这一过程又可分为风险识别和风险源描述两部分。根据评价目的找出具有风险的因素，即进行风险识别。城乡一体化生态风险评价所涉及的风险源主要是考虑逆城市化过程中的工业活动环境效应，及其对农田生态系

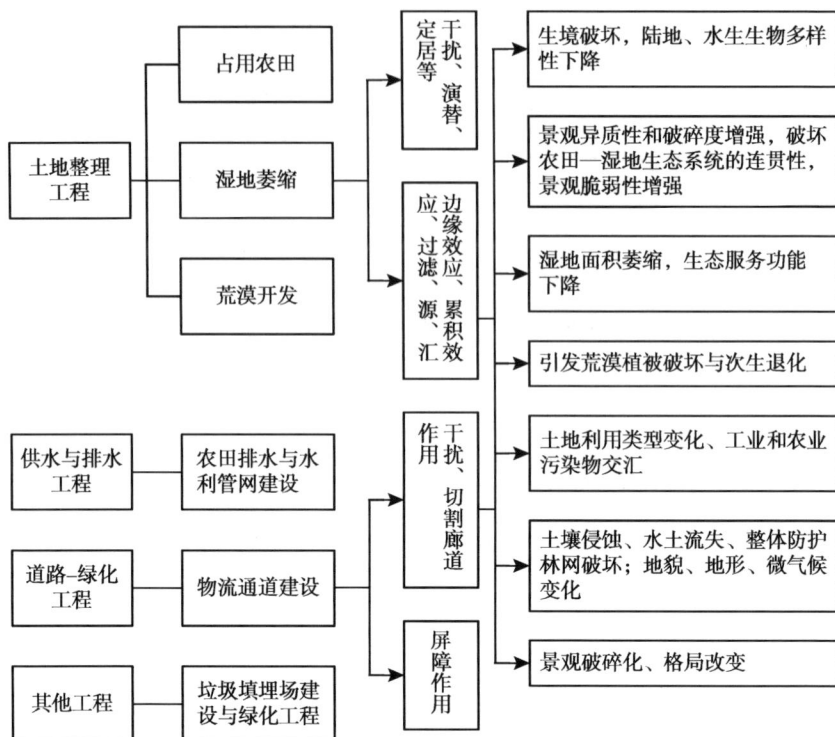

图 11 - 7   逆城市化对景观生态影响的途径和效应

统的干扰，只要它具有可能产生不利的生态影响并具有不确定性，即是生态风险评价所应考虑的。工业活动风险源通常作用于较大的区域范围，影响的时间尺度也较长。风险源分析还要求对各种潜在风险源进行定性、定量和分布的分析，以便对各种风险源有更为深入的认识。

城乡一体化通过一系列的生物、工程措施，改变土地资源的原位状态，对原有生态系统及其生态过程产生直接或间接的影响，可能使自然生态系统逆向演替，产生负的生态效益。这些项目往往由于缺少具体的实施方法与技术支持，难以实现预期的生态环境保护效果。城乡一体化是一个由自然因素、技术因素、社会因素、经济因素构成的典型复合系统演变过程，在此过程中不可避免会对项目区及其背景区域的水资源、水环境、土壤、植被、大气、生物等环境要素及其生态过程产生诸多直接或间接累积效应和有害影响。

对城乡一体化的生态风险源可以概括为荒漠开发、农田和湿地占用、道路建设与硬化、工业活动等土地利用结构、方式、格局变化。从目前看，城乡一体化生态风险源与胁迫因子见表 11 - 5 所示。

表11-5 城乡一体化生态风险源与胁迫因子

胁迫因子	生态风险源
土壤侵蚀	荒漠开发；农田占用；土地利用结构、方式、格局变化
土壤污染	工业活动
农田防护林破坏	农田占用；土地利用结构、方式、格局变化
生物多样性损失	荒漠开发；湿地填平；土地利用结构、方式、格局变化
水体交叉污染	工业活动
湿地萎缩	土地利用结构、方式、格局变化
大气污染	工业活动
生境退化	荒漠开发；农田占用；湿地填平
景观异质性和破碎化增强	工业活动；道路建设
土地生态服务功能下降	工业活动；荒漠开发；农田湿地占用；土地利用结构、方式、格局变化

11.3.3.4 逆城市化生态风险评价的概念模型

在上述分析基础上形成如图11-8的概念模型。这个模型揭示和描述了城乡一体化绝大部分可能的生态风险源和胁迫因子以及这些风险源和胁迫因子产生可能生态影响。然而，在生态风险评价这样复杂的评价中有时为方便研究也可以仅考虑土地整理对生态影响关系最为密切和最重要的方面，这需要结合研究区资源的开发与利用的需要进行选择。

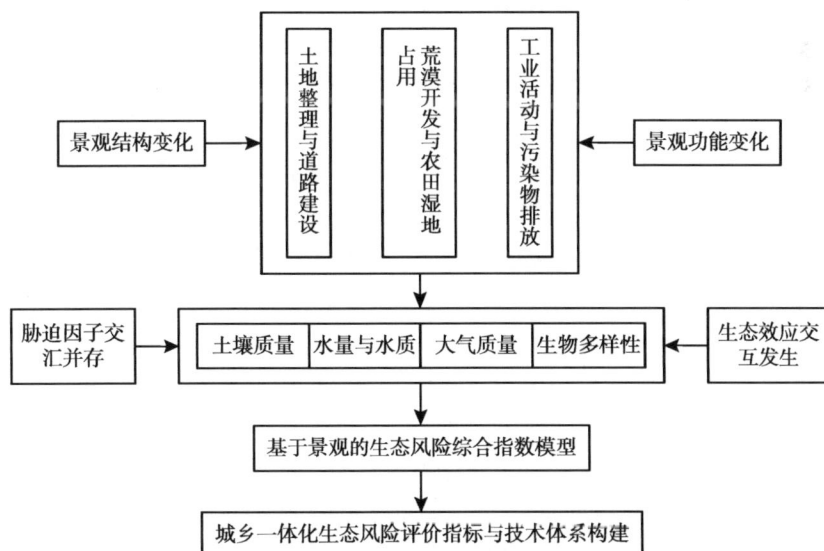

图11-8 城乡一体化生态风险评价的概念模型

11.4 基于耕地利用生态响应机理的沙坡头区 "经济—社会—生态"综合模式

在以上章节里,我们对沙坡头区生态安全等问题进行了分析,了解了沙坡头区生态安全、生态风险及其生态安全格局等方面的内容,认识到目前人类的活动强度已经对沙坡头区域生态系统造成了巨大压力,揭示了沙坡头区域生态系统本身具有的生态风险。以上分析表明,沙坡头区虽然实现了一定程度的经济增长,但由此引发了诸多严重的环境与社会问题,使生态安全状况趋于严峻。沙坡头区如何才能在经济增长的同时,摆脱"先污染,再治理"的怪圈,实现区域生态安全理想状态阈值范围内的经济发展,关键是基于生态安全的沙坡头区"经济—社会—生态"综合发展模式的选择。本书就沙坡头区基于生态安全的"经济—社会—生态"综合模式集成进行了研究。

11.4.1 沙漠日光温室模式

沙坡头区耕地沙漠化、沙进人退、沙尘暴等一系列关于沙漠的问题十分严重,充分利用当地丰富的沙地和独特的光热资源,在积极探索发展沙产业和高效节水农业的思路下,荒漠区日光温室发展就成为一种主要的发展模式。在沙漠中建设日光温室不仅有效地开发利用了沙漠资源,提高了沙漠的开发利用价值,而且起到了固沙、治沙的作用,有效保护了生态环境。

在沙坡头区实施该模式有四大优势:一是沙坡头区有丰富的沙地资源。二是空气无污染,地下水无污染,沙土无污染,其丰富的地下水质不含各种重金属等有害物质。三是光、热条件十分优越,沙地日照提温速度较快,能够很好地满足日光温室作物的光、热生长需求条件。四是沙漠中建温棚,具有病虫害少的特点。

在建设过程中,大棚可以采用黄沙、少量水泥和碎石压成免烧砖作为墙体结构,再顺底部毛石基础将轻钢架做成弧度为 30 度的半环型并焊接至顶部,这样大大降低了建造成本,使每座沙漠日光温棚成本降到 4.5 万元。通过采用"无土栽培"技术,使用新材料墙体日光温室的茄果类产量比老灌区普通日光温室增加 5%,可为全市设施农业增加收入 18.9 亿元。同时,沙漠大棚的使用寿命可达 20 年以上,确保日光温室在 -28℃ 低温条件下安全越冬。大棚里每隔一米就挖一个 80 厘米宽、60 厘米深的槽子,将树皮、锯末、家禽粪便、油饼和豆饼均匀地搅拌在沙土里，让它们充分地发酵，形成营养体。这种以麦草方块为主的温室墙体保温材料，以无土栽培和节水滴灌为主的技术支撑，种植蔬菜、水果、花卉的沙漠温棚建设，不仅使当地的沙漠得到有效治理，还改善了生态环境，提高了生活质量。

目前位于中卫市沙坡头区腾格里沙漠东南缘，现有宁夏回族自治区中卫市沙漠农业科技示范园区，通过充分开发利用沙漠资源，采用在干旱沙漠地区发展设施农业与生态防风治沙相结合的新模式后，实现了示范区防沙治沙用沙的多赢效应，凭借无污染绿色品牌，沙漠温棚生产的西红柿、辣椒，稳定占领兰州、西安、北京、武汉等市场的同时，通过边贸渠道，成功出口到俄罗斯市场。

11.4.2　生态工业园区建设主导模式

沙坡头区应利用其优越的区位及交通条件，牢固树立"突出抓工业"的意识，以园区建设为依托，引进外资加大园区基础设施建设；这种模式以生态工业园区建设为载体，在全过程、全方位生态化建设思想指导下，以工业生态园区建设为核心，以废弃物综合利用为基础，辅以土壤重建及植被重建而进行的景观生态重建。把工业园区逐步发展成生态产业园区，按照园区规划要求，严格控制进入园区的项目。因此，在未来各工业园区的建设和发展中，应按照循环经济的要求，在园区规划、建设中逐步调整各工业园区的工业产业布局，合理定位各工业园区的发展方向，通过上下游产业链，上游工业的废弃物作为下游产品的原材料，形成废物和能源梯级利用的生态网络，实现园区内资源、能源利用效率最大化，污染物排放最小化，减少废水、废气、废渣的排放。

工业园区建设措施有：一是加快主干道、电力、自来水、通信网络、给水排水系统等配套基础设施的建设；二是加大投、融资力度，增加资本投入，深化投资体制改革，以投资公司为平台，扩宽园区建设融资渠道；三是制定相应的特殊政策，建立"三特"政策，即特殊的优惠政策，从征用土地、手续办证、税收等方面入手；特别的保护政策，优化保护环境，严格按程序执法，把执法与发展有机结合，切实保护企业和经营者合法利益；特有的诚信政策，强化诚信意识。

园区应采用资源节约及生态保护的协调发展模式。采用高新实用技术改造传统产业，支持企业通过技术改造，节能降耗，综合利用，实行污染全过程控制，减少生产过程中的污染物排放，提高工业用水重复利用率和资源的合理使用，大力推行循环经济。在工业园区建立循环经济试验区，形成循环经济产业链，鼓励园区各企业成为"零排放"企业，实现资源节约及生态保护的协调发展模式。在工业园区内实施产业共生，重视资源和废弃物的循环利用，按照"减量化、再利用、资源化"的原则，以清洁生产、资源合理利用为突破口，大力推行可用废物资源化，实现资源的高效循环利用。生态园区以骨干企业为基础，一系列生产企业和服务企业组成开发与加工利用为主体，组成固体废渣生产建筑材料、土地生态修复和景观重建发展农林和旅游业的生态园区，通过结构功能优化及生态化发展模式研究能源、水和材料的管理环境与资源问题的相互合作，协同提高环境质量和经济效益。在园区内，某企业生产过程中产生的"废料"是另一些企业的原料，或者自己能够回收利用的全部回收利用，或建立专门的原料再生企业，对园内废弃物进行再生处理，不能再生的要全部进行无害化处理，尽量延长资源跨产业再生利用链。在工业园区范围内，尽量做到污染物减量化，使能源、资源物尽其用，直至"零排放"。

11.4.3 绿色生态旅游行业带动模式

宁夏中卫沙坡头是国家首批 5A 级旅游景区，是宁、蒙、甘三省（区）的交接点，黄河第一入川口，是欧亚大通道，古丝绸之路的必经之地。经过近半个世纪的建设和二十年的旅游开发，沙坡头科技治沙工程、沙漠生态环境以及特色旅游项目让沙坡头名扬海内外。并在吸纳创新中，海纳了中国西部以及世界沙漠旅游地区的各类沙地旅游项目和产品，形成了中国沙漠旅游门类齐全的景区，并形成了中国沙漠体育运动基地和中国沙漠科研研究基地。由治沙成果引发的生态环保之旅已成为沙坡头旅游区面向海内外旅游市场的主打产品之一，成为国外游客来宁夏旅游的首选。在海外旅游市场中，游客们普遍认为：不到沙坡头，就等于没到宁夏。徒步穿越腾格里沙漠探险、乘坐古老的羊皮筏子黄河漂流及沙坡头治沙生态环保之旅，已被宁夏回族自治区列为本区最重要的主打旅游产品向海内外市场推出，目前已成为了法国丝绸之路长跑团永久基地。沙坡头的旅游业是由海外游客自发旅游引发，因此从一开始便成为宁夏对海外旅游市场的主打品牌，并且在区域品牌基础上逐步形成了国内国际知名品牌。因此沙坡头旅游景区建设成为沙坡头区经济社会生态发展的一个新的发展带动模式。

打造该模式的具体内容主要包括：

多文化交汇景观带建设：即从北到南由大漠、黄河、长城等多种旅游资源交汇组合，以及农耕文化、游牧文化、长城文化，丝路文化等相撞相融而形成的多文化景观带。黄河文化景观带建设：即沿黄河形成的包罗峡谷风光、沙漠风光和塞上江南田园风光等黄河景观特色和古老文化底蕴，从中卫南长滩至沙坡头的东西向黄河文化景观带。中国大漠旅游区：即以世界著名治沙成果为主展现人地关系主题。中国治沙博物馆和中国沙漠研究院是其主要项目，主要展现人与自然相争相搏到和谐相处的历程与现状；大漠景区是其主要展现区，即以世界沙漠各类沙地旅游项目、体育运动项目、探险观光项目为主，打造门类齐全的世界沙漠旅游胜地，并成为中国丝绸之路的北线接点。沙坡鸣钟黄河度假区：即国际滑沙中心。以现有"沙坡鸣钟"滑沙场为基础拓宽滑沙场，增加滑道，开发单人滑、双人滑、多人滑、滑草、滑水等项目，以堪称中国第一的大沙坡和沙、河、山、园荟萃一处的绝世奇观，打造国际滑沙中心。以厚重的黄河文化为内涵，以天造地设的黄河大太极图为依托，以天下黄河第一漂为特色产品，多视角、全方位开展凸显特色的黄河水上游和黄河人家度假休闲等特色旅游活动，将羊皮筏子漂流、绿色休闲等特色品牌推出中国，推向世界。大漠绿洲旅游景区：以沙坡头水利风景区和农家度假休闲别墅区为核心，建成集贵宾接待、餐饮、住宿、购物、娱乐为一体的综合游客接待中心，大型停车场形成特色购物和特色餐饮。

11.4.4　"麦草方格"为主"五带一体"综合治沙工程体系模式

让沙坡头屹立于世界治沙、生态和环保三大科学高峰上的是其辉煌卓越的治沙成果。1958 年，中国第一条沙漠铁路—包兰铁路横贯腾格里沙漠边缘。为了确保西北交通大命脉包兰铁路畅通无阻，从 1956 年开始，勤劳智慧的中卫人民与治沙工作者、科技工作者一道艰苦探索，创造出了以"麦草方格"为主的"五带一体"综合治沙工程体系。当时中科院、铁道部、林业部联合组织攻关，中科院副院长竺可桢率 100 多名专家学者奔赴沙坡头。科技人员和铁路职工先后进行了大面积平铺麦草压沙和圆形、三角形、格状、带状等各种不同形状的麦草方格治沙方式试验，试验成功打造了中国人的治沙"魔方"—1 米×1 米麦草方格。在厚达 80~100 米的活动沙丘上，扎设方格草障 32.8 万亩，造林 420 万株。1967 年 5 月，第一期引黄治沙工程破土动工，共平沙造田 2075 亩，栽植刺槐、沙枣、柠条、紫穗槐等 400 多万株，修成水渠 5376.5 米。1984 年，沙坡头地段 15.4 公里的卵石防火带、灌溉造林带、草障植物带、前沿阻沙带、封沙育草带"五带一体"治沙防护体系建成，单一的"旱路固沙"变为"水旱并举"的综合治沙体系，有效阻止了风沙流对铁路的侵袭，提高了线路质量，确保了包兰铁路的安全畅通，还改变了当地的生态环境。

"五带一体"铁路防风固沙体系，其本质就是为保证包兰铁路的畅通，在横穿腾格里沙漠的包兰铁路两侧建成了长 60 公里，各宽 500 米的"五带一体"（固沙防火带、灌溉造林带、草障植物带、前沿阻沙带、封沙育草带）铁路沙害防护体系。目前铁路两侧 60 公里长，500 米宽的绿色屏障宛如两条巨龙，天然植物种类由 25 种增加到 453 种，植被覆盖率由原来不足 1% 达到 42.3%，野生脊椎动物达140多种。1984年，国家环保局在沙坡头建立了我国第一个具有沙漠生态特征的人工植被自然保护区。中卫市政府将沙坡头开辟为旅游区，这里旅游收入逐年递增，1998年为260万元，目前已占宁夏旅游总收入的10%，旅游产业成为中卫市的经济支柱产业。2007年5月，沙坡头被正式列入国家5A级旅游景区，打响了"宁夏归来不看沙"的沙漠旅游品牌。

沙坡头区固沙林场的治沙经验和模式，向全世界展示了一个在荒漠地区进行生态工程建设，并通过人工生态系统改造沙漠的成功典范。沙坡头治沙防护体系先后获铁道部科技进步一等奖、国家科技进步特等奖。沙坡头正是因为治沙成效显著而被联合国环境规划署授予"全球环境保护500佳单位"称号。沙坡头治沙防护体系保证了包兰铁路畅通无阻50载，为国家直接间接创造经济效益数百亿元。几十年来，该防护体系成为我国干旱沙漠地区交通干线荒漠化治理的成功模式。

11.4.5 "硒砂瓜"种植模式

硒砂瓜是葫芦科一年生草本蔓生植物的果实，其含水量一般在94%以上。硒砂瓜果肉中含有葡萄糖、果糖、蔗糖等，汁甜、味美、凉爽可口。据测定，一般灌溉大田西瓜的总糖含量平均为8.5%，而压砂西瓜的总糖含量为9.3%～10%，高出大田西瓜0.8%～1.5%；维生素C含量大田西瓜一般为9.4mg/100g，而压砂西瓜则为10.8mg/100g，高出1.4mg/100g。其中还含有胡萝卜素、维生素、18种氨基酸和硒、钙、钾等微量元素。硒砂瓜中的硒含量居其他西瓜之首，硒是人类生命活动中不可缺少的必需微量元素，素有"生命火种""抗癌之王""天然解毒剂"等美誉，有较高的价值。

沙坡头地区干旱少雨，丘陵纵横，沙砾遍地，昼夜温差大。根据这一地区独特的气候及种植条件，采用"压砂种瓜"这一节水保墒的旱作农业种植模式作为其经济—社会—生态综合发展的模式之一。所谓"压砂种瓜"就是在干旱的山坡地表面，覆盖一层15cm左右厚的砂砾，通过砂砾层的蓄水、保墒、增加昼夜温差等作用种植西瓜，提高西瓜品质，此外随着砂砾石逐步风化，可以为土壤提供丰富的微量元素，实现土壤的循环利用。用压砂抗旱法种植的硒砂瓜，生产出的西瓜个大、瓤红、汁多、果肉鲜嫩、营养丰富，以品质好、无污染而倍受客商和消费者青睐。目前，沙坡头硒砂瓜在全国已经形成12条销售线路，远销兰州、重庆、郑州、武汉、广州等地，是沙坡头区农民主要的致富方法之一。但是由于当地硒砂瓜深加工产业没有跟上，硒砂瓜目前主要处于单一销售模式中，把硒砂瓜种植模式作为经济—社会—生态发展主要模式，需要我们进一步挖掘硒砂瓜产业发展的新思路和新方法。

11.4.6 沙漠湿地保护建设模式

沙坡头区地处腾格里沙漠东南缘，得黄河水资源补给之利，湿地物种和生物资源非常丰富，通过"腾格里湖开发"工程，把西至迎闯路东到北干渠区域内的马长湖、高墩湖以及池塘全部连通后，目前沙漠湖泊水域面积达 10000 亩以上，"腾格里沙漠湿地综合生态工程"建设成功后，现有湿地面积将得到进一步恢复和扩大。在沙坡头区实施沙漠湿地保护建设模式，通过退养还湖、退田还泽、湖泊连通、围堰蓄水等的有效实行，加强了沙漠边缘湿地保护，带动了周边生态改善，阻止了沙漠侵袭，有效保护了沙坡头区滨河沙漠湿地资源，改善区域生态环境条件，为候鸟提供了栖息场所，增加了湿地物种和生物资源的多样性。

主要包括以下内容：

加强湿地边缘保护，在滨河湿地加筑堤坝，营造护堤林，退耕还湖，疏通渠道，提高拦洪蓄洪能力；提高湿地面积和质量，在沙漠湿地修建补水渠道，实施造林种草，阻止沙漠前移；延伸湿地保护范围，采取扎设草方格沙障，栽种灌草植被，营造防风固沙林带，围栏封育等措施，对湿地保护区周边沙地进行综合治理。同时通过合理调配水资源，统筹拦截雨水、灌溉排水和适当抽取地下水保护湿地，形成地上水和地下水良性循环，保证水资源的可持续利用。在灌溉季节，农田退水达每秒 30 立方米左右时加长退水在湿地滞留时间，湿地干枯时及时抽取地下水维持湿地表层湿润，同时通过湿地降解污染的功能，一定程度上缓解农田退水形成的面源污染。

通过这一模式有效保护了生物多样性，改善了农业生产条件，湿地的生态效益、社会效益和经济效益都得到了较好的发挥。专家认为，我国还有大面积荒漠化土地或面临荒漠化威胁的土地位于湿地周边地区，湿地为这些荒漠化土地的治理带来了很好的水热条件，要加强对现有湿地的保护和恢复，发挥湿地在调节区域气候和保持水土上的巨大作用，抵御沙漠化土地蔓延，优先保护和治理这部分湿地和沙化土地，对防沙治沙和湿地保护都能起到事半功倍的效果。从这一角度来看，沙漠湿地保护建设模式在有效保护"母亲河"和中卫水源地，增强抵抗洪水、寒流等自然灾害的能力，减少自然灾害的危害程度，保证农牧林业高产稳产，增加农业综合生产能力的同时，也为西北地区、沙漠边缘地区开展滨河沙漠湿地科研教学提供了良好的基地平台，对其他地区的湿地保护和防沙治沙也具有极大的借鉴价值。

11.4.7 设施农业龙头企业带动模式

沙坡头灌区光热资源丰富，自然环境优越，具备生产优质蔬菜的良好自然区位优势，把设施农业龙头企业带动模式作为经济—社会—生态综合模式，对于当地灌区农业经济发展具有重要意义。该模式的具体内容为：大力扶持设施农业龙头企业，采取新上与技改并进，按照"组装配套、集群发展"的思路，根据各镇特点，重点建设蔬果鲜储配送中心、净菜深加工精包装、硒砂瓜汁加工等设施农产品加工项目，着力扶持发展一批前景好、产业关联度大、市场竞争能力强、辐射带动面广、与农户利益联结紧密的设施农产品深加工和流通企业。积极支持"龙头"企业通过建立生产基地、风险基金、订单农业等形式，与农户建立长期稳定的利益联结体。把发展无公害、绿色、有机产品作为设施农业发展的重中之重，真正把设施农业培育成农民稳定增收的支柱产业、富有市场活力的区域特色优势产业。充分发挥沙坡头引黄灌溉、环境无污染的优势条件，积极适应国内外市场需求，大力引进新品种，增加设施农业中的名、优、特、稀农产品的生产比重，按照"一乡一优、一村一品"特色农业路子，实现"人无我有，人有我优，人优我大，人大我专"，提高市场竞争能力，尽快形成规模和品牌优势。打好"清真""无公害""绿色"品牌，通过品牌化运营，稳定占领西北市场，积极拓展西南市场，成功打入南方市场，通过边贸渠道扩大出口，积极抢占中亚四国和俄罗斯市场。

11.4.8 沙坡头区灌排模式

沙坡头区黄河过境流程114km，得黄河灌溉之利，沿河两岸农业发达，物产丰饶，是宁夏优质商品粮、蔬菜瓜果等农产品生产基地，灌区引黄灌溉面积2.31万 hm^2。经过多年建设，引黄灌区已基本形成了灌溉、排水、防汛抗旱、水土保持等功能齐全的农田水利工程综合体系，共有总、支干渠8条，排水干沟9条，桥、涵、闸等小型农田水利工程设施1.5万座。沙坡头区农田水利灌排模式的主要内容为：围绕"调整结构、防汛抗旱、改善生态"来进行建设。

调整结构就是紧密联系各镇（乡）主导产业及经济结构调整，从发展优质高效农业、增加农民收入的现实需要出发，以产业定工程，以工程促产业，建设与主导产业、经济结构调整步伐相配套的农田水利基本建设工程。农田水利基本建设要跟产业配合，推动产业调整，培育龙头产品基地，使农田水利基本建设效益直接体现在农产品的产量、质量上，最大限度地发挥农田水利基本建设工程的经济效益。对以大棚为主的设施农业基地、硒砂瓜基地、优质粮食基地、经济作物基地和经济林基地，要在现有灌溉节水的基础上，逐步配套能适应作物灌溉要求的微灌、滴灌、喷灌等节水工程；在现有灌排体系的基础上，统一规划，进一步完善灌区农田体系，搭建起长久畅通的农田灌排水网络，解决灌区所有农田的灌排水问题。

防汛抗旱就是突出以防汛抗旱为主的水利工程建设。主要是解决好黄河临水堤防段落骨干控制性的工程设施、护岸码头的维修等防汛工程；解决好南部山区水土治理、饮水解困、抗旱水源等骨干工程的正常蓄水、保水、灌溉、防洪和抗旱。解放劳动力，提高农民生活质量。

改善生态就是把农田水利基本建设作为改善生态环境的重要手段，突出以预防为主的水土保持建设，以流域为单元统一规划，保土、蓄水、育林、种瓜、种草多种措施并举，实施综合治理；着重抓好南部荒山荒坡的开发治理，大力发展硒甜瓜种植产业，发展林果经济，生态环境建设与农民的当前利益及长远效益相结合。抓住国家提倡实施的水利配套项目向西部倾斜的重大机遇，把改善生态环境放在农田水利基本建设的突出位置来抓。

11.4.9　高效节水特色产业发展模式

为了有利于发展特色优势产业，充分整合利用水土工程设施，使其发挥最大效益，对已有水源工程进行挖潜改造。通过扬黄工程、引水工程改造、泉水改造、打水窖等措施，拦蓄洪水，充分利用当地地表水，打机井开采利用地下水等多种措施，合理调度水土资源，尽最大可能发挥各种水源的潜力。

在此基础上是实施农业综合开发节水灌溉项目。采用先进节水灌溉技术，通过集中管理，加快农业规模化生产的实现，针对黄河来水大幅减少，水权指标受到严格控制的现状，开展优势特色种植业扩规增效行动计划，坚定不移地推进马铃薯、硒砂瓜、小茴香和优质葱、韭、蒜等特色产业的规模扩张增效，促进了农业种植结构由耗水量大的单一粮食作物向节水高效型产业调整，调整优化种植结构和品种结构，大力推广先进实用技术和品种，增加了农民收入。同时，坚持水跟砂走、砂跟水走的思路，在有水源有条件的地方规划建设补灌工程，本着合理规划、精心设计的原则，适时搞好补灌工程的规划设计，为工程实施建设奠定基础。

11.4.10　天然林保护工程治沙模式

大力营造防风固沙林体系。组织实施治沙工程，修建引水干渠，加快了低产老化林的改造，巩固提高了防沙林的防护效能。针对腾格里沙漠治理实际，通过扎设草障、设置沙障、营造防风固沙林带、围栏封育种草种树、修建水利工程设施等措施，在北部沙漠边缘地区建起了 60 公里的防风固沙林带。沙坡头区局部荒山荒漠地区分布着天然次生灌木林，搞好封育管护，在区域性的防护林体系建设中具有十分重要的意义，对加速高山陡坡和风沙危害区绿化，增加森林植被，控制水土流失，减轻自然灾害，促进山（沙）区经济和社会可持续发展作用巨大。沙坡头地区封育管护工作从 20 世纪 90 年代开始，在沙区选择了集中连片、便于管理、宜于封育成林的市林场、市西郊林场、市治沙林场等片区共封育管护 50 多万亩，取得了显著成效。实践证明，封育是一项投资少、见效快、三大效益显著的育林方法，也是加快生态环境建设的最有效途径。

中冶美利纸业集团有限责任公司造纸原料林基地建设治沙模式。中冶美利纸业集体造纸原料林基地建设经过长期实践探索出了一条"政府支持，社会参与，科技支撑、市场导向，企业运作"的有效治沙模式。自 2000 年以来，中卫市沙坡头区结合美利纸业林纸一体化工程的实施对风沙危害极为严重的西风口区域进行了重点治理，在西风口边缘地带建起了两处大型的一二级扬水泵站，修建了引水干渠，引黄河水进入沙漠腹地，大搞平沙造田，进行造林绿化，大力营造了以速生杨树为主的造纸原料林，截至 2009 年年底已营造了以中林 46 杨、欧美 107 杨等速生杨树为主的造纸原料林 20 多万亩。

11.4.11 沙产业发展模式

沙产业目前尚无准确的科学表述，一般是指利用沙地、荒漠地区独特的资源优势进行经济开发，由社会投资并实现自我循环的经济运行活动，1994 年我国著名科学家钱学森预言："农、林、沙、草、海 5 大产业将在 21 世纪掀起第六次产业革命"。钱学森院士提出要创建"利用阳光、通过生物延伸链条，依靠科技，对接市场"的沙产业。沙坡头区沙产业发展的主要模式有：

沙漠种植业模式。立足沙区立地条件，发展沙生中药材产业，种植以甘草、麻黄、苦豆子为主的中药材，提供原材料，同时在改造低产园的基础上，扩大果树种植规模，增加沙区果树种植面积，提升果树基地的规模和档次；推行枣瓜间作种植模式，促进压砂地种植业可持续发展；发展沙漠设施农业，总结和推广沙漠日光温室建设的新技术，推行标准化生产技术，鼓励企业及农户参与沙漠日光温室建设，发展沙漠日光温室。

沙漠旅游模式。以沙坡头旅游区为中心，辐射带动周边沙漠旅游业发展。在美利工业区东侧建立腾格里森林生态公园景区，在香山机场北侧腾格里沙漠边缘开发建设大漠龙湖景区，在沙坡头西侧建设黄河入川口风景区，在西风口北部沙区建设腾格里湖景区及马场湖生态度假区，在沙坡头区西侧建设孟家湾蒙古大营景区。发挥沙漠湿地保护与恢复及生态防护林林业绿化工程建设优势，以生态观光、休闲度假等为主要目标，加强森林公园、自然保护区、国有林场的生态旅游和生态文化基础设施建设。

沙区新能源产业和沙料建材业模式。利用沙区地处"西风口"的区位优势，引进资金和企业发展风能发电；充分利用沙区光照资源充沛的优势，制定优惠政策，鼓励发展光伏发电；利用速生原料纸浆林产生的枝节边料及沙区灌木林切片，引进新技术进行生物质能发电，培植新能源开发产业。引进新型技术和人才，研发各类沙料新型建筑产品，培育新型沙石产业。规范沙区沙料采用行为，合理利用沙石资源，有计划地培植沙料开发企业，有效利用沙石资源。

第12章

实证研究二：宁夏巩固退耕还林成果
政策评价及调控角度研究

退耕还林政策的本质是将耕地还原其本来面目，退耕还林政策的根本目标是保护生态环境，促进人与自然和谐相处，政策的出发点具有先进性和可行性。自退耕还林（还草）政策实施以来，人们越来越关注退耕还林（还草）政策的实施效果，对于退耕还林政策的实施效果进行评价，尤其是对于巩固退耕还林政策的支持体系建设情况进行研究，对于评价当前退耕还林现状以及未来相关政策的制定具有重要意义。

12.1 现有退耕还林政策的实施情况

12.1.1 退耕还林政策的阶段划分

新中国成立以后，党和国家就一直十分重视造林绿化工作。早在1949年4月晋西北行政公署发布的《保护与发展林木林业暂行条例（草案）》就规定：已开垦而又荒芜了的林地应该还林；森林附近已开林地如易于造林，应停止耕种而造林；林中小块农田应停耕还林。这是中国第一次正式提到退耕还林。其后中国进一步开始退耕还林的实践探索，不少地方取得了很大成绩，按照退耕还林在还林林种上的变化，中国退耕还林的实践过程可以划分为四个阶段：

第一阶段（20世纪70~80年代中期）：营造商品用材林为主的退耕还林时期。

20世纪70年代在毛泽东主席"绿化祖国"的号召下，一些地方开始了退耕还林工作的具体实施。如重庆市武隆县提出"基本农田加科学种田，确保退耕还林"的口号，先后建立了周家山、燕子背、核桃等乡办林场，成千上万亩地退耕植树造林。这一时期的退耕还林工作有以下几个特点：政府组织搞"大兵团"式造林；退耕还林区基本为人烟稀少的高山区；以营造商品用材林为主。

从生态可持续发展角度分析，这一时期退耕还林存在以下问题：其一，退耕还林区域基本为高山地区，大面积水土流失严重的中低山基本未退耕还林。其二，还林造林多为用材为主的人工纯林，在保护生物多样性方面不理想。其三，退耕还林地块划为社员"自留山""管理山"后，成片采伐、乱砍滥伐比较严重，有复耕现象。

第二阶段（20世纪80年代中期~90年代末期）：营造经济林为主的退耕还林时期。

这一时期国家加大了对林业的投入，贫困地区地方政府开始把扶贫开发与生态环境保护建设结合起来，探索出一些新的方法。如重庆市武隆县的移民退耕还林实践；山西省乡宁、大宁等县的米粮下川上源、林果下沟上岔、草灌上坡下孤的退耕还林；内蒙古自治区乌盟地区推行"进一、退二、还三"（进一亩稳产高产田，退二亩坡耕地或非农耕地，还林、还草、还牧）的退耕还林模式。这一时期的退耕还林有以下特点：农民开始以市场为导向，由过去单纯的营造用材林转向营造见效快、收入高的经济林；以政府引导，林业部门技术咨询，群众自我决策的方式组织实施；以农户家庭营造为主，实行国家贷款扶持，国家、集体、个人多元投资相结合的筹资方式。

从生态可持续发展角度分析，这一时期退耕还林存在以下问题：其一，仍然以经济效益为主决定退耕还林，受市场影响较大，退耕不稳。其二，由于退耕还林多数营造的是经济林，退耕还林地的水土保持作用欠佳。其三，一些退耕还林地块实行林粮间作，还林但没有退耕。

第三阶段（1998年特大洪灾发生后至2001年的高度重视阶段）：营造生态经济林为主的退耕还林新时期。

1998年，中国长江、松花江、嫩江发生了百年不遇的特大洪灾，灾害过后，人们痛定思痛，充分认识到森林在生态环境中的地位和作用。在1998年实施天然林保护工程后，于2000年在西部11个省市区174个县开展了大规模的退耕还林试点示范，标志着退耕还林进入了一个新的历史时期。这一时期与前两个时期相比较最突出的特点就是国家明确提出给农民补助政策，同时出现了以下新的特点：把退耕还林作为一项生态工程，正式列为国家生态环境保护与建设项目；明确退耕还林是坡度在25°及25°以上的陡坡耕地退出耕作，通过植树造林恢复森林植被，实现生态环境好转的一项工程；明确退耕还林与当地经济发展相结合，努力实现生态效益与经济效益"双赢"；坚持"宜乔则乔、宜灌则灌、宜草则草"的原则，使退耕还林达到科学设计，综合治理。

第四阶段（2002 年至今）：大规模推动阶段。

这一阶段中，改善生态环境作为经济发展和提高人民生活质量的重要内容第一次列入中国的"十五"计划纲要中。这一时期开始真正从生态系统和经济系统的复合系统角度出发，注重人与自然的和谐统一，考虑"三农问题"和维持退耕还林长期稳定、持续发展问题，以实现生态效益与经济效益"双赢"为目标，从当地自然条件和社会经济情况的实际出发，进行科学分析、因地制宜确定植被恢复途径、优化配置模式和有效的造林技术措施，确保了退耕还林工程建设更加科学化、规范化。

这一阶段中有个关键转折点，就是退耕还林工作重点向巩固退耕还林成果的转变。退耕还林从 1998 年开始到 2006 年告一段落，2007 年国务院发出《关于完善退耕还林政策的通知》，这个通知的明确提出，标志着退耕还林工作从退耕还林转向以巩固退耕还林成果为主的阶段，我们本次主要研究巩固退耕还林成果的相关政策效果。

12.1.2　退耕还林持续性政策

梳理国家近几年来的退耕还林条例、相关通知以及管理办法等政策，我们认为"国家退耕还林条例"（2002 年 12 月 6 日中华人民共和国国务院令第 367号）、"国务院关于进一步完善退耕还林政策措施的若干意见"以及"退耕还林工程现金补助资金管理办法"作为退耕还林的首批条例和管理意见，其基本内容直接影响着我国退耕还林政策的实施，也是配套性政策产生的直接依据，是退耕还林持续性政策所包含的主要内容，主要表现在以下几个方面：

12.1.2.1　国家向退耕户提供粮食、现金补助

粮食和现金补助标准：长江流域及南方地区，退耕地每年补助粮食（原粮）150kg/亩；黄河流域及北方地区，退耕地每年补助粮食（原粮）100kg/亩。粮食和现金补助年限，还草补助按 2 年计算；还经济林补助按 5 年计算；生态林补助暂按 8 年计算。退耕地每年补助现金 20 元/亩。退耕后的土地必须严格按照国家规定的比例种植生态林 80%、经济林 20%。对超过规定比例多种的经济林，不补助粮食。供应的粮必须达到国家规定的质量标准。

12.1.2.2　国家向退耕户提供种苗和造林费补助

种苗和造林费补助标准按退耕地和宜林荒山荒地造林 50 元/亩计算。尚未承包到户及休耕的坡耕地，不纳入退耕还林兑现钱粮补助政策的范围，但可作宜林

荒山荒地造林，按 50 元/亩标准给予种苗和造林费补助。

12.1.2.3　落实相关所有权和使用权

按照"谁退耕、谁造林、谁经营、谁管护、谁受益"的原则，退耕地造林种草后，收回原有土地使用证，并由县人民政府逐块登记造册，及时核发林权证，建立健全管护档案，强化管护措施，把管护工作纳入规范化管理。退耕农户享有退耕土地和荒山荒地上种植的林木所有权，土地使用权，退耕还林土地承包经营权期限和造林后荒山荒地承包经营权期限延长到 70 年，可以依法继承、转让，到期后可按有关法律和法规继续承包。

12.1.2.4　补粮、补款

为保证退耕还林成效，第一年经验收造林任务完成且成活率达到 85% 以上为合格，兑现粮食和医教补，否则自备苗木，限期补栽。第二年造林保存率达80% 以上，且往后五年连续地生长稳定的，逐年足额发放补助的粮食和医教补。达不到上述要求的，扣除当年粮食补助，等返工后达到标准的另行发放。

12.1.2.5　工程实行报账制

工程建设实行县级自查、省级复查、国家核查三级检查验收制度。县级组织全面自查，达到预期技术（面积、林种、树种、密度、成活率等）经济指标后，提交自查报告，分别上报市、省退耕还林办公室。省退耕办公室在县级自查验收的基础上进行复查，并将复查结果和县级自查报告提交国家林业局组织核查。县林业局根据省、国家验收结果，组织发放验收证明，并将验收结果填写在退耕还林证中，交粮食部门、财政部门。农民持验收证明、退耕还林证、退耕补助粮供应卡和退耕补助款发放卡到粮食部门、财政部门领取粮食和医教补助。

12.1.2.6　其他保障措施政策

主要内容包括：对退耕还林（草）取得的农业特产收入免收农业特产税；地方政府应加强基本农田和农业基础设施建设，解决退耕还林者长期口粮需求；地方政府应加强农村能源建设，解决退耕还林者对能源的需求；退耕过程中实行生态移民、封山禁牧、舍饲圈养等措施；项目资金应做到专款专用等；国家给退耕户无偿提供种苗；退耕还林任务必须在林业局规划设计范围之内（小班移位、错位不在作业设计范围之内，不予验收），退耕地内不能种植粮食、经济作物，真正做到退得下，还得上，稳得住，能致富，不反弹。

以上这些措施一直以来得到了有效的实施。

12.1.3　退耕还林配套性政策

随着退耕还林工作的深入，为了解决退耕还林工作中逐渐体现出来的具体问题，国家先后出台了有关退耕还林的配套性政策，重点以巩固退耕还林成果为主，主要包括"国务院关于切实搞好'五个结合'进一步巩固退耕还林成果的通知"、"国务院关于完善退耕还林政策的通知"、"巩固退耕还林成果专项资金使用和管理办法"，"完善退耕还林政策补助资金管理办法"，"退耕还林财政资金预算管理办法"，这些政策主要是为了解决退耕地区农户的长远生存保障，后续产业的建立以及农村替代能源等的同步建设等问题，其内容主要包括以下几个方面：

12.1.3.1　切实搞好"五个结合"

把退耕还林与基本农田建设、农村能源建设、生态移民、后续产业发展、封山禁牧等配套保障措施结合，巩固退耕还林成果。大力加强农田水利基本建设，建设高标准基本口粮田；加强农村能源建设，保护林草植被；通过生态移民从根本上改善生产生活条件；通过加强后续产业发展增加农民收入；加大封山禁牧和舍饲圈养力度以保护生态环境等。

12.1.3.2　巩固退耕还林成果专项资金

国家要求地方政府将巩固退耕还林成果的专项资金与中央预算内基本建设投资安排的基本口粮田建设、农村能源建设等资金统筹考虑。要求巩固退耕还林成果专项资金与扶贫开发、林权制度改革、小型农田水利建设、土地整理、农业综合开发等资金结合起来，统筹安排。按照目标、任务、资金、责任"四到省"原则，专项资金由各省、自治区、直辖市包干使用。

12.1.3.3　国家向退耕还林政策补助期满后安排"补助资金"

为补助期满后生活困难的退耕农户，在原每亩退耕地每年20元现金补助基础上进行额外补助，补助标准为：长江流域及南方地区每亩退耕地每年补助现金105元，黄河流域及北方地区每亩退耕地每年补助现金70元。退耕还林各项补助资金要实行专户存储，单独核算，封闭运行。

12.1.3.4　粮食补助的调整

国家无偿向退耕户提供粮食补助的标准不变，坚持退耕还林的方针政策，将向退耕户补助的粮食原则上改为现金补助，仍希望用粮食补助的，也可以补粮。以前年度应兑现的粮食仍按原办法执行。2000～2003 年度计划任务在 2004 年以前应兑未兑部分仍按原办法供应粮食。

12.1.3.5　及时组织开展县级自查验收工作，按时兑现补助政策

各地指导退耕户做好造林、管护、抚育等工作。对验收不合格的地块，组织群众及时补植补造，落实管护措施，加强幼林抚育，确保退耕还林质量。切实落实检查验收结果和补助资金兑付情况公示制度，接受群众和社会监督。

12.1.4　宁夏巩固退耕还林成果政策

在国家发布的关于退耕还林政策，巩固退耕还林政策的基础上，我区先后颁布了"宁夏回族自治区完善退耕还林政策补助资金管理办法实施细则"、"宁夏回族自治区巩固退耕还林成果专项资金使用和管理办法实施细则"、"宁夏回族自治区巩固退耕还林成果专项规划建设项目管理办法实施细则"。这些政策主要解决宁夏地区在巩固退耕还林成果过程中所面对的问题，主要内容包括：

（1）补助资金的主要解决对象是退耕还林政策期满后生活困难的农户，在原每亩退耕地每年 20 元现金补助基础上进行额外补助现金 70 元，还生态林补助 8 年，还经济林补助 5 年，还草补助 2 年。

（2）各县（市、区）人民政府负责制定本县（市、区）退耕还林成果专项规划，重点包括退耕地区基本口粮田建设规划、农村能源建设规划、生态移民规划、退耕还林补植补造规划、后续产业规划等。在规划时，应将中央和自治区安排的基本农田建设、生态移民、农村能源、扶贫开发、林权制度改革、小型农田水利建设、土地整理、农业综合开发等专项资金和市县其他投资结合起来，明确资金具体任务，确定建设项目。

（3）专项资金使用时优先考虑有条件的退耕农户建设基本口粮田，其次是有条件的退耕农户开展沼气、节柴灶、太阳灶等农村能源建设；再次是对有条件的退耕农户实行生态移民；最后是退耕还林补植补造、发展地方特色优势产业的基地建设、开展退耕农民就业创业转移技能培训等。

（4）项目建成后由相关部门进行验收，对不合格的不予验收，限期整改。检查验收包括项目任务和投资是否按计划完成，资金拨付、管理与使用是否符合财务制度，有无违规问题等内容。建设项目要实行效益监测，主要是工程区生态环境监测、经济社会发展监测、退耕农户生活监测。

12.2 宁夏巩固退耕还林成果政策实施的有效性评估

巩固退耕还林政策实施五年多，人们开始逐渐关注政策的实施效果，国内许多学者从管理学、经济学等多方位角度分析了退耕还林政策在不同区域的实施效果，并对其中存在的问题提出相应的建议措施。宁夏进入巩固退耕还林成果阶段到现在约五年时间，巩固退耕还林成果政策在宁夏进行了实施，我们对其实施效果进行评价：

12.2.1 评价方法

本次研究拟采用隶属度函数对宁夏巩固退耕还林成果政策实施的有效性进行评估。隶属度属于模糊综合评价，模糊综合评价是对受多种因素影响的事物做出全面评价的一种十分有效的多因素决策方法，其特点是评价结果不是绝对地肯定或否定，而是以一个模糊集合来表示。

按照模糊综合分析法，我们对宁夏巩固退耕还林成果政策实施效绩进行评价。

（1）设因素集 U：U ＝ {u_1，u_2，…，u_6}

综合我国退耕还林建设项目，我们选取了 u_1（基本口粮田建设状况）、u_2（农村能源建设状况）、u_3（生态移民状况）、u_4（后续产业发展状况）、u_5（农民创业就业技能培训状况），u_6（补植补造状况）6 个指标作为反映巩固退耕还林成果政策实施绩效的主要指标。

（2）设评价集 V ＝ {v_1，v_2…，v_4}。简便起见，我们设 v_1：优秀，v_2：良好，v_3：平均，v_4：较差。

（3）我们根据巩固退耕还林成果建设项目完成情况统计表汇报数据中的工程量指标，得到评价结果。

（4）根据最大隶属度原则，对具体县域进行政策效果实施评价。

12.2.2 宁夏巩固退耕还林政策实施效果评价

按照实际完成工程量占计划的百分比进行核算，u_1（基本口粮田建设状况）、u_2（农村能源建设状况）、u_3（生态移民状况）、u_4（后续产业发展状况）、u_5（农民创业就业技能培训状况）、u_6（补植补造状况）6 个指标的权重分别确定为1/6，如果在某区域某指标不存在，为了不影响评价的准确度，假定其为100%，见表12-1。

评价及判定标准为：

表12-1   评价及判定标准

评价集	v_1：优秀	v_2：良好	v_3：平均	v_4：较差
工程量完成情况	≥98%	98%~95%	95%~90%	≤90%

按照这一思路进行判别，得到如表12-2结果：

表12-2   宁夏巩固退耕还林成果政策实施情况评价

地区	2008年	2009年	2010年	2011年
原州	101.45	100.00	100.00	100.00
彭阳	100.00	100.00	100.00	99.34
隆德	100.35	100.05	94.00	94.50
泾源	100.02	100.02	100.33	101.7
西吉	100.00	100.00	100.12	98.77
中卫	100.00	100.00	100.00	100.00
中宁	100.00	94.17	100.00	94.17
海原	100.00	100.00	100.00	98.00
盐池	100.00	100.00	101.13	100.00
同心	100.00	96.17	100.00	100.00
红寺堡	100.00	100.00	100.00	100.00
灵武	100.00	100.00	100.00	100.00
贺兰	100.00	100.00	—	—
永宁	100.00	—	—	—
兴庆	106.33	—	—	—
金凤	100.00	—	—	—
西夏	100.00	—	—	—
平罗	112.08	100.00	—	—
惠农	100.00	—	—	—
农垦	100.00	100.00	100.00	100.00

12.2.3 评价结果分析

根据模糊综合分析结果，我们把宁夏不同地区 u_1（基本口粮田建设状况）、u_2（农村能源建设状况）、u_3（生态移民状况）、u_4（后续产业发展状况）、u_5（农民创业就业技能培训状况），u_6（补植补造状况）这些指标的实际完成工程量情况，按照 2008~2011 年综合数据进行模糊评价，再把模糊评价值结果按照数学平均法进行平均，根据平均的结果值，我们可以初步得到巩固退耕还林政策在宁夏各地区进行实施过程中的实施效果评价，如表 12-3 所示：

表 12-3　　　　　　宁夏巩固退耕还林成果政策实施情况评价结果

地区	原州	彭阳	隆德	泾源	西吉	中卫
评价结果	100.363	99.835	97.225	100.518	99.723	100.000
地区	海原	盐池	同心	红寺堡	灵武	农垦	中宁
评价结果	99.500	100.283	99.043	100.000	100.000	100.000	97.085

我们现在对这一评价结果进行简单总结：

宁夏地区除了贺兰、永宁、兴庆、金凤、西夏四个县因为各别年份数据不全不能比较而被排除在外，宁夏其他地区巩固退耕还林成果政策实施效果基本可以表述为：除隆德、中宁为良好，原州、彭阳、泾源、西吉、中卫、海原、盐池、同心、红寺堡、灵武，包括农垦系统均达到了优秀。退耕还林政策实施过程中，当年工程完工量均达到了 98% 以上，巩固退耕还林政策的实施效果从大多数地区来看整体较好。

12.3　宁夏巩固退耕还林成果政策的具体情况分析

12.3.1　发挥关键作用的政策及其作用

巩固退耕还林成果政策事关改善民生和经济社会可持续发展、惠及千家万户，属于"民心工程"、"德政工程"，得到了全区广大退耕农户的极大拥护和支持。项目的实施增强了地方各级政府和退耕农户巩固退耕还林成果的信心。根据实际调查情况，截至 2012 年 8 月，我区巩固退耕还林成果建设累计完成总投资

31.91 亿元，项目建设取得了明显的经济效益、社会效益和生态效益。纵观现有政策，发挥关键作用的政策主要有：

12.3.1.1 退耕还林与基本口粮田建设有机结合政策见到成效

在国务院关于完善退耕还林政策中，把加大基本口粮田建设力度作为首项配套措施，截至 2012 年 8 月底，宁夏完成基本口粮田建设 71.5 万亩；通过实施巩固退耕还林成果项目，退耕区农业生产条件得到根本性改善，提高了水资源利用效率，使耕地的肥力、抗旱能力及耕地条件得到切实改善，亩产提高 15% 以上，增产节水效果明显，改造后的坡耕地每亩增产 50～100 公斤，提升后的水浇地每亩增产 100～160 公斤。宁夏退耕口粮田建设为项目区农业增产、农民增收、农村经济发展创造条件。[①]

12.3.1.2 农村能源建设政策保护了林草植被

退耕还林在这方面的政策旨在通过在退耕还林地区开展农村能源建设，从根本上解决退耕农户吃饭、烧柴、增收等当前和长远生活问题，巩固退耕还林建设成果，促进退耕还林地区经济社会可持续发展。截至 2012 年 8 月底，农村能源建设完成户用沼气池 8760 座，节柴灶 3.95 万台，太阳灶 4.97 万台，太阳能热水器 2.1 万台，秸秆固化成型燃料炉 4115 台，在 4 个县建设农村能源技术服务点。农村清洁能源的广泛普及，减少了对林草植被的需求量，使退耕农户用能结构不断优化，明显改善了村居环境，提高了群众的生活质量。[②]

12.3.1.3 生态移民政策从根本上解决中南部地区群众的脱贫问题

结合实施巩固退耕还林成果项目，自治区党委、政府启动实施了"十二五"中南部地区生态移民工程，计划五年内将中南部地区 35 万群众搬迁到沿黄经济区。截至 2012 年 8 月底，在国家及社会各界支持下，整合各种投资，累计完成投资 50.95 亿元，其中实施巩固退耕还林成果生态移民项目完成中央投资 7.54 亿元。工作呈现上下协同联动、社会广泛参与、移民群众满意的良好态势。第一批开工的 76 个安置区已基本建成，第二批新建的 59 个安置区已陆续开工建设。累计建成移民住房 3.79 万套，搬迁定居移民 7.88 万人。截至现在，累计调整开发土地 16.62 万亩；建成设施日光温棚、拱棚、养殖暖棚 2.01 万亩（座）；发展特色种植 8.97 万亩，养殖奶牛、肉牛 1.79 万头、羊只 14549 只；培训移民 3.16

---

① 数据来源：宁夏退耕还林政府统计上报资料。
② 数据来源：宁夏退耕还林政府统计上报资料，2012 年。

万人，实现移民务工就业1.93万人；完成村级（社区）活动场所建设17.03万平方米；架设供电线路853公里，修建通村道路828公里。完成新村绿化和防护林2.03万亩，迁出区生态恢复20.67万亩。生态移民已成为我区最大的扶贫工程、德政工程和民生工程，有力支撑了工业化、城市化进程的加快推进，也对应对气候变化、促进结构调整和实现可持续发展发挥了重要作用。①

12.3.1.4 后续产业的发展巩固了退耕还林建设成果

通过实施巩固退耕还林成果后续产业项目建设，项目区积极发展优势特色农业、设施农业和旱作节水高效农业，项目区内的温室大棚、塑料大棚、青贮池、农村沼气、养殖暖棚和经济林得到了较快发展，从传统的露地种植调整为现代设施农业，使受益农户从单一的农业种植转移到多元素、全季节设施农业种植中来，截至2012年8月底，后续产业发展完成设施农业6.79万亩，日光温室每亩平均年收益2.6万~3.2万元，大中型拱棚每亩平均年收益0.8万~1.4万元，推动了农业产业结构调整，加快了农业生产向优势特色种植业、畜牧业以及第二、第三产业过渡，促进了现代农业发展，巩固了退耕还林建设成果。

12.3.1.5 农民创业就业技能培训减少了复耕的风险

完成农民创业就业技能培训26.86万人次。农民素质和就业能力进一步增强，生产技能进一步提高，致富渠道进一步拓宽，接受技能专业培训的农民成为当地主导产业发展技术的带头人，转变了农民生产经营的思维方式，有效解决了退耕农户的长远生计问题。全区农村户均1~2人到区内外非农领域务工，劳务收入占农民人均纯收入的50%以上。促进了农村劳动力向城镇第二、第三产业转移，通过就业创业转移技能培训，使项目区农民熟练掌握了农业实用技术，退耕还林地区解放了大量农村劳动力，造就了一批懂技术会管理的现代新型农民，大部分退耕户劳动力获得1~2项技能证书，为外出务工就业奠定了基础，加快了农村富余劳动力向城镇第二、第三产业的转移。

12.3.1.6 通过补植补造政策的实施，提高了退耕林地的保存率

宁夏退耕还林地区自然条件恶劣，干旱少雨，造林成活率和保存率限制因素较多，需要一年栽种多年补植，才能达到国家的验收标准。实施巩固退耕还林成果补植补造项目，大大提高了项目区退耕地林木的保存率，明显增加了项目建设区的植被覆盖率，截至2012年8月底，完成补植补造101.2万亩；农村能源项

---

① 资料来源：宁夏退耕还林政府统计上报资料，2012年。

目的实施，减少了温室气体的排放，减轻了大气污染，节约了生活用能开支，保护了森林资源，对维护生态安全起到了积极作用；通过实施旱作基本农田，结合荒山造林，有效地减少了水土流失，改善了生态环境。项目几个方面的建设，对区域性气候调节、植被恢复、生物多样性发挥了积极作用。

12.3.2　巩固退耕还林政策中存在的问题

虽然巩固退耕还林多数政策都取得了较好的效果，但是在执行过程中还是存在着以下一些问题，政策实施过程中存在的主要问题包括：

12.3.2.1　退耕补助标准低、时间过短

政策中的补偿指标都是很多年前制定的，随着近几年通货膨胀的发生，农民生活成本大大提高，已经获得退耕地补助的绝大部分农户认为补助的标准偏低，补助的期限太短。农户要求提高补助标准，建议政府能随着物价的上涨，特别是粮价的上涨而提高补助标准；部分农户要求在 8 年的补助期满后，政府能够切实解决农民的生活问题，或者延长补助期限至 20 年，以保障今后的生活；农民希望能通过政策的调整，允许退耕户在退耕地上间种，允许生态林与经济林之间进行转换；另外，希望能通过增大经济林的比例等有效手段增加退耕户的收入；部分农户还建议，应将荒山荒地纳入退耕还林补助的范畴。

12.3.2.2　后继产业没有形成能支撑当地经济发展的支柱型产业

虽然退耕还林已经进行了很多年，农民的热情也比较高，政策执行也较好，但是退耕还林地区生活水平依然很低，尤其是有病人和缺乏劳动力的家庭。究其原因主要是宁夏实施退耕还林工程的项目区大多属于自然条件差、经济基础落后的老少边穷地区，尽管退耕还林工程取得了阶段性成果，但受经济、市场等制约因素影响，一些后续产业仅仅具有良好的发展前景或雏形，还没有形成能支撑当地经济发展的支柱型产业，使得资源优势得不到充分发挥，农民增收、经济发展的长效机制没有真正建立起来，农民的生计并没有从根本上得到解决。

12.3.2.3　服务业发展存在局限性

退耕还林还草以后产生了大量的剩余劳动力，这些劳动力必须从第一产业转移到第二产业和服务业，从实际情况来看，南部山区的第二产业和服务业发展均存在较大的障碍，尤其是吸收劳动力空间比较大的服务业，这造成了相当一部分退耕农户生活保障成为问题，为退耕还林政策的进一步实施带来了困难。另外，

农村劳动力的科技文化素质普遍较低，农民的农业生产技术还停留在初级阶段，传统的农业耕作方式根深蒂固，生产手段和生产技术相当落后，满足市场需求的各类职业技能和实用技术培训相对缺乏，使得农民脱贫致富的步伐受阻。

12.3.2.4　后继产业发展受资金限制严重

宁夏自2000年开始实施退耕还林工程以来，还林区后续产业投资力度小，基础设施比较薄弱，从各县后续产业发展现状统计数据看，各市（县）偏种植、养殖环节，忽视设施农业、种苗、种畜繁育环节，缺少良种繁育基地，特色林果基地规模偏小，加上农业生产机具单一、落后、简陋，经营管理采用一家一户制，使生产规模局限于小家、小户。农业仍以种植业为主，沿袭"广种薄收"的生产方式，集约化程度不高，生产水平低，自我发展和抵御自然的能力有限，农民普遍缺乏农、林、牧专业技术培训。这些现象直接导致项目区部分农产品数量、质量均不能满足市场需求。特别是一些宁夏品牌产品，如盐池滩羊、灵武长枣、中宁枸杞、西吉马铃薯、中卫压砂瓜、彭阳杏等特产的市场份额已出现供不应求的现象。

12.3.2.5　退耕还林工程实施缺乏规划指导

工程实施以来，由于国家没有出台正式的退耕还林规划，致使工程在实施中因缺乏统一规划而没有得到明确指导，只能依靠每年的年度计划进行工程的安排，但国家工程任务又存在大起大落的现象，给工程统一布局、分期实施等工作带来了许多困难，影响了退耕还林工程的健康、顺利实施。

12.3.2.6　高素质人才的比例有待于进一步提高

退耕还林以前，农民以种地为主，退耕还林之后，农民的角色发生了改变，从农民变成了林农，但是相应的知识水平并没有提高。作为一个林农，他们缺乏理论知识与实践经验。此外宁南山区大量人才、劳动力外流，其严重性比资源和资金外流更甚。因此，要切实制定一些鼓励宁南山区及类似地区留住、吸引人才及劳动力的优惠政策，使目前"越是艰苦的地方工资和生活待遇越低"情况迅速改变。

12.3.3　现有政策的调整完善及补充方向

我们应该在现有较好政策继续实施的前提下，从国家、自治区以及地、市、县的角度调整完善政策中有局限性的一面，调整完善及补充的方向主要包括：

12.3.3.1 国家角度

（1）科学规划。在未来巩固退耕还林政策调整过程中，应注意采用参与式方法，充分尊重农户意愿，提高规划的科学性和可行性，避免因规划不足所产生的退耕范围过大、争抢退耕指标、超计划退耕、结构调整进程慢、后续产业接续难、退耕还林配套措施不足等问题。在制定全面的巩固退耕还林还草工程规划时，各级退耕还林工程实施部门应该在多部门、多学科周密调查、分析和研究的基础上，通过对规划范围内自然环境分布状况、植被演变和社会经济特征进行多重研究，实事求是地做好巩固退耕还林还草工作，提出与中央西部大开发战略有机衔接的巩固退耕还林工程规划，以及实现这些目标的不同途径与模式，筛选出更符合区域客观实际的最佳战略与规划方案，着力补充巩固退耕还林还草配套保障措施的规划和计划，尤其是对后续产业，如基本农田建设、集雨节水工程、草畜业工程、农村能源、生态移民等，应充分论证退耕还林还草、封育禁牧、小流域综合治理等多途径的植被恢复措施的可行性。通过科学、权威的巩固退耕还林规划，解决实施过程中进度规划不足造成的各种问题。

（2）调整退耕还林后林地的相关政策。在现有机制基础上，首先，按照林业分类经营思想，把退耕还林后的林地区划为公益林和商品林。确认为公益林的，在钱粮补助期满后逐步纳入中央和地方森林生态效益补偿基金的补助范围；属于商品林的，允许林木所有者根据市场需要，以发挥最大经济效益。其次，应进一步完善社会参与投入机制，进一步加快林权证发放，在明确林权的基础上，加快推进森林、林木、林地权属的依法合理流转，提高退耕还林林地、林木的变现能力和经济效益，降低退耕农户的市场风险。再其次，应切实增强管护的责任意识，积极探索大户承包、家庭承包、联户承包等集中管护形式，将退耕还林地的管护责任落实到位。最后，还应该严格巩固退耕还林兑现前的检查验收工作。

（3）完善农户的林木处置权。根据《退耕还林条例》所规定的"谁退耕，谁造林，谁经营，谁受益"原则，退耕农户享有70年的土地承包经营权和在退耕土地上所种植林木的所有权，但农户对所拥有的林木的处置权却受到政策的约束，这表现在农户必须经有关主管部门批准方可砍伐其所种植的生态林。对生态林处置权的残缺使农户承包经营的预期直接收益具有不确定性，严重抑制了农户种植生态林的积极性。只有完善了农户的林木处置权，才能进一步保护农户的积极性。

（4）协调政府行政干预和农户利益之间的关系。在市场经济条件下，政府应当从经济环境、行业政策、借贷利率等方面发挥宏观调控作用，为退耕还林后续经营提供和营造必要的外部条件，充分发挥好政府的调控、指导和服务作用。政府抓巩固退耕还林的重点应转移到抓规划、抓组织、抓政策、抓重点、抓考评上，为退耕还林后的林木资产运营创造必要的外部条件。

（5）搞好"五个结合"切实解决退耕农户长远生计问题。搞好退耕还林与基本农田建设、农村能源建设、生态移民、后续产业发展、生态畜牧业建设的"五个结合"，紧紧抓住"改善基本生产生活条件、拓宽基本增收门路、提高基本素质"三个关键环节，对退耕还林工程区实行山、水、林、田、路、电、气综合治理，整体改善农村生产生活条件，切实解决退耕农户长远生计问题。对于后继产业的发展给予特殊的扶助政策。

12.3.3.2 自治区角度

（1）坚持以基本口粮田建设为重点进行综合治理。基本口粮田建设必须与地埂林、田间道路、小型（微型）水利水保工程相结合，实行以工程措施为主，山、水、田、林、草、路综合治理，分区指导、综合规划、分步实施。基本口粮田建设遵循先易后难、先近后远的原则，要因地制宜，对适宜于分户建设的地区，要鼓励因退耕而缺粮的农户进行基本口粮田建设。同时，为便于水利、道路等公益基础设施建设和机械化作业等，尽可能集中连片。巩固退耕还林成果基本口粮田建设与正在实施的或将要实施的基本农田建设、农业综合开发、扶贫开发、水利水保项目、小型农田水利项目有重叠和交叉，也有一定的互补性，应很好地结合起来，彻底解决涉及地区的粮食自给和农村生态环境问题，做到退耕农户自愿和基本均衡受益。

（2）拓宽退耕农的就业和增收空间。通过政府公共支出政策促进退耕还林地区经济结构的改善，拓宽退耕农的就业和增收空间。社会在农户退耕之后应为他们提供较为广阔的就业和增收空间以确保其获得基本生存资料，以保证农户从根本上断绝对已退耕土地的农业依附关系，避免日后农户为了生计需要又选择毁林复耕，造成新的生态破坏。目前由于退耕还林区域主要是经济发展相对滞后的贫困地区，大多没有拿出足够资金用于支持退耕区的经济发展，拓宽退耕农的就业和增收空间的任务比较重。

（3）建立退耕还林农户与市场之间的有效连接机制。通过政府对产业供销链的规制建立退耕还林农户与市场之间的有效连接机制，解决农户种植经济林所普遍面临的"小农户，大市场"矛盾。解决矛盾的根本途径是通过农村经济组织的创新建立起行之有效的产业供销链，以保证农副产品销售的市场渠道畅通无阻。同时加大对农村经济组织的政策扶持力度，对相关林、草业企业政策扶持实行全额免税，增加财政补贴。将政府出资砍掉枯林、草进行补种的资金纳入预算提前补贴给草业企业，用于弥补企业收购牧草需要，从而形成林、草业种植、加工的良性循环。

（4）用生物质能开发统领规模化的可再生能源开发利用。用生态家园富民计划统领农村能源新技术推广，用生物质能开发统领规模化的可再生能源开发利用，将能源与生态相结合、生产与生活相结合。退耕还林地区农村能源建设以户用沼气、节柴灶、太阳能灶建设为重点，适度发展太阳能热水器、秸秆燃料炉，并建立技术服务点做好项目服务工作。同时根据自治区农业项目总体安排，退耕还林地区农村能源建设与社会主义新农村建设、设施农业、农业综合开发、农村国债沼气等项目紧密结合，以此带动农户养殖业、种植业的发展，增加农民收入，确保退耕还林、退牧还草等生态文明建设的成果。

12.3.3.3　地市县的特殊政策

（1）给地市县一定的政策决策权。无论是国家还是自治区的退耕还林政策，都带有一定的普遍性特点，和具体的地市县的实际情况可能存在一定的差距，因此，应该在条件允许的范围内，给各地市县一定的特殊政策，具体的方法由各市县自己申报，自治区和国家审批。

（2）补助政策到期后对困难地区适当安排粮食补助资金。由于南部山区个别地市县自然条件差，造林至成林周期长，见效慢，加之绝大部分是生态林，极小部分是经济林，造林前期经济效益不高，所以一旦停止政策补助，将会直接影响到农户的经济收入，特别是目前农民的生产生活条件仍然较差，抗御自然灾害的能力不强，而且调整农业结构，发展后续产业也要有一个过程，因此应该区别情况，突出重点，退还林补助政策到期后，国家对困难地区退耕农户按一定标准适当安排粮食补助资金，以解决这些地区困难退耕农户的基本生活和收入急剧减少问题。

（3）贫困山区劳动力培训和转移。退耕还林工程的实施势必带来大量的农村剩余劳动力，剩余劳动力有效地安置转移是退耕成果稳定的关键，政府要尽快建立和完善农民剩余劳动力就业服务体系，做好农村剩余劳动力的技能培训，积极组织农村剩余劳动力的有序流动，促进农村剩余劳动力再就业将劳务经济作为增加农民收入和发展县域经济的重要产业精心培育，形成政府引导、市场运作、规模化经营，一条龙服务的劳务产业格局，使劳务经济成为山区贫困农民收入增长的亮点。

12.4　相关省区巩固退耕还林成果政策的借鉴

12.4.1　补偿政策

国家一直高度重视退耕还林政策的落实工作，补偿政策是重要的一环，各地在实施补偿政策中都严格予以执行。各地在退耕还林补偿政策执行的过程中，遵照国家政策文件要求，分别颁布了自己所在地区的相关意见。

四川根据民族地区实际，对 57 个民族县所需的专项建设资金，积极争取国家支持，经请示国务院同意，对甘孜州、阿坝州、凉山州及少教民族自治县和享受民族地区待遇县共 57 个县每亩退耕地每年补助现金 210 元。同时，原每亩退耕地每年 20 元生活补助费继续直接补助给退耕农户并与管护任务挂钩。原省财政安排用于补贴 57 个民族县每年每亩退耕地 30 元的粮食补助资金仍直接补助给退耕农户。2006 年底前现行退耕还林补助政策已经期满的，从 2007 年起发放补助；2007 年以后到期的，从次年起发放补助。除 57 个民族县外，将专项资金包干到县（市、区），按照已安排退耕地每年每亩 105 元的标准核定资余总量。

甘肃省对原退耕还林补助政策期满后第二轮补助资金确立的标准为：长江流域包括陇南市所属的八县一区、天水市所属的秦州区、麦积区，甘南州所属的舟曲县、迭部县，每亩退耕地每年补助现金 105 元；黄河流域全省除长江流域的陇南市八县一区、天水市秦州区、麦积区，甘南州舟曲县、迭部县以外的其他 73 个县（市、区），每亩退耕地每年补助现金 70 元；原每亩退耕地每年 20 元现金补助，继续直接补助给退耕还林农户，并与管护任务挂钩。

12.4.2 生计政策

"可持续生计"概念最早见于 20 世纪 80 年代末世界环境和发展委员会的报告。1992 年，联合国环境和发展大会将此概念引入行动议程，主张把稳定的生计作为消除贫困的主要目标。1995 年，哥本哈根社会发展世界峰会和北京第四届世界妇女大会进一步强调了可持续生计对于减贫政策和发展计划的重要意义。所谓"可持续生计"，是指个人或家庭为改善长远的生活状况所拥有和获得的谋生的能力、资产和有收入的活动。在此框架内，资产的定义是广泛的，它不仅包括金融财产（如存款、土地经营权、生意或住房等），还包括个人的知识、技能、社交圈、社会关系和影响其生活相关的决策能力。

四川出台《贯彻〈国务院关于完善退耕还林政策的通知〉的意见》，以下简称《意见》，要求各地确保国家完善退耕还林政策落到实处，确保工程建设成果得到巩固，确保退耕农户长远生计得到有效解决。《意见》要求专项规划要与当地新农村建设规划等专项规划衔接，省级规划由省人民政府制定。按照确保耕地控制总量、确保农民人均不低于 0.5 亩基本口粮田的要求，实事求是地编制退耕还林工程建设规划。《意见》确定了专项建设内容。一是加大基本口粮田建设力度，解决退耕农户吃饭问题。力争用 5 年时间实现具备条件的退耕农户人均不低于 0.5 亩高产稳产基本口粮田。中央安排预算内基本建设投资和巩固退耕还林成果专项资金给予补助，补助标准为每亩 600 元。二是解决退耕农户烧柴问题。各地要因地制宜，以农村沼气建设为重点，加强节柴灶、太阳灶建设，适当发展小水电。农村能源建设资金采取国家补助和农民自筹相结合的方式解决。三是实施生态移民，改善生产生活条件，对特困退耕农户，专项资金将给予重点支持。四是调整和优化树种结构，搞好补植补造，确保还林成效。五是依托退耕林地和林木资源大力发展种植、养殖、生态旅游等后续产业，加大集约经营力度，促进退耕农户稳定增收。

12.4.3　林业管护政策

退耕还林后，退耕林的管护工作直接关系到退耕还林工作实施效果，各地在退耕还林林业管护政策方面，有很多值得学习和借鉴的经验。

陕西省针对退耕还林的管护工作专门提出政策：退耕户在享受退耕还林补助期间，应定期对退耕还林地块进行抚育管护，确保林木健康生长。成活（保存）率达不到要求的，要及时进行补植补造；对鼠、兔、病虫害危害严重的，要及时采取措施进行防治，并报告当地林业主管部门；退耕还林地禁止复耕和从事滥采、乱挖等造成新的水土流失的活动。对未完成以上工作，造林成活（保存）率达不到国家标准要求的，按照退耕还林有关规定，抵扣生活补助费并责令限期整改，直到完成管护任务达到国家标准要求为止。同样，粮食补助按退耕还林有关规定处理。

甘肃省把林业管护和兑付现金补助进行了紧密挂钩：凡没有进行抚育，林地内杂草丛生，影响苗木生长的；病虫鼠兔危害防治效果差，受害株数在 30% 以上的；没有签订管护责任书，未落实管护责任人的退耕还林地；经省市联合核查及县级自查验收不合格的面积的要暂缓兑现现金补助，待管护效果达标后兑付现金补助。此外，针对外出务工或家中无劳动力的农户特别规定，由退耕还林农户与乡（镇）或村民委员会按照自愿协商的原则，每年每亩收取最高不超过 5 元的管护费，由乡（镇）或村民委员会统一组织管护。对生态移民区需实行统一管护的退耕还林地，由乡（镇）林业工作站与退耕还林农户签订管护委托书，乡（镇）林业工作站可在每亩 20 元现金补助中提取不超过 5 元的管护费，集中用于这部分退耕还林地的抚育管护、补植补造、病虫害防治等工作，其余部分要及时足额兑付给退耕还林农户。各地林业主管部门要制定具体的退耕还林管护实施细则，要充分调动每个退耕还林农户管护积极性，建立退耕还林管护工作的长效机制。

四川实施了坚持把林权改革工作作为党委政府"一把手"工程，积极推广其他林权改革先行省区和四川省邻水、南部、兴文等地"三级书记"抓林权改革和"三长"挂帅抓林权改革的经验，高位推动集体林权制度改革等政策。雅安市充分发挥林业部门职能作用，强化部门管理，凡纳入国家计划的退耕还林地，及时颁发林权证，依法纳入林地管理，未经批准，不得擅自改变用途，严禁毁林复垦，确保工程建设成效，加强技术指导，提高退耕还林地的质量和林木生长成效。在不破坏植被、不造成新的水土流失的前提下，允许退耕农户间种豆类等矮秆农作物，实现以耕代抚、以耕促管，同时完善退耕还林档案资料，切实做到"山上有林子，室内有资料（档案）"，为退耕还林长期监管做好基础工作。

12.4.4 产业发展政策

持续产业发展是解决退耕农户长远生计的关键之一，在加强管护的基础上，充分利用退耕还林现有资源，结合区域经济发展规划、以市场需求为导向，突出地方特色，合理布局产业，全面搞好退耕还林接续产业发展，对巩固退耕还林成果也至关重要。

安徽省实施退耕还林工程解放了大批农村劳动力，这些劳动力从事种植、养殖、加工、劳务输出、旅游开发等工作，家庭收入大大增加。与此同时，坚持科学规划，推进一乡一品或多乡一品，积极调整林业结构，建设经果林、木本油料、木本药材、苗木花卉、毛竹等特色林业，推广林果间作、林竹间作、林药间作、林草间作、灌草间作等多种经营模式，实现兴林致富、综合提效。退耕还林工程的实施，带动了后续产业发展。林业基地的迅速发展，带动了林产品加工和资源的增值增效。黄山区完成退耕还林竹类造林3.8亩，全区形成6个"五千亩毛竹基地"、2个"万亩竹海基地"，15家毛竹加工企业，加工能力160多万根。淮北地区形成以杨树为原料的加工企业1600多家，年加工能力120万立方米，年销售额15亿元，年利润1.5亿元，从业人员5万余人。江淮丘陵和山区以松类为原料的中密度纤维板生产，年加工能力120万立方米，年销售额20亿元。还有地方依托林业生态资源，建设"森林旅游人家"，开展森林旅游，实现了由"砍树"向"看树"的转变。如歙县北岸镇新桥村村民汪乃威承包了800亩坡耕地进行退耕还林，融种植、养殖、生态休闲为一体，创出了一种"以退耕还林为主—补助粮加工饲料—饲料养猪养鸡—林间种草养羊养鱼—饲料返地育林—生态旅游观光"效益互补、良性循环的发展模式。安徽省还鼓励退耕农户和社会力量投资巩固退耕还林成果建设，允许退耕农户投资投劳兴建直接受益的生产生活设施，在继续荒山造林、封山育林，按原渠道领取种苗造林补助资金的同时间种豆类等矮秆农作物。

宜宾市各地坚持以科学发展观为统领，抓住实施天然林资源保护和退耕还林工程的有利时机，按照"一手抓生态建设，一手抓产业建设，生态建设产业化，产业建设生态化"的政策要求，重点抓产业发展，把林业产业发展与区域经济发展紧密结合起来，着力培育林业产业，基本形成了"三大基地（竹林基地、用材林基地、经济林及林化基地）、四大产业（竹产业、木产业、经济林及林化产业、森林生态旅游业）"的发展格局，出现了基地规模扩大、三次产业互动的发展态势。从 2000 年到 2008 年，全市累计成片新造林 130 万亩，形成林地面积 670 万亩，森林覆盖率由 34.06% 上升到 38.4%。

12.5 进一步巩固退耕还林成果的政策选择

12.5.1 政策实施涉及的角度

巩固退耕还林政策的实施是一项涉及多层次、多环节、多区域、多行业、多部门的综合工程。农户是退耕还林的代理人，农户的发展离不开政府、科技人员、公司和其他经济主体的参与与合作（见图 12 - 1）。只有充分发挥各主体的积极作用，营造一个有利的社会经济环境，将社会资金、技术资源，在有效的经济杠杆和激励机制下，更多地用于解决退耕农户的长远发展，才能增强政策的实施力和有效性。

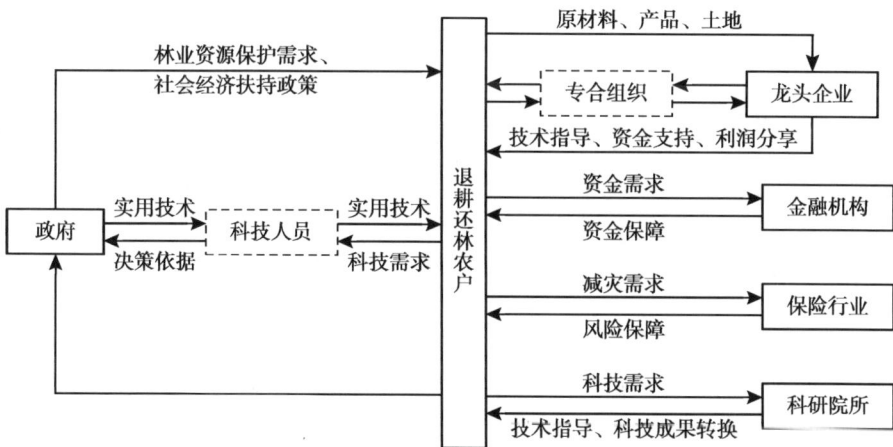

图 12 - 1　退耕农户发展环境

12.5.2 国家相关政策

12.5.2.1 提高对退耕农户的补偿标准

建议从 2014 年开始,将退耕还林后的林木成果纳入国家森林生态效益补助范围,实现对农户的支持。事实上,各地还可结合本地实际,在中央规定标准基础上再适当提高补贴标准。此外,政府应建立多元化的利益补偿机制。首先,要建立多渠道筹措资金的机制。国家预算结合发行生态国债、建立生态补偿基金、向江河下游有关企业和个人征收生态税、引用国际资金,以及引导城市工商企业进行投资补偿等方式来多方筹措资金,以减轻国家的财政负担。其次,要逐步将退耕还林纳入国家森林生态效益补偿范围,使生态林的供给者获得社会平均报酬,保证退耕还林的长期稳定。此外,要建立退耕还林成果维护的专项资金管理机制,监督和反馈各种信息,以调整具体政策措施。

12.5.2.2 建立和完善对退耕农户的多渠道补偿机制

退耕还林工程提供了大量公共物品,具有很强的外部性。一方面,农户是退耕还林的代理人,如果不能获得退耕还林补助,势必会影响农户行为;另一方面,作为委托人的政府,如果常年向农户提供补助,又会增加财政负担,因此,在未来巩固退耕还林政策的进一步调整中应考虑建立和完善对退耕农户的多元补偿机制,通过国家补偿和社会补偿来解决外部性问题(见图 12 -2),使农户的利益得到保障。

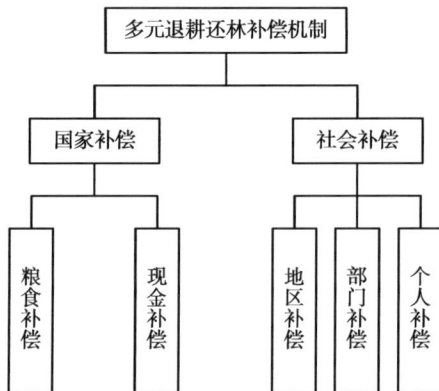

图 12 -2 退耕还林农户的多元补偿机制

第一，继续实行国家补偿。国家作为委托人对退耕农户的补偿是一种法律上的义务，而农户作为代理人则基于代理国家完成种树的任务而享有取得劳动报酬的权利。所以，在林木尚未获得收益时，国家应该继续给予农户补偿。

第二，实施社会补偿。社会补偿是指对享受了良好生态效益，但未付出成本的地区、部门和个人征收生态效益补偿费。由于社会补偿的难度较大，可以部分单位和个人作为试点（如 12 - 4 表），逐步扩大征收范围，让享受了正外部性的地区、部门和个人都缴纳生态效益补偿费，然后再相应地补给提供良好生态环境的农户，实现生态的价值补偿。补偿总标准应是退耕还林的平均机会成本，其中，要扣除农户通过退耕还林获取的市场补偿。林业主管部门可委托水利、电力、交通、供销、税务和风景旅游区的管理部门代征，按季转拨林业主管部门，由林业主管部门付给适当的代征手续费。向全社会征收的生态效益补偿费，原则应分三部分使用，第一部分上缴国家林业局作为中央级林业基金，由国家林业局统筹安排使用；第二部分纳入地方林业基金分级管理和使用；第三部分应反馈给提供林木和良好生态效益的农户，主要用于林木的培育和管护。生态效益补偿费的征收、使用和管理，应由同级审计和财政部门监督。

表 12 - 4　　　　　　　　社会补偿试点及实行方法

试点	补偿方法
水厂、水库、自来水公司、发电站	按水费的一定比例计征
以林木经营管理为依托的风景区	按营业额的一定比例计征
露天煤矿	按每年采煤收入的一定比例计征
采集林业资源的单位和个人	按采集数量和市场收购价的一定比例计征
林区养蜂	按每次每箱每月征收一定数额

12.5.2.3　设立退耕还林林下资源开发专项资金

设立退耕还林林下资源开发专项资金，扶持退耕农民后继产业的发展，通过引导、鼓励农民在退耕还林地中进行林草、林果、林药、林菌、林竹混交等立体种植模式，走以短养长、长短结合的可持续经营之路。

12.5.2.4　继续实施退耕还林的同时加大林权改革的内容

在继续实施退耕还林的同时必须高位推动集体林权制度改革，将林权改革工作经费纳入同级财政预算，切实加大财政支持力度。在林权改革中要尽快建立健康规范的流转机制，遵循林地使用权和所有权相分离的原则，按照"依法、自愿、有偿、规范"的原则,建立规范的林木所有权、林地使用权有序流转机制,建立规范,公平、公正、透明的林业产权交易中心,通过网络平台无偿发布各类林权交易、木竹产品价格、科技推广等信息,并引进森林资产评估机构、拍卖公司、银行、公证处等为林农服务,使林权交易中心成为一个集林权登记、信息发布、交易实施、中介服务、金融办理、综合服务为一体的综合性林业管理与服务平台。要尽快出台和完善林权改革配套政策措施,包括林木采伐管理制度、公益林补偿机制、林业投融资体制、林权抵押贷款、政策性森林保险等多个方面。

12.5.2.5　制定更加积极有效的税收支持政策

对积极投入退耕还林生态建设的投资者,特别是购买"四荒地"进行开发治理者,在没有发挥效益之前,不提留,免征农林牧业税。在限定时间之前,凡能建立草业、畜牧业开发企业,实行现代化管理和多元化经营的可考虑给予10年或15年的免税期。

12.5.2.6　加大金融机构的资金支持

由于二元经济结构的存在,我国的财政主要向城市倾斜。银行系统中为农村服务的主要是中国农业银行和农村信用社,他们为贫困农户提供一些小额贷款,维持退耕还林农户的基本生计,但对农户发展退耕还林后续产业所需的资金还远远不够。必须在信贷业务中增添新的内容,加大金融机构的资金支持,将小额信贷引入后续产业的发展方向,使农户和企业有资金开发经营产品,增加农户和企业的收入。

12.5.2.7　发挥保险企业对林木的保障作用

从国际成熟经验来看,建立林业保险制度是林业抗御严重自然灾害的最有效措施之一。由于林木的生长周期长,面积大,植被丰富且价值难以确定,在林业保险制度的建立过程中,完全由保险公司进行商业化运作是不现实的,林业保险制度应该是公益性、政策性补助的一项保险制度。只有通过建立政策性林业保险机制,才能有效降低林业生产风险,减轻林农损失,保障农户收益。由地方财政补贴保费,由保险公司为林农提供保险服务,并将现有的保险责任由火灾扩大到所有自然灾害,包括雨雪、台风、干旱等是个有效的办法。

12.5.2.8　进一步改革退耕还林（草）中实行报账制度的方式

退耕还林中如果仅以亩数核发粮食,而忽视树草生长质量及管护,就会出问题,因此领取粮食和补助现金的依据应充分细化,要和树（草）的成活率,生长质量等结合起来，促使农民把种与管的积极性有机结合起来。

12.5.3 自治区相关政策

12.5.3.1 调整产业结构，发展适宜的后继产业模式

要巩固退耕还林的成果，必须让农户在退耕后有稳定的收入来源，因此鼓励农户以市场为导向，依托当地优势资源，寻找适合自身发展的模式（见表 12 - 5），延长产业链条，避免自我体系、自我服务的封闭循环，满足人们的多样化、多层次和优质化的需求，保证良好生态环境的提供，使经济效益、社会效益和环境效益达到最大化。

表 12 - 5   退耕还林产业链延长模式

产业发展模式	特点
生态林草模式	营造生态林草
林草牧模式	林下种草，以草养畜
生态旅游模式	营造景观林
林果模式	发展有区域特色的干鲜果类
林药模式	林下种药

12.5.3.2 创造非农就业

在退耕还林的地区，要制定优惠政策吸引企业及社会各界参与生态环境建设，积极推广"公司 + 基地 + 农户"、"公司 + 协会 + 基地 + 农户"等经营模式，走产业化道路，积极发展林产品加工业，大力发展特色经济林等，并积极为农产品建立稳定的市场渠道，实现产销一体化；发挥龙头企业的带动作用，使企业为农户提供更多的技术指导、资金支持，并通过股份合作与租赁合作，加强农户对生产要素利润的分享，同时企业应建立现代企业制度，加强自身品牌建设，信息化建设，真正为农户增收提供支撑；发挥专业合作组织的制度和经营优势，在退耕还林后续产业带建立各类合作经济组织，把有一定规模的养殖、种植农户吸引进来，创新管理机制，形成利益连结体，在发挥好科技服务、人员培训、信息收发、产品运销等方面服务功能的基础上，不断延伸服务功能，拓宽服务领域，并联合种植业、养殖业、运输业等专业户，建立集生产、加工、销售、运输于一体的新型合作经济组织，从整体上增强农民的市场主体地位，提高市场竞争能力，形成强大的市场竞争力，切实增加农民收入。

12.5.3.3　加大农户培训力度

加快后续产业发展，减少农业人口，实现劳动力转移是农户长远发展的根本。培育发展劳动力市场，积极创造非农就业，加快剩余劳动力能够有效地转移到市场中去，实现农民收入的结构性转化和收入来源的多元化。这是增加农户收入，巩固退耕还林成果的根本出路。但是，退耕农户要实现有效转移，其最大的瓶颈在于退耕农户的劳动技能。劳动力转移从地域上分为当地转移和外地转移；从行业上分为向养殖业、建筑业、加工业、服务业等行业转移。政府应把退耕农户的技能培训放在突出的位置，围绕就业市场需求，整合各方面的培训经费和教学资源，形成以政府主导、统一协调、各方参与的农村劳动力转移培训体系。以中央财政为主，地方财政配套安排专项资金，无偿培训退耕还林农户，使其掌握1~2项实用技术，提高就业竞争力和自主创业能力。

12.5.3.4　积极培育扩大后续产业繁育、种植、养殖基地

结合各地实际，坚持以优势特色产业基地建设为主，扩张规模和提高质量效益相结合，通过政策的积极引导，培育扩大后续产业繁育、种植、养殖基地。重点以南部山区和中部干旱带为主，兼顾北部引黄灌区退耕农户的需求。南部山区以建设大六盘经济圈为指导，坚持"生态优先、草畜为主、特色种植、产业开发"的思路，实施种草养畜，建设以泾源县为核心的六盘山肉牛养殖基地，以盐池县为核心的滩羊养殖基地、中药材种植基地，以彭阳县为核心的生态鸡养殖基地，以西吉县为核心的马铃薯产业带，同时带动辐射原州区、海原县、隆德县发展草畜产业、特色种植。开发宁南山区山杏产业带，建设沿清水河流域枸杞产业带，打造中部干旱带红枣产业带，在河谷川道区大力发展设施农业和特色种植。

12.5.3.5　抓好"人退林进"工作

结合生态移民，围绕"水源、生态、开发、特色、转移"五个重点，按照"人随水走，水随人流"的思路，优先考虑将林区和退耕还林居住在偏远分散、生态失衡、干旱缺水地区贫困人口搬迁到现有扬黄工程沿线、公路沿线和城郊，积极发展优势特色农业、设施农业和旱作节水高效农业，实现"山内的问题山外解决，山上的问题山下解决，面上的问题点上解决"，从根本上解决贫困问题。坚持整村（或整乡）搬迁，"人退林进"恢复和保护当地的生态环境。

12.5.3.6　充分利用科研院所的技术力量

龙头企业与专业合组织要加强与科研院所的联系，通过大专院校、研究机

构、政府实验室、生产力中心等信息和管理服务机构把研究成果产业化，为企业提供该产业领域最新技术发展动态信息，使得集群企业外向型学习更容易，并且聘请专家对企业和农户进行技术指导，提供切实可行、利于产业发展的技术和方案，使企业和农户真正得到实惠，掌握新型技术，得以长远发展。

12.5.3.7　发挥科技人员在政府和退耕还林农户间的桥梁作用

要以科技为依托，以现代化管理为手段，逐步形成区域化布局、专业化生产、标准化管理、集约化经营、社会化服务的退耕还林后续产业发展格局。加强退耕农民就业创业转移技能培训。根据各地经济发展和市场需求，采用多种形式进行实用技术和职业教育培训，提高退耕农民脱贫致富的能力。退耕还林地区经济与社会的可持续发展需要利用工程实施的有利条件，培训或引进一批既懂得收集、分析技术信息，又能向技术需求者提供服务的综合性科技人员，发挥科技人员在政府和退耕还林农户间的桥梁作用。创造培训多层次人员，从而使之形成上下贯通的包括政府人员、推广工作者、经营者、合作经济组织等综合性的科技服务队伍，培养一批林业经营能手和科技示范户，研究与探索实用技术，通过试验、示范、推广的途径，使实用技术得到运用，产生显著的效益。

12.5.4　地市县角度相关政策

12.5.4.1　对个别及其困难的地市县给予特别补助政策

区别情况，突出重点，退还林补助政策到期后，对自然条件极差、经济基础落后的老少边穷地区，对其退耕农户国家应该继续按一定标准适当安排粮食补助资金。

12.5.4.2　营造"留住吸引人才"保障政策措施

宁夏特别是宁南山区的生态建设需要一大批不同层次的人才，生态建设能否成功的关键也在于人才。目前，宁南山区大量人才外流，其严重性比资源和资金外流更甚。因此，国家要切实制定一些鼓励宁南山区及类似地区留住人才、吸引人才的优惠政策，特别是迅速改变现行的"越是艰苦的地方工资和生活待遇越低"的政策。宁南山区要采取一些行之有效的行政措施和经济措施，营造一种"留住人才、吸引人才"的政策环境。宁南山区有些县由于财政压力大，就业岗位少等原因，在人才管理上，采取放开出口，卡死进口的做法，这虽出于无奈，但后果是不堪设想的。

12.5.4.3 将退耕还林还草与扶贫相结合，形成改善生态环境与社会经济发展的合力

退耕还林除了要贯彻"五结合"之外，还要广泛结合各个区域的其他具体工程措施。尤其是结合扶贫工程，努力改善农户的生产条件、生产结构和生存状况。通过创立退耕还林与扶贫工程结合的范例，形成对退耕还林的有力支持和多项工作的相互支持、共同推进。例如退耕还林后结构调整状况后，通过扶贫工程，利用养殖牲畜的粪便建立沼气池实现充分供气替代薪柴，从而减轻植被破坏的压力。另外，利用扶贫资金建设集水窖，从而实现微水灌溉高产田。此外，鉴于粮食对特贫地区农民生存的特殊意义，建议国家在调整原有补助标准的基础上，对特贫地区的退耕还林还草农户实行全额粮食补助政策，在这些地区实行足额到位的粮食补助，解决生态建设与贫困农民生计之间的矛盾，保证退耕还林还草的成果。

12.5.4.4 对南部山区木材的使用量逐步进行限制

要制止滥伐林木的现象，从根本上讲就要有效限制木材的使用量并尽快开发替代产品。宁南山区农民使用木材主要用于建筑，如果国家能从支持该地区的生态建设着眼，对当地群众利用混凝土搞建筑给予适当的补贴（补贴的形式可通过扶持建材企业的方式进行），则会取得很好的效果。该项政策的实施可利用3～5年的时间逐步推行。在限制使用木材的同时，政府可从农民手中收购能够移栽成活的大树，用于绿化城市及公路沿线，如果一棵活树的价值高于木头的价值，农民种树，保护树的积极性自然会非常高涨。而且限制使用木材，会大大促进建材业的发展。

第13章

实证研究三：低碳经济视野下宁夏绿洲灌区现代农业发展途径和方式选择

基于低碳经济理念下宁夏现代化农业发展进程的评价以及国内外对于低碳经济理念下现代农业发展现状、趋势及经验的研究，我们对宁夏现代农业发展途径和方式进行了科学、合理选择和研究。

13.1 低碳经济视角下宁夏绿洲灌区现代农业发展途径的选择

现代农业是以保障农产品供给、农民持续增收、促进可持续发展为目标，以用现代物质条件装备农业，用现代科学技术改造农业，用现代产业体系提升农业，用现代经营形式推进农业，用现代发展理念引领农业，用培养新型农民发展农业为支撑，以提高农业水利化、机械化和信息化水平，提高土地产出率、资源利用率和农业劳动生产率，提高农业素质、效益和竞争力为途径，以在家庭承包经营基础上，在市场机制与政府调控的综合作用下，农工贸紧密衔接，产加销融为一体，多元化的产业形态和多功能的产业体系。用低碳经济概念衡量，传统农业是一种"高碳农业"，改变高碳农业的方法是发展生物多样性农业，生物多样性农业避免使用农药、化肥等，所以改变高碳农业的方法就是低碳农业，同时低碳农业也是传统农业向现代农业转变的重要途径。发展生态多样性的方法有很多，因此发展低碳农业的途径也有很多，基于低碳经济视角下宁夏现代农业发展的途径也有很多，这些途径主要包括以下内容：

13.1.1 循环农业途径

13.1.1.1 循环农业概念

循环农业是指以生态规律为基础，以资源高效循环利用和生态环境保护为核心，以减量化、再利用、资源化为原则，以低消耗、低排放、高效益为基本特征，建设资源节约型、环境友好型农业，实现农业可持续发展理念的农业发展模式。

13.1.1.2 循环农业与传统农业的区别

传统农业是一种"资源—产品—废弃物"的单程线性结构型经济，其显著特征是"两高一低"（即资源的高消费、污染物的高排放、资源利用的低效率）。与之相反，循环农业更强调农业发展的生态效应，通过建立"资源—产品—废弃物再利用或再生产"的循环机制，农业发展和生态平衡的协调以及农业资源的可持续利用，实现"两低一高"（即资源的低消耗、污染物的低排放、资源利用的高效率）的目的。

13.1.1.3 循环农业的基本特征

（1）把农业经济活动纳入自然生态体系整体考虑，既强调资源分配效率，又强调资源利用效率和自然生态体系平衡。

（2）把农业资源环境的消耗严格控制在自然生态阈值内，根据环境的自净能力和资源的再生能力从源头上防治污染和浪费。

（3）通过废弃物资源化利用、要素耦合等方式，延伸农业生态链，推进相关产业组合形成产业网络，优化农业系统结构，按照"资源—农产品—农业废弃物—再生资源"的反馈式流程组织农业生产，实现资源利用最大化和环境污染最小化。

13.1.2 生态农业途径

13.1.2.1 生态农业概念

生态农业指在保护、改善农业生态环境的前提下，遵循生态学、生态经济学规律，运用系统工程方法和现代科学技术，集约化经营的农业发展模式。生态农业是一个农业生态经济复合系统，将农业生态系统同农业经济系统综合统一起来，以取得最大的生态经济整体效益。它也是农、林、牧、副、渔各业综合起来的大农业，又是农业生产、加工、销售综合起来，适应市场经济发展的现代农业。

13.1.2.2 生态农业的特点

（1）要求农业发展同其资源、环境及相关产业协调发展，强调因地、因时制宜，以便合理布局农业生产力，适应最佳生态环境，实现优质高产高效。

（2）生态农业能合理利用和增殖农业自然资源，重视提高太阳能的利用率和生物能的转换效率，使生物与环境之间得到最优化配置，并具有合理的农业生态经济结构，使生态与经济达到良性循环，增强抗御自然灾害的能力。

13.1.2.3 生态农业建设的主要内容

生态农业建设的主要内容有：调整土地利用结构和农业经济结构；合理利用增殖农业资源，改善农业生态环境；按照生态学原理和农业生态工程方法，从当地资源与生态环境实际出发，设计与实施适宜的生态农业模式；发展太阳能利用、小型水利水电、风力发电、沼气等清洁能源；使农业废弃物资源化，对其进行多层次综合、循环利用，实现无污染的清洁生产；对农业生态经济系统进行科学调控，实行现代集约化经营管理等。

13.1.3 立体农业途径

13.1.3.1 立体农业的内涵

立体农业是传统农业和现代农业科技相结合的新发展，是传统农业精华的优化组合。具体地说，立体农业是多种相互协调、相互联系的农业生物（植物、动物、微生物）种群，在空间、时间和功能上的多层次综合利用的优化高效农业结构。

13.1.3.2 立体农业的模式和特点

立体农业的模式是以立体农业定义为出发点，合理利用自然资源、生物资源和人类生产技能，实现由物种、层次、能量循环、物质转化和技术等要素组成的立体模式的优化。

（1）立体农业的模式。构成立体农业模式的基本单元是物种结构（多物种组合）、空间结构（多层次配置）、时间结构（时序排列）、食物链结构（物质循环）和技术结构（配套技术）。目前立体农业的主要模式有：丘陵山地立体综合利用模式；农田立体综合利用模式；水体立体农业综合利用模式；庭院立体农业综合利用模式。

（2）立体农业的特点和作用。立体农业的特点：集中反映在四个方面：

一是"集约"，即集约经营土地，体现出技术、劳力、物质、资金整体综合效益；二是"高效"，即充分挖掘土地、光能、水源、热量等自然资源的潜力，同时提高人工辅助能的利用率和利用效率；三是"持续"，即减少有害物质的残留，提高农业环境和生态环境的质量，增强农业后劲，不断提高土地（水体）生产力；四是"安全"，即产品和环境安全，体现在利用多物种组合来同时完成污染土壤的修复和农业发展，建立经济与环境融合观。

13.1.3.3　立体农业的作用

可以充分挖掘土地、光能、水源、热量等自然资源的潜力，提高人工辅助能的利用率和利用效率，缓解人地矛盾，缓解粮食与经济作物、蔬菜、果树、饲料等相互争地的矛盾，提高资源利用率；可以充分利用空间和时间，通过间作、套作、混作等立体种养、混养等立体模式，较大幅度提高单位面积的物质产量，从而缓解食物供需矛盾；提高化肥、农药等人工辅助能的利用率，缓解残留化肥、农药等对土壤环境、水环境的压力，坚持环境与发展"双赢"，建立经济与环境融合观。

13.1.4　有机农业途径

土壤包括天然草原是一个巨大的储碳库，通过一些简单的方法进行土壤固碳就可以抵消掉温室气体总排放量的1/4，其中一个简单易行的方法就是发展有机农业。有机农业是按照生态学原理和自然规律，遵循生态环境系统的运行规律，在生产中不使用化学合成的农药、化肥、生长调节剂、饲料添加剂等物质，以有机物质自我循环为基础，利用天然植物性农药和杀虫生物制菌剂以及耕作法、物理法和生物法等病虫害防治手段，建立作物轮作体系，利用秸秆还田、施用绿肥和动物粪肥等措施进行土壤培肥、保持养分循环等，保持持续稳定的生产过程的农业。

有机农业是农业发展的高级阶段，它将农业经济系统纳入了自然生态系统的物质循环的过程中，其作用有：发展有机农业可减少对环境的压力，有利于生态环境的恢复；可以减少化肥、农药的使用量，减轻由此而带来的环境污染；可以提高农产品的质量，保障农产品的安全性；发展有机农业还可以加快生态敏感和脆弱地区的生态治理和恢复，特别是水土流失的防治和生物多样性的保护；有机农业产业是一种劳动密集型产业，发展有机农业生产模式可以增加就业岗位，解决农村劳动力就业问题；有机农产品符合国际市场的需求，增加出口可以给农民带来良好的经济效益，并且在减轻和适应气候变化方面具有极大潜力。

13.1.5 休闲农业途径

休闲农业是一种综合性休闲农业。休闲农业的基本概念是利用农村的设备与空间、农业生产场地、农业自然环境、农业人文资源等，经过规划设计，以发挥农业与农村休闲旅游功能，提升旅游品质，并提高农民收入，促进农村发展的一种新型农业。游客不仅可以观光、采果、体验农作、了解农民生活、享受乡间情趣，而且可以住宿、度假、游乐。和休闲农业类似提法的还有观光农业，观光农业又称旅游农业或绿色旅游业，是农民利用当地有利的自然条件开辟活动场所，提供设施，招揽游客。旅游活动内容除了游览风景外，还有林间狩猎、水面垂钓、采摘果实等农事活动。有的国家把观光农业作为农业综合发展的一项措施。

13.1.6 湿地农业生态系统

13.1.6.1 湿地农业的内涵

湿地农业是指人类大范围开发自然湿地后在该地区兴起的农业。湿地农业的形成有三个主要条件：一是该地区自然降雨量大，多为季风气候区；二是地势低平，易形成自然湿地；三是经过长期垦殖已形成规模化的农业。宁夏回族自治区虽然降雨量并不充沛，但是因为近几年塞上湖城，黄河金岸的建设，使宁夏回族自治区湿地农业发展具备了一定条件。

13.1.6.2 湿地农业的基本特征

一是农业自然地理条件优越，地区光照充足、有充足水量、地势平坦、土层深厚、农业自然条件优越，是作物现实生产力较高的地区。二是农业生态系统脆弱，在开发湿地的基础上发展起来的农业，一方面对湿地自然生态系统形成了巨大的破坏；另一方面受制于湿地自然生态系统，湿地农业在年际间表现出明显的脆弱性特征。三是农业生态多样性丰富，湿地农业包含了农业生态系统的各种组分，作物种植业和水产养殖业尤为发达。从大田作物种植到蔬菜瓜果林木花卉种植；从畜牧养殖到水产养殖和捕捞；从初级产品生产到加工服务产业。

这六条发展途径是基于低碳经济视角下宁夏现代农业发展途径的必然选择，尤其是循环农业途径。宁夏地处我国西部，资源短缺，生存环境不佳，资源的循环利用尤为重要，因而循环农业是基于低碳经济视角下宁夏现代农业发展途径的重点途径。

13.2 低碳经济视角下宁夏绿洲灌区现代农业发展具体模式

结合低碳经济视角下宁夏现代农业发展途径的选择，我们对这些形态各异的低碳农业发展途径进行归纳分类，从具体发展模式角度进行研究，我们认为基于低碳经济视角下宁夏现代农业发展的途径从实际运作角度包含了以下模式：

13.2.1 有害投入品减量、替代模式

化肥、农药、农用薄膜的使用，是工业革命成果在农业上的应用，对农业的增产作用显著，但负面作用也不可忽视，既有可能带来农产品的残毒，又有可能带来农业面源污染和土壤退化，影响农业的可持续发展。多年来，我国专家们积极探索化肥、农药、农用薄膜的减量、替代，如用农家肥替代化肥；用生物农药、生物治虫替代化学农药；用可降解农膜替代不可降解农膜。目前农业部门开展的测土配方施肥和平衡施肥，根据土壤状况和农作物生长需要，确定化肥的合理施用量，深受农民欢迎。宁夏现代农业发展过程中，要时刻注意有害投入品减量、替代模式的选择。

13.2.2 立体种养的节地模式

立体种植是指养殖充分利用土地、阳光、空气、水，拓展了生物生长空间，增加了农产品产量，提高了产出效益。目前做得比较好的地区有江苏。在江苏江海冲积平原上，常见的立体种植方式有：农作物合理间种、套种的农作物立体种植，桑田秋冬套种蔬菜、桑田夹种玉米的农桑结合；意杨林中套种小麦、大豆、棉花等农作物的农林结合；苗木合理科学夹种的苗木立体种植，稻田养殖、菱蟹共生、藕鳖共生、藕鳝共生的农渔结合，稻田养鸭的农牧结合，意杨树下种牧草、养殖羊、鸭、鹅的林牧结合，水网地区的渔牧结合等。这些立体种养的节地模式各有千秋，我们可以根据宁夏具体地理特点选择适合我们宁夏的模式。

13.2.3 节水模式

目前我国农业年用水量约为 4000 亿 m^3，占全国总用水量的 68%，是最大的用水户，其中灌溉用水量为 3600 亿～3800 亿 m^3，占农业用水量的 90% 以上。据

水利部农水司测算，全国灌溉水利用系数仅为0.46①，即从水源到田间，约有一半以上的灌溉水因渗漏、蒸发和管理不善等原因没有被作物直接利用。灌溉后农田水的利用效率也很低，每立方米水生产的粮食约1kg，仅为发达国家的一半。多年来，各地大力发展节水型农业，采取科学的工程措施，积极发展砼防渗渠道和管道输水。成功地减少和避免了水的渗漏与蒸发；改造落后的机电排灌设施。推广水稻节水灌溉技术和农作物喷灌、微喷灌、滴灌等技术，较大限度地提高了水资源的利用率。宁夏是缺水地区，尤其是宁夏的中部和南部山区，因而在宁夏发展低碳农业必须要考虑节水模式的选择。以水资源综合利用为重点，以提高扬黄水和自然降水利用率及水分利用效率为核心，以保水、集水、蓄水、节水、补水为切入点，遵循"十年九旱"的自然规律，坚持生态恢复重建、水利基础设施完善和特色优势产业构建并重，围绕"水源、特色、生态、转移"做文章，变"被动抗旱"为"主动调整"。

13.2.4　节能模式

推广节能技术，从耕作制度、农业机械、养殖及龙头企业等方面减少能源消耗。改革不合理的耕作方式和种植技术，探索建立高效、节能的耕作制度。大力推进免少耕、水稻直播等保护性耕作。旱作地区推广耐旱作物品种及多种形式的旱作栽培技术。冬季建造充分利用太阳能的温室大棚，种植反季节蔬菜。推广集约、高效、生态畜禽养殖技术，降低饲料和能源消耗。利用太阳能和地热资源调节畜禽舍温度，降低能耗。

13.2.5　"三品"基地模式

"三品"指无公害农产品、绿色食品、有机食品。这三种农产品因其品质好、无农药残留或微农药残留，深受消费者欢迎。近几年，各地大力推进"三品"基地建设，农产品的安全性能大大提高。宁夏在低碳农业发展过程中必须综合考虑资源禀赋、声造环境、市场区位及资金、技术等生产要素，着力打造生态、绿色、有机农产品产供基地，优先扶持资源条件好、特色突出、区位优势明显和竞争潜力较大的产品和产区做大做强，着力构建有利于特色农产品比较优势形成与发挥的产业平台，进而形成"集聚效应"，带动区域特色优势农产品"买西北"、"卖全国"、"卖世界"。

---

① 数据来源：节水知识问答，我国农业用水现状，2014。

13.2.6 清洁能源模式

利用农村丰富的资源发展清洁能源，目前主要有：风力发电、秸秆发电、秸秆气化、沼气、太阳能利用等。特别值得一提的是，近几年，各地积极实施"一池（沼气池）三改（改厕、改厨、改圈）"生态富民工程，既净化了环境，又获取了能源，还增加了收益，农民群众对此赞不绝口。宁夏在低碳农业发展进程中一定要把发展农村清洁能源利用作为一项重要工作。

13.2.7 种养废弃物再利用模式

如秸秆还田培肥地力、秸秆氨化后喂畜、秸秆替代木材生产复合板材、利用桑树修剪下的枝条种植食用菌、利用畜禽粪便生产微生物有机肥、将花生壳粉碎加工成细粉再利用等，这些都属于种养废弃物再利用模式。宁夏在低碳农业发展进程中应将农作物秸秆、畜禽粪便等废弃物和以农产品为原料的城乡工业产生的废弃物，化害为利，变废为宝，进行循环利用、多次利用、多次升值，产生了显著的经济效益、社会效益和生态效益。

13.2.8 农产品加工废弃物循环利用模式

发展农产品加工废弃物循环利用模式。如稻米加工企业可以利用优质稻米为原材生产精制米、米粉、米淀粉；产生的稻壳可作燃料，米浆水中可提取淀粉，再从淀粉中提取葡萄糖和米蛋白，过滤后的水送养猪场喂猪；养猪场有机肥施入企业的稻米生产基地。

13.2.9 区域产业循环模式

发展区域产业循环模式。在一个区域内，产业与市场构建种植业、养殖业、加工业、流通业之间的产业大循环，形成经济发展的良性循环。因地制宜，分类指导，发挥优势，突出特色，在引黄灌区、中部干旱带和南部山区三大区域建立区域产业循环经济模式，引黄灌区强调现代农业先导资源高效利用，中部干旱带强调农业生态与经济协调发展、南部山区强调优势特色产业，实现生态农业良性循环。把区域内农业产业的品种调新、结构调优、特色调强、效益调高，形成"扬优成势、特色纷呈、竞相发展、高效循环"的新格局。

13.2.10 农业观光休闲模式

近几年到农村观光休闲已成为城市居民度假休闲的一种新选择，观光休闲农业因此获得较快发展。目前观光休闲的主要场所，有农村天然景观、历史人文遗址、休闲农庄、农业高新技术园区、特色农业产区、特色产品专业市场、知名度高的乡镇企业等。宁夏在发展观光休闲农业时主要依托黄河金岸，以特色小城镇和黄河圣坛、黄河书院、黄河楼、水车博物馆、枸杞博物馆等标志性建筑及银川沿河旅游带、中卫沙坡头旅游景区、吴惠滨河湿地生态旅游区、青铜峡金沙湾生态农业观光园区、贺兰长河湾国际休闲度假中心等一批大中型休闲观光园区为核心。

13.3 宁夏绿洲灌区发展低碳农业的具体技术选择

实施低碳经济视角下宁夏的现代农业发展必须采用适宜的具体技术，我们对这些低碳农业发展具体技术进行研究，我们认为宁夏在发展低碳经济视角下的现代农业时应采用以下技术：

13.3.1 免耕作技术

过度耕作使土壤中的 C 素释放，是农业排放 C 的主要途径。耕作免耕可以从很多方面减少温室气体的排放。

（1）摒弃传统的犁铧翻耕的耕作方式而采用免耕，可以保存土壤中的碳含量，有利于土壤对碳的固定。

（2）采取免耕可以减少农业机械的使用，这也就减少了化石燃料的燃烧，相应减少 CO_2 的排放。

（3）随着土壤肥力的增加，在耕作中化肥的使用也相应减少。N_2O 是氮肥中的主要成分，也是温室效力相当于 CO_2 约 300 倍的一种温室气体。减少化肥的使用，也就减少了 N_2O 的排放。因此，土壤碳汇（碳汇一般是指从空气中清除二氧化碳的过程、活动、机制。土壤碳汇主要是指土壤吸收并储存二氧化碳的多少，或者说是土壤吸收并储存二氧化碳的能力），减少化石燃料燃烧和减少化肥的使用都是有利于控制全球变暖的因素。

（4）免耕可以保持水土，改善地表水水质，减少沙尘的发生，提高生物多样性。

13.3.2 灌溉节水技术

根据经济发展，灌区基础设施状况及管理水平，地面灌溉在今后相当长的时期仍然是主要的灌溉方式。传统的地面灌水方法能充分满足作物的需水要求，对灌水技术要求不高，很容易掌握运用，不需特殊的设备，投资最低，费用最低，耗水量大，所以，改进地面灌溉技术也是节水的最好方式，可采用以下方式：

（1）进行土地平整和条田建设，平整度较好的土地比较差的土地平均节水 10%～20%，这是改进地面灌溉技术的基本条件。

（2）高度重视农艺节水技术，根据作物生长周期，需求饱和度进行适时、适量供水，实现节水、增产和增效，打破部分农民只要有水就浇，浇的越多越好的片面认识。

（3）大力推广喷灌、滴灌等高效节水农业技术，较大限度的提高水资源的利用率，可大大减少农业生产成本。

13.3.3 施肥技术

农业施肥不但会通过影响地上植被的生物量来影响土壤碳源的供应量，而且还会影响土壤微生物活性，决定土壤呼吸强度，因此，农业施肥必然会引起土壤碳库的变化。通过对土壤增施有机肥，减缓土壤有机质腐烂，缩短有机粪肥的田间暴露时间，减少土地耕作活动，改善土壤水分管理。可以减少 CO_2 向大气的排放量。

（1）改善有机肥料库的通风透气条件，降低空气温度；将液体有机肥料变为固体施用并施入土壤深层；收集和利用 CH_4 作为燃料；避免将有机肥料像垃圾一样进行堆放和处理，可以减排 CH_4。

（2）通过测土配方施肥，根据作物需求施肥，减少化肥的使用数量，避免农田土壤中氮肥过剩；增加有机肥使用数量，改善农田土壤的通气条件和酸碱度；尽量减少农田土壤耕作，大力栽培地面覆盖植物；使用氮肥硝化还原抑制剂等，可以减少 N_2O 排放量。

（3）缓控释肥技术。通过各种调控机制使其养分最初释放延缓，延长植物对其有效养分吸收利用的有效期，使其养分按照设定的释放率和释放期缓慢或控制释放的肥料，具有提高化肥利用率、减少使用量与施肥次数、降低生产成本、减少环境污染、提高农作物产品品质等优点。试验表明，该技术可使肥料养分有效利用率提高 20% 以上。

13.3.4　病虫害防治技术

实施农作物病虫害的综合防治措施。充分发挥自然因素的控害作用，全面普及生物防治和物理防治病虫害技术，积极推广农药增效剂和农药替代品，加强农业清洁生产技术的研究，以恢复和保持农田生态平衡，达到控害、保产、保益、保环境、保安全、增效益的目的。

13.3.5　新型农作物育种技术

培育抗高温、耐干旱、作物生长发育期长的品种，推广高产作物品种，增加多年生牧草种植，大力栽培木本植物，改进牲畜放牧管理等，以提高耕作土地中的碳素储备水平。

培育新型氮素高效利用农作物的农业新品种，是农业生产适应气候变化的一个重要措施。开发培育氮素高效利用水稻品种，减少 N_2O 排放对环境的破坏，有助于全球温室气体排放的控制。

13.3.6　畜禽健康养殖技术

畜禽养殖不仅排放大量废水，还是导致全球变暖的六种温室气体中的 CO_2、N_2O 和 CH_4 的主要来源。根据国家的政策、法规、标准，畜禽养殖业通过改变养殖方式，由传统的养殖方式向清洁养殖转变，应严格按照《畜禽养殖场污染物排放标准》，建设畜禽养殖场，对集约化养殖场畜禽粪便和污水进行无害化处理与肥料化利用等措施，使得规模化畜禽养殖场粪便综合利用率超过 90%。

（1）畜禽养殖场改造。主要是改水冲粪为干清粪、雨污分流管道改造等。在进行畜禽养殖场改造时，提倡推广干法清粪工艺，并将产生的粪渣及时运至贮存或处理场所，实现日产日清，降低粪便流失率。

（2）建设固体粪便有机肥厂。对规模化畜禽养殖场（如万头猪以上）采用好氧发酵技术处理固体畜禽粪便，进行无害化处理并制成有机肥，反哺生态农业，生产有机食品、绿色食品。

（3）建设液体粪污大中型沼气工程。根据生态学"整体、协调、循环、再生"的原则，对未采用干清粪方式的畜禽养殖场采取厌氧生物处理技术和物理处理技术相结合的治理办法，建设液体粪污大中型沼气工程。

13.3.7　秸秆利用技术

秸秆饲用、秸秆发电、秸秆碳化等是继秸秆还田处理后，适合我区区情的高效资源化利用方式，直接还田利用秸秆的技术主要包括：

13.3.7.1　两季田免耕覆盖抛栽水稻技术

小麦、油菜收获直接将秸秆均匀铺于田面，灌深水泡田，护埂防漏（将田埂边30厘米宽的田面挖松，用泥巴敷好田埂，不能漏水），亩用2公斤腐秆灵均匀撒施。再用水稻专用肥或氮、磷、钾肥配合撒施。等7~12天，田水回落后每亩抛栽1.8万~2万窝秧苗。抛栽要采用一窝一窝抛钉的办法，挂在桩上的要拣到秧根能接触到水的地方。抛栽后7天内要保证秧根能接触到水，待秧苗扎根起苗后，看苗早施追肥，湿润灌溉，水稻生长中后期要控水，防水稻贪青。

13.3.7.2　旱地覆盖栽培技术

免耕、翻耕、直播、移栽都可以采用上季作物秸秆覆盖，可以先栽后盖，也可以先盖，再刨开一窝种一窝，秸秆要盖均匀，盖平。旱地覆盖可保水抗旱，抑制杂草，秸秆腐烂后又是肥料，省肥环保。

13.3.7.3　秸秆堆沤还田技术

利用田边地角堆沤作物秸秆，堆20厘米厚的秸秆，泼兑有碳铵的粪水，边堆边泼，堆好后用黑塑料薄膜或泥浆盖严封好，待秸秆腐烂后还田利用。

除上述方法，秸秆还可以下沼气池，下在粪坑，粪水沤中沤泡，沤烂后再还田利用。

13.3.8　沼气技术

把沼气池建设与改厨、改厕、改圈结合起来，人畜粪便、生活垃圾、作物秸秆发酵成沼气，残留物—沼液可以代替农药，沼渣可以代替化肥，既变废为宝，美化环境，又节省开支，增加收入，这就是典型的农业低碳化。在沼气技术推广应用时，因势利导，以沼气建设为纽带，可大力推广"猪—沼—果"、"猪—沼—粮"、"猪—沼—渔"等生态循环模式，有效实现了资源的循环利用，而且生产的水果、粮食、饲养绿色环保。

13.4　低碳经济视角下宁夏绿洲灌区现代农业发展的几个重点内容

结合以上内容，我们对宁夏五个不同区域低碳经济视角下现代农业发展的重点途径和方式选择进行了研究，认为不同的研究区有不同的资源特点，因而在发展低碳农业下的现代农业时也会各有侧重，各有特点。

13.4.1　生态沙产业农业经济模式

主要包括扬黄灌区，这些区域主要包括盐池和红寺堡，气候干燥，降雨稀少，年降雨 227～274mm，是生态功能极其脆弱的低生产区，由于草场长期超载，加上无止境地采挖药以及垦荒，致使植被大量破坏，土地的风蚀沙化异常严重。草场退化十分严重。产量逐渐下降，草种结构趋向单一，优质牧草种类下降，逆境植物、有毒植物的比例上升。

在荒漠绿洲区，建立乔、灌、草结合，以草为先的节约型草地农业。发展以紫花苜蓿种植和小尾寒羊等草食家畜养殖为主的草畜产业链，形成干旱荒漠区特有的草地农业模式，推动草地农业系统和首楷产业经济带的形成和发展，实现生态、经济和社会效益共赢。同时，立足当地水土光热资源，应用科技手段，发展沙产业。重点是利用沙区阳光充足的条件，采用先进的栽培技术，种植粮食、瓜果蔬带动沙区沙生甘草、麻黄等中药材、耐旱圆枣、甜菜、仁用杏等沙产品的精深加工，达到经济效益、生态效益的统一。

13.4.2　"种植业—沼气—畜牧业"农业经济模式

种植业发展和畜牧业发展密切相关，种植业发展为畜牧业发展提供饲料和秸秆，而畜牧业可以转化廉价的粮食为附加值较高的肉禽产品，可以把秸秆等农业废弃物转化为可供人类消费的食物，同时把产生的有机肥还田，可以有效促进农业发展。该模式应用生态经济学原理，结合农村经济发展主要和种植业、畜牧业有关的区域特点，发展以沼气应用为纽带，种植与畜牧于一体的良性复合生态模式。该模式成功将粮食作物秸秆、果（树）、食草畜、沼气、加工业等因子，依据它们的依存关系结合在一起，形成了以沼气为能源，以人畜粪为肥源，种植业（粮食为主）、畜牧业（猪牛羊等）相结合的农业循环经济模式。具体来讲，沼气池把作物秸秆、粪便，充分发酵，杀死其中的病菌和寄生虫；产生的沼气可以作为生活用能；发酵后的沼渣、沼液又可以作为肥料使用，不仅能提高土壤肥力，减少化肥的使用，提高作物产量，而且还能产生无公害绿色食品，实现农产品的清洁化、无害化生产。这种循环模式在物质循环利用过程中，提高了物质和能量的转化效率，是一项非常适合农村经济发展主要和种植业、畜牧业有关的区域推广的农业循环经济模式。其作用，一是在一定程度上解决了农村生活用能问题（照明、炊事）；二是提高了猪牛羊等畜禽的养殖效率；三是为农产品的无公害生产提供了一条有效途径。

13.4.3 "温棚—畜舍—沼气"三位一体的农业循环经济模式

本模式借鉴了北方"四位一体"模式，但考虑到该区域大量蔬菜大棚都在大田，而非家庭庭院，所以未将厕所建入其中。"温棚—畜舍—沼气"三位一体的农业循环经济模式，充分发挥菜的主导产业优势，同时利用沼气池把牲畜粪便资源再生，生成有机肥料肥田，提高农产品质量，打造绿色农产品品牌。该模式巧妙利用食物链加环技术，在封闭的状态下，将大棚、畜、沼、菜组合在一起，形成以蔬菜生产为主的农产品生产过程，实现了种植、养殖的有机结合，并通过沼气池的厌氧发酵作用，实现有机物的多级循环利用。该模式能够有效解决农村能源供应与物质高效利用问题，能够有效保护农村生态环境，是促进农村经济快速、健康发展的重要手段。该模式的初期，一般以农户建造的大棚为单位经营。但发展到一定程度，可以向集中养殖、集中发酵的模式过渡。

该模式以沼气为纽带，不仅有利于规模化生产，而且可以从根本上解决蔬菜生产中投入高、污染重、质量差、效益低等问题，为农民增效开辟新的发展途径。此种模式蔬菜的产量和质量都有明显提高，这是优于普通日光温室的一大特点。另外，沼液富含氨基酸、维生素、速效肥，是生产无公害农产品的优质肥源，对于提高农作物的产量和品质具有很大的促进作用。沼气是一种清洁能源，它可再生，能变废为宝，实现多级循环，生态效益。

13.4.4 稻田养殖立体农业经济模式

该模式把两种或两种以上相互促进的物种组合在一个系统内，使物种间互惠互达到共同增产，改善生态环境，实现良性循环的目的。种植业中传统的间种、套种于这种类型。该模式充分利用光、热、水、土资源，以"稻—鱼—蟹"、"稻—鱼—虾"、"稻—鸭"三种类型为主，通过人为科学配置"时空"差，采用人工的方法创造良好生态系统，在操作上达到统一规划、合理布局的目的。如稻鱼结合，鱼能采食杂草和害虫，做到稻鱼共生互利，一般每亩可增收 1300～2000元。"稻鸭共作"利用肉鸭旺盛的杂食性吃掉田里的杂草和害虫，鸭粪可肥田，可减少化肥和农药施用；鸭不间断的活动，可刺激水稻生长，产生中耕浑水的效果；而稻田为鸭提供生休息的场所，以及充足的水和丰富的食物。

13.4.5 "粮—菜—瓜果—牧"农业经济模式

充分发挥自流灌溉农业优势，以沼气池为纽带，联动粮食种植、蔬菜种植、瓜果培育和畜牧业，综合利用自然资源，拓展各产业之间的关联，延长生物链和农业产业实现生态的良性循环和经济的多元化发展。同时，利用良好的粮食作物生产基地，在小麦、玉米淀粉系列化开发中发展高技术生物化工，生产氨基酸、食用有机酸、变淀粉、药用淀粉、微生物多糖等产品。利用玉米淀粉，依托伊品集团等企业，发展新综合调味品。利用淀粉生产副产品，大规模开发饲料系列产品，带动地区养殖业发展，利用昼夜温差大，瓜果糖分积累多的优势，做好枸杞、葡萄"育、种、加"一体化，通过枸杞、葡萄产业开发带动农业内部产品结构调整。充分利用区域内十分丰富的农作秸秆和种植业副产品资源，发展无公害畜牧产业，以"沙漠王子"、"夏进"等品牌核心，开发排酸肉、分割肉和直接食用的高档、优质、方便、卫生、营养的各类熟肉制品及学生奶、酸奶、含乳饮料等。

13.4.6 现代农业示范区模式

以打造"黄河金岸"为契机，以农业的水利化、机械化和信息化为突破口，以资源高效循环利用为着力点，以节水、节肥、节地、节种、节药、节能为切入点，坚持用现代物质技术改造农业，用工业化理念发展农业，用产业化方式经营农业，加快转变农业发展方式，加快推进产业区域化、经营集约化、生产规模化、产品规格化、质量标准化和产加销一体化，加快农业综合生产能力建设和节水型灌区建设，全面提高劳动生产率、资源利用率和土地产出率，建立资源节约型、环境友好型和高效循环型的现代农业产业体系。

13.4.7 上粮下渔型农业经济模式

在低洼盐碱地开挖池塘养鱼，挖出的土堆成台田，台田高出原地面2米左右，使地下水位相对降低，土壤不易返盐。夏季雨量大时，将雨水排进池塘和排碱沟，干旱时借助池塘抽水浇田，通过丰蓄枯用，解决农业用水紧张的问题。台田先种植耐盐改碱物，经过 4~5 年即可种植普通农作物。鱼塘选择耐盐、生长期短的鱼、虾混养，鱼虾养禽，也可作为产品出售，塘底淤泥用于肥田。该模式可以有效地解决该区土壤耕层含盐量高的制约因素。系统建成后，在种植业、养殖业和鱼塘之间形成了物质和能量的良性循环，充分利用了农业废物，鱼塘还有调节田间小气候的作用，大大改善了环境；在原有单一种植业的基础上增加了畜禽养殖和水产养殖，使原来仅可生长少量耐盐、耐涝作物的脆弱型生态链扩展为农、牧、渔、禽多种生物构成的稳定型生态链。

13.4.8 大力发展耐碱生物质能源作物模式

加快低洼盐碱地治理及生物质能产业开发，加大种草改碱试验示范力度，发展耐碱生物质能源作物。充分利用本区较为便利的黄河水资源，在盐碱地上种植适当品种的牧草，以牧草为饲料，大力发展养牛业，牛粪还田，改良土壤，培肥地力，促进牧草生长，形成良性循环。

以上是基于低碳经济视野下对宁夏绿洲灌区现代农业发展途径方式的研究。总之，低碳农业是应对全球气候变化，实现农业可持续发展的必由之路。只有发展低碳农业，才能促进我区农业向现代化、规模化、产业化的迈进，才能促进农业产业链的不断延伸，带动农业产业科学技术和生产能力的升级。

参 考 文 献

[1] 刘德江:《生态农业技术》,中国农业大学出版社2014年版。

[2] 方斌、吴金凤:《中国东部地区耕地利用的综合优化模式》,科学出版社2013年版。

[3] "经济增长中的耕地资源可持续利用研究"课题组:《经济增长中的耕地资源可持续利用研究》,社会科学文献出版社2013年版。

[4] 刘巽浩:《农业概论》,知识产权出版社2012年版。

[5] 曹志平、乔玉辉:《有机农业》,化学工业出版社2014年版。

[6] 宋戈、王越:《东北区耕地利用系统安全及其格局模拟》,中国农业出版社2015年版。

[7] 黄国勤:《农业生态学:理论、实践与进展》,中国环境出版社2015年版。

[8] [德]马丁、[德]绍尔博恩著,《农业生态学》,马世铭、封克译,高等教育出版社2011年版。

[9] 李维炯:《农业生态学》,中央广播电视大学出版社2010年版。

[10] 陈阜:《农业生态学》,中国农业大学出版社2011年版。

[11] 李边疆:《土地利用与生态环境关系研究》,南京农业大学博士学位论文,2007年。

[12] 盛承发、赵国荣、宣维健、王红托:《生态系统反馈形成原因的分析》,载《安徽农业大学学报》2004年第3期。

[13] 王兆礼:《深川市土地利用变化对生态环境的影响研究》,中山大学硕士学位论文,2004年。

[14] 傅伯杰、陈利顶、马克明:《黄土丘陵区小流域土地利用变化对生态环境的影响——以延安市羊圈沟流域为例》,载《地理学报》1999年第3期。

[15] 李克让:《土地利用变化和温室气体排放与陆地生态系统碳循环》,北京气象出版社2002年版。

[16] 郭冰瑜、曹曼:《浅论生态安全》,载《山东环境》2002年第2期。

[17] 高桂芹、韩美:《区域土地资源生态安全评价——以山东省枣庄市中区为例》,载《水土保持研究》2005年第5期。

[18] 梁留科、张运生、方明：《我国土地生态安全理论研究初探》，载《云南农业大学学报》2005 年第 6 期。

[19] 杨京平、卢剑波：《生态安全的系统分析》，化学工业出版社 2002 年版。

[20] 岳健、张雪梅：《关于我国土地利用分类问题的讨论》，载《干旱区地理》2003 年第 1 期。

[21] 张红旗、王立新、贾宝全：《西北干旱区生态用地概念及其功能分类研究》，载《中国生态农业学报》2004 年第 2 期。

[22] 邓小文、孙贻超、韩士杰：《城市生态用地分类及其规划的一般原则》，载《应用生态学报》2005 年第 10 期。

[23] 王万茂、高波、夏太寿等：《土地生态经济学》，科学技术文献出版社 1992 年版。

[24] 张光宇，刘永清：《土地利用问题的系统学思考》，载《中国土地》1997 年第 10 期。

[25] 王群：《中国省区土地利用差异实证研究》，中国大地出版社 2006 年版。

[26] 皮雷络：《世界历史的大趋势》，世界文化出版社 1950 年版。

[27] ［美］斯塔夫里阿诺斯：《全球通史——1500 年以前的世界》，中译本，上海社会科学出版社 1988 年版。

[28] 黄春长：《环境变迁》，科学出版社 1998 年版。

[29] 王会昌：《中国文化地理》，华中师范大学出版社 1992 年版。

[30] 董险峰：《持续生态与环境》，中国环境科学出版社 2006 年版。

[31] ［美］卡特、戴尔：《表土与人类文明》，庄凌等译，中国环境科学出版社 1987 年版。

[32] 史念海：《历史时期黄河中游的森林〈河山集．二集〉》，山西人民出版社 1999 年版。

[33] 孟子：《滕文公第三》，中华书局 1994 年版。

[34] 张宝杰、宋金璞：《城市生态与环境保护》，哈尔滨工业大学出版社 2002 年版。

[35] 王会昌：《世界古典文明兴衰与地理环境变化》，载《华中师范大学学报（自然科学版）》1995 年第 1 期。

[36] 戴天兴：《城市环境生态学》，中国建材工业出版社 2002 年版。

[37] 李爱贞：《生态环境保护概念》，气象出版社 2001 年版。

[38] 贾灵、李建会：《全球环境变化——人类面临的共同挑战》，湖北教育出版社 1996 年版。

[39] 孔繁德：《生态保护概论》，中国环境科学出版社 2001 年版。

［40］陈定茂：《致力于解决土地污染》，载《产业与环境》1994 年第 3 期。

［41］赵沁娜、杨凯：《中美城市土壤污染控制与管理体系的比较研究》，载《土壤》2006 年第 1 期。

［42］［日］深谷昌次、桐谷圭治：《综合防治》，忻介六等译，上海科学技术出版社 1980 年版。

［43］盛承发：《生长的冗余——作物对于虫害超越补偿作用的一种解释》，载《应用生态学报》1990 年第 1 期。

［44］党承林、黄瑞复：《生态系统的冗余与营养结构模型》，载《生态学杂志》1997 年第 4 期。

［45］盛承发：《整体论在我国农业持续发展中的意义》，载《农业现代化研究》1991 年第 5 期。

［46］［英］矣比尼泽·霍华德：《明日的田园城市》，金经元译，商务印书馆 2000 年版。

［47］［美］刘易斯·芒福德：《城市发展史：起源、演变与前景》，倪文彦等译，中国建筑工业出版社 1989 年版。

［48］林巍：《对我国城乡一体化协调发展程度的测评及运行机制的构建》，河北大学论文，2006 年。

［49］李克华：《珠江三角洲城乡一体化的若干问题》，载《南方经济》1998 年第 3 期。

［50］杨荣南：《关于城乡一体化的几个问题》，载《城市规划》1997 第 5 期。

［51］杜肯堂、李大光：《论城乡一体化与农村劳动力转移》，载《经济体制改革》1997 年第 4 期。

［52］杨培峰：《城乡一体化系统初探》，载《城市规划汇刊》1999 第 2 期。

［53］车生泉：《城乡一体化过程中的景观生态格局分析》，载《农业现代化研究》1999 年第 3 期。

［54］王海霞：《慎提乡村城市化》，载《城市研究》2000 年第 4 期。

［55］黄伟雄：《珠江三角洲城乡一体化发展模式与格局的探讨》，载《经济地理》2002 年第 3 期。

［56］景普秋、张复明：《城乡一体化研究的进展与动态》，载《城市规划汇刊》2003 年第 6 期。

［57］陈晓红、李城固：《我国城市化与城乡一体化研究》，载《城市发展研究》2004 年第 2 期。

［58］张艳玲：《城乡一体化发展趋势研究—以成都市龙泉释区龙华村为例》，四川大学论文，2006 年。

［59］赵彩云：《我国城乡统筹发展及其影响因素研究》，中国农业科学院论文，2008年。

［60］王开泳、陈田、王丽艳、袁弘：《半城市化地区城乡一体化协调发展模式研——以成都市双流县为例》，载《地理科学》2008年2期。

［61］张世全：《城乡一体化地籍信息系统理论与方法研究》，解放军信息工程大学论文，2008年。

［62］刘琼琪：《欠发达地区城乡一体化评价研究——以甘肃为例》，兰州大学论文，2010年。

［63］黄国胜：《西咸大都市地区城乡一体化发展研究》，西北大学论文，2010年。

［64］张淑敏、刘辉、任建兰：《山东省区域城乡一体化的定量分析与研究》，载《山东师范大学学报（自然科学版）》2004年第3期。

［65］王洪跃、张雄：《湖北省城乡一体化评价研究》，载《现代农业科技》2010年第6期。

［66］黄坤明：《城乡一体化路径演进研究：民本自发与政府自觉》，北京科学出版社2009年版。

［67］李利平、朱邦耀、徐小红：《渝东北地区城乡一体化进程评价与分析》，载《重庆工商大学学报》2009年第6期。

［68］付晓军：《城乡一体化评价指标体系构建及实证分析——以江苏省为例》，载《徐州工程学院学报（社会科学版）》2010年第6期。

［69］完世伟：《区域城乡一体化测度与评价研究——以河南省为例》，天津大学论文，2006年。

［70］季先峥：《论城乡一体化》，载《河南农业》2005年第3期。

［71］左伟、王桥、王文杰等：《区域生态安全评价指标与标准研究》，载《地理学与国土研究》2002年第2期。

［72］冯静：《生态发展是实现经济可持续发展的物质基础》，载《生态经济》2000年第12期。

［73］余谋昌：《生态意识及其主要特点》，载《生态学杂志》1991年第1期。

［74］梁丽均：《基于生态安全的城市经济、社会发展模式研究》，西北工业大学论文，2005年。

［75］胡志东：《资源型乡镇生态安全评估及生态化发展模式的研究》，北京林业大学论文，2007年。

［76］章莉、冯倩、江晓清等：《区域复合生态系统的评价》，载《山东环境》2000年第1期。